U0152560

永康文獻叢書

胡長孺集

【元】胡長孺 著

程嶠志 整理

圖書在版編目(CIP)數據

胡長孺集 /(元)胡長孺著;程嶠志整理. —上海:
上海古籍出版社,2022.11
(永康文獻叢書)
ISBN 978-7-5732-0507-0

Ⅰ.①胡… Ⅱ.①胡… ②程… Ⅲ.①胡長孺
(1249-1323)-文集 Ⅳ.①Z424.7

中國版本圖書館 CIP 數據核字(2022)第 201281 號

永康文獻叢書
胡長孺集
[元]胡長孺　著
程嶠志　整理
上海古籍出版社出版發行
(上海市閔行區號景路 159 弄 1-5 號 A 座 5F　郵政編碼 201101)
(1) 網址:www.guji.com.cn
(2) E-mail:guji1@guji.com.cn
(3) 易文網網址:www.ewen.co
浙江新華數碼印務有限公司印刷
開本 710×1000　1/16　印張 17　插頁 10　字數 213,000
2022 年 11 月第 1 版　2022 年 11 月第 1 次印刷
印數:1—2,500
ISBN 978-7-5732-0507-0
Ⅰ·3674　定價:108.00 元
如有質量問題,請與承印公司聯繫

永康文獻叢書編纂成員名單

指導委員會

主　任　　　　章旭升　胡勇春

副主任　　　　施禮幹　章錦水　俞　蘭　盧　軼

委　員　　　　呂振堯　施一軍　杜奕銘　王洪偉　徐啓波　肖先振

辦公室主任　　　施一軍

副主任　　　　朱俊鋒

成　員　　　　徐關元　陳有福　應　蕾　童奕楠

顧問委員會

主　任　　　　胡德偉

委　員　　　　魯　光　盧敦基　盧禮陽　朱有抗　徐小飛　應寶容

編輯委員會

主　編　　　　李世揚

委　員　　　　朱維安　章竟成　林　毅　麻建成　徐立斌

胡長孺塑像（浙江省永康市西城街道山下村）

翰林學士亞中大夫知制誥兼修國史臣宋濂翰林待制承直郎兼國史院編修官臣王禕等奉

勅修

儒學二

胡長孺字汲仲婺州永康人當唐之季其先曰天台
來徙宋南渡後以進士科發身者十人持節分符先
後相里曾祖與欽州司法叅軍脫畧豪儁輕貲急施
人以鄭莊稱之祖巖起嘉定甲戌進士知福州閩縣
事卓行危論奇文瓌句端平亭定間士大夫皆自以
爲不可及其在江西幕府平贛州之難於指顧之頃

經諸史下逮百氏名墨縱橫旁行敷落律令章程無
事文辭政事亦絕出於四方至長孺其學益大振九
全活數十萬人父居仁淳祐丁未進士知台州軍州
不包羅而捄序之咸淳中外舅徐道隆爲荊湖四川
宣撫叅議官長孺從之入蜀銓試第一名授迪功郎
監重慶府酒務俄用制置使朱禩孫之辟兼總領湖
廣軍馬錢糧所僉廳與高彭李湜梅應春等號南中
八士巳而復拜福寧州倅之命會宋亡退棲永康山
中至元二十五年詔下求賢有司強起之至京師待
詔集賢院既而召見內殿拜集賢脩撰與宰相議不

《元史·胡長孺傳》（明洪武三年內府刻本）

胡長孺手書《題陸秀夫義山帖後》

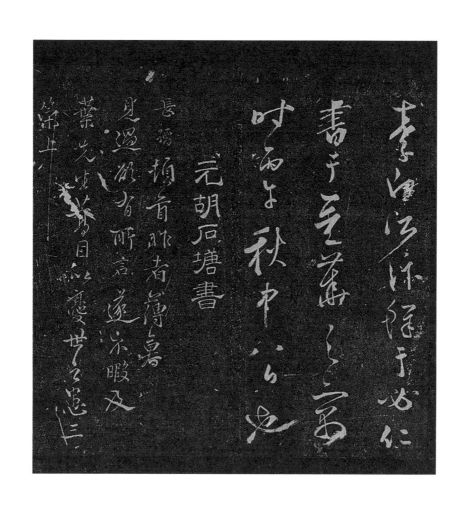

胡長孺手書《與叔敬貢士書》

胡長孺手書《題蘇東坡春帖子詞卷》

谷仙賦　永康胡長孺譔

蓋陳左累維斗石疆震澤

後匯會稽前鑲汪周坡守防

風所鄉　表望並峙封禺二山

峭然一峯立乎其南是為計

胡長孺撰《谷仙賦》（趙孟頫手書）

工君俱来請記故爲具道如此云

延祐三年九月戊申將仕郎

兩浙都轉運鹽使司長山場鹽司丞胡長孺記朗牟

正月之望翰林學士承

胡長孺撰《佑聖觀捐施題名記》（趙孟頫手書）

胡長孺撰《蕭山縣新文廟碑陰記》（鮮于樞手書）

總　序

永康歷史悠久,人文薈萃。

據南朝宋鄭緝之《東陽記》載,永康於三國赤烏八年(245)置縣。建縣近 1800 年來,雖經朝代更替,然縣名、治所及區域,庶無大變,風俗名物,班班可考,辭章文獻,卷帙頗豐。

魏晉南北朝至隋唐,是中國經濟重心由北向南轉移的準備階段,永康的風土人情漸次載入各類典籍。北宋以降,永康即以名賢輩出、群星璀璨而著稱婺州。名臣高士,時聞朝野;文采風流,廣播海内。本邑由宋至清,載正史列傳 20 餘人,科舉進士 200 餘名。北宋胡則首開進士科名,爲官一任,造福一方;徐無黨受業於歐陽修,深得良史筆意,嘗注《新五代史》,沾溉後學。南宋狀元陳亮創立永康學派,宣導事功,名播四海;樓炤、章服、林大中、應孟明位高權重,憂國憂民,道德文章,著稱南北。元代胡長孺安貧守志,文采斐然,名列"中南八士"。明代榜眼程文德與應典、盧可久,先後講學五峰書院,傳播陽明之學,盛極一時;朱方長期任職府縣,清廉自守,史稱一代廉吏;王崇投筆從戎,巡撫南疆,功勳卓著;徐文通宦游期間與當時文壇鉅子交往密切,吟咏多有佳作。清初才女吳絳雪保境安民,壯烈殉身,名標青史;潘樹棠博聞强記,飽讀詩書,人稱"八婺書櫥";晚清應寶時主政上海,對申城拓展、繁榮卓有貢獻;胡鳳丹、胡宗楙父子畢生搜羅鄉邦文獻,刊刻《金華叢書》,嘉惠士林。民國呂公望,早年投身辛亥革命,曾任浙江督軍兼省長,公暇與程士毅、盧士希、應均等人結社唱酬,引領一代文風。抗戰期間，方巖成爲浙江省政府臨時駐地，四方賢俊，匯聚於此，文人墨客，以筆代口，爲抗日救亡而呐喊，在永康文化史上留下濃重一筆。

據粗略統計，本邑往哲先賢自北宋到民國時期，所撰經史子集各類著作及裒輯成集者，360餘家，近千種。惜年代久遠，迭經兵燹蟲蠹、水火厄害，相當部分已灰飛烟滅，蕩然無存。現國内外公私圖書館藏有本邑歷代著作僅百餘部，其中收入《四庫全書》及存目、《續修四庫全書》者20餘部。這是歷代先賢留給我們的寶貴精神財富，也是我們傳承文化基因、汲取歷史智慧的重要載體，更是一座有待開發的文化寶藏。

爲整理出版《永康文獻叢書》，多年以來，我市有識之士不懈呼籲，社會各界紛紛提議，希望開展此項工作。新時代政治清明，百業興盛，重教崇文。爲弘揚優秀傳統文化，拓展我市文化内涵，提升城市文化品位，推進永康文化建設，永康市委市政府因勢利導，決定由市委宣傳部牽頭，文廣旅體局組織實施，啓動《永康文獻叢書》出版工程。歷經一年籌備，具體工作於2021年3月正式展開。

整理出版《永康文獻叢書》，以新時代中國特色社會主義思想爲指導，以中共中央《關於整理我國古籍的指示》爲指針，認真貫徹國務院《關於進一步加强古籍保護工作的意見》，繼承與發揚永康學派的優良傳統，着眼永康文化品位、學術氛圍的營造與提升，系統梳理傳統文化資源，讓沉寂在古籍裏的文字鮮活起來，努力展示本邑傳統文化的獨特魅力，積極推進永康文化建設。現擬用八至十年時間，動員組織市内外專業人士和社會各界力量，將永康文學、歷史、哲學、法學、經濟學、社會學、教育學諸方面的重要古籍資料，分批整理完稿；遵循"精選、精編、精印"的原則，總量在50部左右，每年五至六部，分期公開出版，並向全國發行。

《永康文獻叢書》原則上只收錄永康現有行政區域内，自建縣以來至中華人民共和國成立之前的文獻遺存。注重近代檔案及其他文史資料的收集整理。在永康生活時間較長，或産生過較大影響的外邑人士的著作，酌情收入。叢書的採編，以搶救挖掘地方文獻中的刻本以及流傳稀少的稿本、抄本爲重點；優先安排影響較大、學術價值較高、原創性較强的著作；對在永康歷史上産生過重大影響的家族譜牒，也適當篩選吸收。

本次叢書整理，在注重現存古籍點校的同時，突出新編功能。一些重要歷史人物的著述已經完全散逸，但尚有大量詩文見諸他人著作或志牒之中，又屢屢被時人和後人提及，則予以輯佚新編。一些歷史人物知名度不高，但留存的詩文較多，以前從未結集，酌情編輯出版。宋元以來，我邑不少先賢，雖無著述單行，但大多有零散詩文傳世，爲免遺珠之憾，也擬彙總結集。

歷史因文化而精彩，文化因歷史而厚重。把永康發展的歷史記錄下來，把永康的文獻典籍整理出來，把優秀傳統文化傳承下去，關乎永康歷史文脉的延續，關乎永康精神的傳承，關乎五金文化名城軟實力的提升。因此，整理出版工作必須堅持政府主導、社會支援、專家負責的工作方針，遂分別建立指導委員會、顧問委員會、編輯委員會，各司其職，相互配合，以確保叢書整理出版計劃的全面落實與高品質實施。

《永康文獻叢書》整理出版的品質，在很大程度上取決於編纂人員的學識、眼光、格局，也取決於編纂人員的工作態度和敬業精神。爲此，編纂團隊將懷敬畏之心、精品意識、服務觀念、奉獻精神，抱着"爲古人行役"的理念，以"功成不必在我"的境界和"功成必定有我"的歷史擔當，甘於寂寞，堅守初心，知難而進，任勞任怨，將《永康文獻叢書》整理好、編輯好、出版好。

《永康文獻叢書》是永康建縣 1800 年來，首次對本邑古籍文獻進行系統整理，是一套"千年未曾見，百年難再有"的大型歷史文獻，是對永康蘊藏豐富的文化資源的深入挖掘、科學梳理和集中展示,是構築全國有影響的文化高地的有效途徑,對於推進永康文化的研究、開發和傳播,有着不可估量的可持續發展潛力。它是一項永康傳統文化的探源工程、搶救工程,是一項功在當代、惠及千秋的傳承工程、鑄魂工程,是一項永康優秀傳統文化的建設工程、形象工程。我們要在傳承經典中守好文化根脉,在扎根本土中豐富精神内涵,在相容並濟中打響文化品牌,爲實現永康經濟社會發展新跨越,爲打造"世界五金之都,品質活力永康",提供强大的精神動力和文化支撑。

《永康文獻叢書》編委會

2021 年 10 月

前　　言

　　胡長孺(1252—1326),字汲仲,號石塘,學者私謚"修道先生"①。
南宋淳祐十二年(1252),生於婺州永康縣一個儒學世家。其家族"以
進士科發身者十人,持節分符,先後相望"②者三十餘輩,可謂冠蓋雲
集,簪纓相繼。胡長孺自幼穎悟,繼承了胡氏博洽淹貫,經世致用的
史學傳統,凡"九經諸史,下逮百氏,名墨縱橫,旁行敷落,律令章程,
無不包羅而揆序之"③。弱冠之後,更"及行四方,益訪求其旨"④,得於
諸名儒的陶冶鎔鑄,盡心栽培,終於成長爲蜚聲天下的著名學者。胡
翰《華川集序》稱胡長孺"與金履祥倡道學於婺郡"⑤,可知當時其學術
影響可與"北山學派"的重要人物比肩。宋濂修《元史》,將其置於《儒
林傳二》卷首,足見其學問之富、地位之高、分量之重。永康學術史上
除陳亮外,更無第二人可比!
　　可惜由於種種原因,胡長孺的聲名日漸消沉。在明清之際重構
的婺州道學譜系中,其影響不僅無法與何、王、金、許等北山一系抗
衡,即與時代略晚的柳貫、黃溍和吳萊等相較,也望塵莫及。其中的
關鍵,首先是因《石塘文集》五十卷的佚失,其次也是因時代風習的嬗

---

① 〔元〕鄭元祐:《遂昌雜録》。黃宗羲《宋元學案》卷六十五《木鐘學案》稱"純節
先生",出處未詳。
② 〔明〕宋濂等:《元史》卷一百九十《胡長孺傳》。
③ 同上。
④ 同上。
⑤ 〔明〕胡翰:《胡仲子集》卷五《華川集序》。

變,其獨特的心學見解,甚至離經叛道的援釋入儒的主張,與明代以後崇尚朱學的氛圍格格不入,微言大義幾近於湮没。然而,歷史車輪滾滾向前,歷經大浪淘漉的真金,終究會熠熠發光。當今幸逢昌明之世,重新發掘與評價胡長孺學術地位的條件已然成熟,在重輯與梳理胡長孺文獻之餘,兹略談其學術、氣節和事功的貢獻,以表"高山仰止,景行行止"之情。

一

宋濂稱胡長孺"晚年深慕陸九淵爲人'宇宙即吾心'之言,諄諄爲學者誦之"①,説明其學術宗旨在於發揚陸象山"宇宙即吾心,吾心即宇宙"的心學體系。如吳萊所評論"今則至謂朱爲支離,陸爲簡易,必使其直見人心之妙,而義理自明,然後爲學"②,此是論其治學以默存靜觀,發明本心爲要,是陸學嫡傳功夫。他説"心通道行,與物大同"③,用象山高弟楊簡的話來表達,即"其心通者,洞見天地人物盡在我性量之中;而天地人物之變化,皆吾性之變化"④,深具心學本體論的意味。當時江西心學代表劉壎,與胡長孺是生死契闊之交;吳澄與胡長孺魚雁往來,談論甚歡。即如象山後裔青田陸如山,於胡長孺的學問亦贊譽有加。諸如此類,皆可見胡長孺於陸學圈中的地位。胡長孺的個人魅力,更輔以其精湛的學識,誘引無數後學,於元代陸學寢微存亡之際,欣然向學,爲擴大陸學的影響力,做出了卓越的貢獻。

陸象山談心,而諱言性。至胡長孺時代,經過朱學的洗禮,必然要在朱、陸調和之間做抉擇。長孺師余學古,學古師王夢松,夢松是朱熹嫡傳葉味道的門人,於學術淵源而言,可謂朱學正傳。而據《栝

---

① 〔明〕宋濂等:《元史》卷一百九十《胡長孺傳》。
② 〔元〕吳萊:《淵穎集》卷十一《石塘先生胡氏文抄後序》。
③ 〔元〕胡長孺:《崇寧萬壽禪寺楊氏施田記》。
④ 〔宋〕楊簡:《慈湖先生遺書》卷一《周易解序》,《全宋文》第 275 册,上海辭書出版社、安徽教育出版社,2006 年,第 98 頁。

蒼金石志》所收永嘉劉黻撰《王夢松墓誌》，王夢松實際已表現出朱、陸調和的傾向。他認爲"孟子四端即舜、禹道心之微，每於此心始動處下功夫，體認其本然者，主敬而涵養之"①，此與朱熹"心體已發未發"之論似同而異。朱子認爲心之未發與心之已發的"致中和"即是性體，與"道心"截然有別。兩者不同的認知，即導致不同的功夫次第。心之已發的"致中和"即是性體，也即"理"，此狀態需不斷地"格物致知"才能達致，而一旦致於知，便要"涵養主敬"才能維持不墜。而"道心"則只需反觀自照即可。故王夢松的功夫，便只是"静照澄思"，其座右銘是"常行細務無非學，把住初心便是仁"②，這皆是心學見識和功夫。胡長孺私淑象山心學之餘，亦表現出濃厚的調和朱、陸的傾向。其云："人心之靈，實具衆理，觀其象而玩其辭，倘焉有不得其讀哉！"③這裏提出的"心具衆理"即朱學的典型認知，"心具衆理"不是"心即理"，它表達了"心"與"理"的概念，二者既有聯繫又有區別，當人心爲物欲所蒙蔽時就需要"涵養主敬"功夫重新去蔽。胡長孺認爲涵養用敬爲最切，即見其規步朱熹之處。

　　爲解決朱、陸"心"與"性"孰是主體的矛盾，胡長孺不惜引進佛教"心性一源論"。其説云："心性本一故曰'真如'。'真如'者，一真心源也。……故曰'真如性'，又曰'真如心'。性無形，心有質。心以性爲體，性以心爲主。是故體則俱體，故曰'性體'。"④此論的本質是指出"性"與"心"本是一體兩用，心性同源。"體則俱體"，則消解了孰是主體的矛盾。由哲學方法論而言，實是借鑒了隋唐以來佛教的體用論。由此，他更進一步撰著《大同論》，乾脆援釋入儒，指出宋明儒學實淵

　　①　〔清〕李遇孫輯：《栝蒼金石志》卷八《王順齋先生墓誌銘》，《續修四庫全書》史部第 912 册，上海古籍出版社，2002 年，第 71 頁。
　　②　同上。
　　③　〔元〕胡長孺：《滴露齋記》。
　　④　〔明〕南石文琇《增集續傳燈録》卷六引〔元〕覺隱文誠《性學指要》。此書據黄宗羲云："蓋石塘晚年緒論也。"（《宋元學案》卷六十五《浮屠文誠》）

源於五代宋初的江南禪學：“孟子没一千四百餘年，道潛統絶。子周子出，然後潛者復光，絶者復續。河南程氏二子得周子之傳，周子之傳出於北固竹林寺壽涯禪師，而爲首倡。”①其説振聾發聵，語驚四座，而有實據。是以他主張儒學與禪學應放棄對立而會通爲一：“元來此事與禪學十分相似，學不知禪，禪不知學，互相排擊，都不曾劄着病處，亦可笑也。”②此説比之象山諱言與禪學的關係，更爲光明宏偉。但因其直接挑戰儒學的道統論，自然引發激烈的反彈。就在胡長孺行學江西時，當時還是年輕的學生，後來被譽爲“儒林四傑”的揭傒斯即致書奉勸，言辭極其率直誠懇：“孔子曰‘攻乎異端，斯害也已’，孟子曰‘能言距楊、墨者，聖人之徒也’，然每與執事商論，則甚尊信佛、老氏，至欲合三氏而爲一，則當斯文之托者，道固應如是耶？此皆甚不可者也。”③希望長孺能改弦易轍，返樸歸真。婺學後輩吳萊亦鞭辟入裏：“佛者徒以西方之傑戎暴入中國，言語之不達，被服之不合，趨向之不正，而今乃欲一混而大同之，不幾於蕩然而無辨矣哉！必也天下人心之義理，無古今，無彼我，無華夷，無内外，雖欲一混而大同之，亦可也。此其道術之所在，苟或不契於古之聖賢，則其所以召夫後世之嘵辨譊咋者，不能遽已。”④佛教因不契於聖賢之論，是不能援引入儒的。其後，由門人文誠記録的胡長孺會通釋儒緒言的著作《性學指要》遂毁絶於人間。

胡長孺學術另一個顯著特徵，是心學與史學（事功學）的高度融合。得益於家庭文獻之傳，胡長孺史學博洽，經史淹貫。劉壎稱“寧海主簿胡汲仲博洽不群，史學尤僅今所罕見”⑤。其祖胡巖起與陳亮關係密切，永嘉鄭伯熊《敷文鄭氏書説》書前有陳亮、胡巖起兩序，首

① 〔元〕胡長孺：《大同論》，〔明〕釋心泰《佛法金湯編》卷十六引。
② 同上。
③ 〔元〕揭傒斯：《文安集》卷七《答胡汲仲書》。
④ 〔元〕吳萊：《淵穎集》卷十一《石塘先生胡氏文抄後序》。
⑤ 〔元〕劉壎：《水雲村稿》卷十一《内幅薦友》。

尾相連,議論出處相近。至胡長孺其"智勇"之術,與陳亮《自贊》"推倒一世之智勇,開拓萬古之心胸"①交相輝映,實得其衣鉢。他主張"事固非外,心固非内"②,事即外在的事功,心即内在的心性,可以無分彼此,内外合一,"其心通者,洞見天地人物盡在我性量之中;而天地人物之變化,皆吾性之變化"③,外在種種事功,皆得内心相應,做到了心學與史學(事功學)的統一。此主張實與婺學傳統一脈相承。婺學開宗蘭溪范浚以《心箴》知名,其"天君泰然,百體令從"④的論述,以其對心宰萬物的凝練概括而受嘉靖皇帝的激賞,而其《進策》、《設淮陰先生説李孝逸辭》表現的進取恢復的事功思想,亦引人注目。婺學集大成者吕祖謙説"聖人之心萬物皆備,不見其爲外也。史,心史也;記,心記也"⑤,其歷史哲學也主張心史合一。即如陳亮,由《圈點龍川水心二先生文粹》新見的文獻,其事功論的哲學基礎亦在心學。胡長孺統攝心學與史學(事功學)的立場,應該是婺學,尤其是以陳亮爲代表的宋代永康學派在元代發展的一個典範。

　　胡長孺"天資高爽,發言便自超詣"⑥,其推舉"心學"的講學深深吸引了一大批追隨者。當他言"人雖最靈,與物同産,初無二本"⑦時,臺下聽講的衆人"皆躍躍然興起,至有太息者⑧。當元代中期,陸學岌岌可危,長孺成爲承前啓後、存亡續絶的關鍵人物。其門人如鄭元祐、項詞、陳高等,大抵多爲文章之士。能傳其心學衣鉢者,則有文誠、陳剛。文誠撰《性學指要》,記胡長孺"性理之説,東林授之濂溪,

---

① 〔宋〕陳亮著,鄧廣銘點校:《陳亮集》(增訂版)卷十《自贊》,河北教育出版社,2003年,第90頁。

② 〔元〕胡長孺:《谷仙賦》。

③ 〔宋〕楊簡:《慈湖先生遺書》卷一《周易解序》。

④ 〔宋〕范浚:《香溪集》卷五《心箴》。

⑤ 〔宋〕吕祖謙:《東萊博議》卷十《齊桓公辭鄭太子華》。

⑥ 〔元〕趙孟頫行書《谷仙賦》册頁,故宫博物院藏。

⑦ 〔明〕宋濂等:《元史》卷一百九十《胡長孺傳》。

⑧ 同上。

濂溪廣之,其言谝於佛書"①之緒言,終因毀譽參半,元末爲張士誠劈版毀絕。陳剛纂集《性理會元》,間見調和朱陸、會通儒釋之語。

真正宗尚胡長孺之學的則非宋濂莫屬。今人論宋濂之學,其中有三點:一、心具衆理(心者,萬理之原);二、涵養持敬;三、心史合一(六經皆心學也)②,皆與胡長孺主要學術觀點契合。宋濂從學於浦江吳萊,吳萊拜謁請益於胡長孺,所以胡長孺、宋濂之間當有師門淵源關係。宋濂對佛教思想亦有好感,其他師承長孺的未見有此傾向者,由此梳理胡、宋兩者的關係,二人親近佛教思想來源的脈絡也變得清晰了。是以宋濂修《元史》,將胡長孺列於《儒林傳二》卷首,推崇仰慕之意深厚,如其所言"今其説猶在,安得豪傑者興而正其異同哉"③。

二

胡長孺十三歲失怙,與母親及二幼弟相依爲命。少年時隨族黨雪江先生胡侃於杭州西湖研習心學與經史之學,命途坎坷。十九歲又隨岳父徐道隆入蜀,在宋末的動蕩中,親身經歷出生入死,目睹生靈塗炭,國破家亡,平生出處大節依然風義凜然,足爲後世師表。南宋咸淳十年(1274)冬十月,襄陽守將吕文煥降元,長江天險洞開,前綫告急,南宋大勢已去。當此國家存亡之際,正是胡長孺邁向政治舞臺之時,長孺雖然青春年少,但鋭氣勃發,爲荆湖制置大使朱禩孫賞識,辟置幕府,議論風采蜚聲士林,與高彭、李湜、梅應春等號"南中八士",無奈國勢日蹙,江陵前綫已不可爲。次年,荆湖、四川宣撫大使汪立信除沿江招討大使,率部收拾建康殘局,胡長孺又隨徐道隆率募得的親兵千餘人援救建康。二月,汪立信知國事不可爲,在憂愁中自

---

① 〔元〕覺隱文誠《性學指要》,〔明〕南石文琇《增集續傳燈録》卷六引。
② 相關論述見劉玉敏:《六經皆心學:宋濂哲學與浙東學術》第三章《宋濂哲學的本體論》、第四章《宋濂哲學的功夫論》,浙江大學出版社,2021年。
③ 〔明〕宋濂:《宋文憲公全集》卷四十八《胡長孺傳》。

盡。不久，江陵失陷，朱禩孫戰敗被俘。胡長孺、徐道隆這支孤軍一時茫然無所適從，此時恰好趙孟傳任制置使，以徐道隆爲浙西提刑守湖州。徐在此處精兵簡政，堅壁清野，終其在湖州之日，敵兵不敢越雷池一步。後因元軍迫近臨安，徐道隆領兵勤王。德祐元年（1275）除夕，他剛出城不久，湖州即陷落，知州趙孟啓殉國。徐道隆自湖州水門乘舟出，取道德清入都，於臨安的宋村爲敵兵追及，與長子徐載孫、江陵親從軍三百餘人矢盡槍槊折，俱戰死。胡長孺於此戰中機智走脱，避入臨安。但尚不及月，太后謝道清與恭帝趙㬎降元，南宋進入了它最後的階段。

　　綜觀胡長孺危難之際的行止，其同行者汪立信、徐道隆，皆是宋末的忠義之士，雖知國事不可爲，然鞠躬盡瘁，死而後已，表現了崇高的氣節和人格。朱禩孫氣節雖略遜，但於殘局中苦苦支撐，屢敗屢戰，最終兵盡糧絶被俘，死於敵手，亦有氣節，不可以成敗論英雄。所有這些，爲年輕的胡長孺做了傑出的表率，使其在南宋亡國大勢中，始終未曾迷失自己。雖披荆棘，履榛莽，仍矢志不渝，不改初心。其於臨安陷落之際，又設法脱身，追隨益、衛二王繼續戰鬥。德祐二年五月，宋端宗繼位於福州，改元景炎。胡長孺短暫出任福寧府通判，旋隨南宋小朝廷繼續流亡。十二月，於温陵舟次中與謫居的陸秀夫相見又惜别。至大元年（1308），其於《義山帖》的題跋中，高度贊揚了陸的氣節：“原、員之節，蓋有所不及。君實貌容無絶異於人，氣冲語温，所立固如此。”①又順帶表揚了冒險保存手迹的郭景星：“元德之視榮附瘁捐者有間哉！”②世變時移中總有一批不以榮禄爲念的志士仁人，雖居陋巷，一瓢飲，一簞食，仍保存朋友國家之義。陸秀夫固如是，郭景星固如是，胡長孺亦如是。祥興元年（1278）末，胡長孺奉使占瓊、纖臘，其去國未久，南宋朝廷即覆亡於崖山。胡長孺追隨宋末

----

① 〔元〕胡長孺：《題陸秀夫〈義山帖〉後》。
② 同上。

朝廷戰鬥至最後一刻,於婺州人士中極爲罕見,其忠義的氣節可貫日月,與金石不朽。

宋亡後,胡長孺居海外,戴南冠,衣漢服。後遁歸隱於金華山永康一帶,他爲人跋《東萊先生送張孟遠序》戚然有亡國之悲,有感於文軌之遷革,衣冠之塗炭,而不忍自附於元廷。但至元二十五年(1288),元廷詔下求賢,胡長孺終於爲徵召出仕。關於此次出仕,且不論元廷軟硬兼施的手段,即以胡長孺立身出處而言,史載其"貧無以爲家,飢驅出山"①,家貧母老,情勢不得不然耳。故其過紹興,張伯淳著文辯之"不得不仰升斗禄而挾其耿耿者"②,順便又針砭世俗之凉薄:"衆方以掀髯抵掌爲狂,誰爲階尺寸之進?"③世俗之人只知背後狂傲無禮議論別人,但無人爲其指明出路,胡長孺所以不得不走上徵召這條不甚光彩,却又還能救濟窮困的道路。張伯淳的評論無異於擲向人性黑暗的匕首。

胡長孺雖飢驅赴召,仍不失士人之氣節,史載其覲見元世祖云:

> 胡石塘先生嘗應聘入京,世皇召見於便殿。趨進張皇,不覺笠子欹側。上問曰:"秀才何學?"對曰:"修身、齊家、治國、平天下之學。"上笑曰:"自家一笠尚不端正,又能平天下耶?"然憐其貧,特授揚州路儒學教授。吁!以先生之學行,而不見遇於明君,是果命矣夫!④

明人馮夢龍評述此事說:"陳蕃不掃一室,爲欲掃清天下;石塘不正笠,意者志不在一笠也。"⑤誠如馮氏所言,石塘不正笠,是欲存士之

---

① 〔元〕張伯淳:《養蒙文集》卷二《送胡石塘北上序》。
② 同上。
③ 同上。
④ 〔元〕陶宗儀:《南村輟耕録》卷二十。
⑤ 〔明〕馮夢龍:《古今譚概》迂腐部卷一《治平之學》。

所以爲士者,雖於帝皇之前,尚不改初衷。一種剛直之氣撲面而來。

　　再如趙孟頫曾以百金爲宦官羅氏求墓誌銘,胡長孺拂然曰:"我豈爲宦官作墓銘邪!"(陶宗儀《南村輟耕録》卷四)當日胡長孺家斷糧已數日,其子胡駒告以實情,座中客人都勸請收下,結果胡長孺"却愈堅"(陶宗儀《南村輟耕録》卷四),終於不作。於此展現了何謂"富貴不能淫"的骨氣!

　　又如浮梁程鉅夫雖於胡長孺有知遇之恩,且權傾朝野,勢如中天,但胡長孺依然秉公辦理,以國家法令爲準繩,依法嚴懲其家人。展現"威武不能屈"的浩然之氣。

　　縱覽永康歷代人物,胡長孺耿直的氣節不僅是其個體的抉擇,由宋至清,無論是陳亮、林大中,還是程文德、吳絳雪,其間湧現的傑出人物,言行舉止之間的勇毅之氣令人印象深刻。此無疑是永康人性格中的一種人文底色,雖九死而不悔,歷千古而長存!

三

　　胡長孺一生集官吏、學者與文士身份於一身,其事功表現也具有多元化的特點,如揭祐民挽詩云:"名存寧海生祠裏,神達青蓮死榻中。"①即尤以寧海主簿理政一節爲一生中較爲重要的成績。其治理突出有兩點:一是智,二是勇。其斷案的機智典型如:

　　　　群嫗聚浮屠庵,誦佛書爲禳祈,一嫗失其衣,適長孺出鄉,嫗訟之。長孺以牟麥置群嫗合掌中,命繞佛誦書如初。長孺閉目叩齒,作集神狀,且曰:"吾使神監之矣,盜衣者行數周,麥當芽。"一嫗屢開掌視,長孺指縛之,還所竊衣。②

---

① 〔元〕蔣易:《皇元風雅》卷十揭祐民《哭胡石塘》。
② 〔明〕宋濂等:《元史》卷一百九十《胡長孺傳》。

利用盜竊者崇神畏威與做賊心虛的心理弱點,故意設"盜衣者行數周,麥當芽"之疑陣,使盜者露出馬腳,破獲疑案。再如刑堂誘供:

> 夜伏吏案下,黎明,出奸者訊之,辭愈堅。長孺佯謂令長曰:"頗聞國家有詔,盍迎之。"叱隸卒縛奸者東西楹,空縣而出,庭無一人。奸者相謂曰:"事至此,死亦無承,行將自解矣。"語畢,案下吏讙而出,奸者驚,咸叩頭服罪。①

令奸者服罪認供也是至難之事,胡長孺還是充分利用其急於脫罪的心理,欲擒故縱,使其放鬆警惕之餘吐露真言,敗露罪行。類似審案技巧,在胡長孺的應用下,已達爐火純青的地步,故爲馮夢龍《智囊補》所賞識,爲其贏得"智者"的聲譽。

有智必有勇。胡長孺的勇毅首先表現爲不畏權勢者的囂張氣焰,兩浙宣慰同知脫歡察欲貪没富室賑灾的餘款,胡長孺察覺其意,便將款項分散與民,當其詰問時據理抗爭,不怕得罪有司。其次,他的勇氣又表現爲履險犯難的精神。如以自己爲誘餌,孤身闖進群盜出没的山區,最終將其一一擒拿歸案,地方百姓遂得安寧:

> 縣有銅巖,惡少年狙伺其間,恒出鈔道,爲過客患,官不能禁。長孺偽衣商人服,令蒼頭負貨以從,陰戒驍卒十人躡其後。長孺至,巖中人突出要之,長孺方遜辭以謝,驍卒俄集,皆成擒,俾盡逮其黨置於法,夜行無虞。②

友人劉濩總結其治政事功,頗得公允:"天挺偉人,來司糾轄。我牛其刀,爾雞是割。倚席爲師,珥筆爲徒。教由我有,訟及我無。役

<hr>

① 〔明〕宋濂等:《元史》卷一百九十《胡長孺傳》。
② 同上。

使必均,賦斂從薄。衛民膏脂,窒吏溪壑。"①

劉濩將其事功歸結爲程朱儒學的影響:

> 漱經之潤,味道之腴。何邑非郡,何佐非長。與民一心,視
> 國如掌。上元有程,同安有朱。後之數世,企此二儒。西西矮
> 屋,皎皎明鏡。我辭匪厄,徵彼儒行。②

但宋濂爲胡長孺立傳,突出其寧海治政事功的"智"與"勇",却是和陳亮名言"推倒一世之智勇,開拓萬古之心胸"一脈相承的。事實上,胡長孺學術之汲汲於事功,乃是繼承和踐行了陳亮經世致用的事功學精神,是永康事功學在元代儒學新形勢下的升華。

胡長孺教育領域的建樹亦頗豐碩。宋濂稱"方嶽大臣與郡守二千石聘致庠序,敷繹經義,環聽者數百人"③,黃溍祭文也稱"磬欬所及,驅颷走霆。學徒嚮方,俊良用登"④,説明胡長孺的講學影響很大,四方之士雲從影集:"聚書數萬卷,四方學徒考德問業,簦笈接武。"(黃溍《石塘先生行狀》)晚年更以主持江西、浙江鄉試文衡,從遊之士更如過江之鯽。其門人甚至涵括蒙古、色目人,經胡長孺精心栽培,在元代科考中屢創佳績。如胡長孺撰《送錫都朱盧饒諸生會試京師詩序》所云:"蒙古、色目五人,錫都舉首;江浙閩二十八人,朱嶸第九,盧可繼第二十一;江西行省試士南昌,饒抃第七。"據統計,直接受學於胡長孺的門人,於今可考者有四十餘人,加上再傳、三傳門人,竟有百餘人之多。元末明初實際形成了有深遠影響的"石塘學派"。此學

---

① 〔元〕劉濩:《主簿石塘先生德政碑》,見永康《大後胡氏宗譜》卷十四。此碑今佚,台州諸府縣志也未見提及,幸得永康胡氏譜保存。吉光片羽,彌足珍貴。

② 同上。

③ 〔明〕宋濂等:《元史》卷一百九十《胡長孺傳》。

④ 〔元〕黃溍:《文獻集》卷三《祭永康胡先生文》。

派之著名者如鄭元祐,爲元末吳中文壇領袖,他如項涃、夢堂曇噩、陳高,俱有名聲。此學派宣導"載道之文"與"務爲明本心之學",有自己的宗旨和講學特色。可惜黄宗羲《宋元學案》僅列胡長孺門人寥寥數人,其中還包括未有真實授學關係的所謂"講友",甚至將胡長孺附於並無師承關係的永嘉陳埴的"木鐘學案",不僅未能反映胡長孺學術的獨立特色,而且抹殺了其在元末明初儒學領域的巨大影響。

胡長孺的文章含英咀華,與趙孟頫的書法享譽當時,如士人周本心所評價的:"今兹惟夫子文辭、子昂篆楷行草書名天下。"① 此亦是胡氏事功的成就。

胡氏的文章以載道爲主,與金履祥、許謙爲代表的金華文派血脈交融。《元日講義》以考據方式探究孔子書"春王正月"之含義,是標準的闡發經義的文章。《滴露齋記》闡發其易學思想:"六爻有辭,十翼生焉。理、象數之著微,嘗知其畫,言待於辭,而未知辭之待於圖而後見也,至此亦備矣,然而未易知也。聖賢發天人之蘊,先後演繹,宇宙所不容已者在是也。"認爲《易》含義理、象數雙重意蘊,易理即合天人之際的天理,其見解與朱熹以來的易學主流契合。《顔樂齋原鈔引》以宋儒經典的"顔子所樂何事"發問,解釋其書齋名"顔樂"的含義在於"樂道"。"乃今予視若,淡然眸絶經營之觀,夷然神存凝湛之光,浩然外著自適之容,洒然中亡外物之累,如是其無憂也,若真有道哉?"② 以優美的言辭描寫得道之人的神態,將義理與想象融於一爐,富於藝術創造。而將這種技法達致新高度的非《谷仙賦》莫屬:

> 谷何爲神?而與道會。虛而不盈,物莫之害。上善若水,逝未嘗去。及爲潮汐,消長如代。水雖不爭,猶以形閡。谷匪以形,斯神之類。飲冰匪熱,榮觀匪悴。凝然立獨,保清净退。造

---

① 〔元〕胡長孺:《吳用晦墓誌銘》。
② 〔元〕胡長孺:《顔樂齋原鈔引》。

物相遊，埃溘與説。廣成空同，千有餘歲。①

其哲理出於莊、列，言辭出於駢儷，造語運理，臻於化境。

除言辭瑰麗之外，胡長孺之文又長於叙事與情感渲染，《陳孝子傳》表彰昌化士人陳斗龍的孝道精神，描寫經亂離之後，於其母錢塘舊居偶遇一知情的老嫗：

> 斗龍至清湖，訪求母家及其故時比鄰，涉二三十年，又經亂離，固無在者矣。逢白髮嫗於其處，揖而問焉，告曰：“我知之。我家與若母比屋，我與若母爲兒時作伴侶，嬉遊相好。若母自昌化歸，無幾時，與我言‘當往江東’，已而泣下。我方盛年，不識其語之爲悽楚也，亦弗問何州。有間，兩夫舁若母竹轎西去，又折以北。與若母鄰者百十家，獨老身在。”②

層層轉折“涉二三十年，又經亂離，固無在者矣”，忽然又柳暗花明“逢白髮嫗於其處”，老嫗又言“我知之”，簡直有水落石出的驚喜，但最終又是“兩夫舁若母竹轎西去，又折以北”，雖知大致的方位，但何地何人却不詳，不免令人悵惘。他如“我方盛年，不識其語之爲悽楚也”，“與若母鄰者百十家，獨老身在”，雖是平常語，却道盡人生滄桑，極易引起共鳴。諸如此類，無不體現胡長孺細膩老道的文筆。能達到如此高超境界，固然與其精深的語言修養分不開。其爲盧以緯《語助》所撰序，爲古漢語虚詞分類定性，並科學總結了其運用規律，成爲古漢語研究領域的經典。胡長孺詩多古體，内容以言志載道爲主，雖不若其文有名，亦自成格韻。

---

① 〔元〕胡長孺：《谷仙賦》。
② 〔元〕胡長孺：《陳孝子傳》。

胡長孺的文章成就,當時譽爲"儒林四傑"的揭傒斯、黄溍,以及被稱爲明代第一文臣的宋濂皆有很高的評價。宋濂譽之爲"爲辭章有精魄,金舂玉撞,一發其和平之音,海内來求者如購拱璧。碑版焜煌,照耀四裔"①,黄溍譽稱"有煒斯文,揭若日星"②。如他們所稱,胡長孺不愧是元代的一代文宗。

<h1 style="text-align:center">四</h1>

胡長孺的學術、氣節與事功俱體現於其文集,可惜《石塘文稿》未能留存至今。王沂挽詩稱"江漢遺書今好在,雲間無復謫仙樓"③,故知長孺身後有遺稿留存,門人項可立欲裒輯其遺文付梓亦未果。

胡長孺自編文集,由任揚州教授至建昌路學教授還十年,爲《顏樂漫鈔》;自寧海主簿還至任江西行省考試官凡七年,爲《顏樂原鈔》。其物故之後,宋濂撰胡長孺傳記,稱有文集《石塘文稿》行於世,有《瓦缶編》、《南昌集》、《寧海漫鈔》、《顏樂齋稿》諸集名,共五十卷。但這部《石塘文稿》流傳絶少,不僅《文淵閣書目》未載,解縉等負責纂修的《永樂大典》也未見徵引,各明清藏書家書目亦未見叙及,疑早經佚失。但清末胡宗懋《金華經籍志》稱"《石塘文稿》五十卷,存"④,其説僅爲孤例,未必實有其書。

明朱存理《珊瑚木難》一書,收録胡長孺遺文較多,云"見陶南村《文鈔》"。又收楊載文,云"見於陶南村《文鈔》",可知《文鈔》收入文字,非只胡長孺一家,其書或是陶宗儀抄時賢文章彙集而成的。《珊瑚木難》云"見陶南村《文鈔》"的有《〈顏樂齋原鈔〉引》、《吳用晦墓誌銘》、《何君祖皋墓誌銘》、《題〈馬秦山圖〉》、《送蔡堯佐歸婺取寒衣》、

① 〔明〕宋濂等:《元史》卷一百九十《胡長孺傳》。
② 〔元〕黄溍:《文獻集》卷三《祭永康胡先生文》。
③ 〔元〕王沂:《伊濱集》卷八《挽胡汲仲先生》其二。
④ 〔清〕胡宗懋:《金華經籍志》卷十七。

《贈吴睿》等詩文十四篇（《題〈馬秦山圖〉》等四首注云“右抄《雜詩》中”[1]，或不出於《文鈔》）。清顧嗣立輯《元詩選》二集收《石塘稿》，存胡長孺《題〈山外歸人〉》等詩十七首，主要輯録自蔣易《皇元風雅》及若干宋元書畫題跋。這是兩種輯録胡長孺詩文較多的文獻。此外，永康《大後胡氏宗譜》亦保存不見於他處的若干詩文，及《石塘先生行狀》、《主簿石塘先生德政碑》兩篇傳記文字。除《石塘稿》外，朱存理《珊瑚木難》所引及《大後胡氏宗譜》有相當數量的作品未被《全元文》、《全元詩》所吸收，故具有極高的文獻價值。

今次整理胡長孺文集，皆擇取善本。上述三種文獻之外，又廣泛搜集宋元文集、方志、書畫、金石、科舉與宗譜文獻，共輯得詩三十三首、文四十一篇，編成《内編》。其中詩八首爲《全元詩》失收、文二十七篇爲《全元文》失收。附見存目十二，傳疑三，力求全面總結胡長孺著作的輯佚成就。即如見於《全元文》、《全元詩》的篇章，也做了文字的補充與校正。如據《（成化）杭州府志》補全了《廣福廟傳》的全文，增加了近三百字的胡長孺評論，據《（正德）永康縣志》等文獻復原了《何節婦吕氏傳》的全文，等等。又據宋元文集體例，搜集他人所作酬贈、挽章、功德碑與傳記，編成《外編》。書末附録收有胡長孺之家世、生平、著作與門人的相關資料及年表、徵引文獻。庶幾爲胡長孺著述的集大成之作。

總之，胡長孺一生在學術、氣節和事功領域都卓有成就，不愧爲元代永康一代文宗。編者期待能提供一個較爲完整的胡氏詩文與資料彙編，使胡長孺與元代儒學研究能更上一個新臺階。惟編者才疏學淺，以蟻力負千鈞之重，不勝其荷，切盼海内外師友不吝賜教！

壬寅五月　程嶠志於永康寓舍

---

[1] 〔明〕朱存理：《珊瑚木難》卷四《胡石塘詩》。

凡　例

　　一、本書名《胡長孺集》，爲元代名儒胡長孺的詩文合集。胡長孺詩文，原有其自編《顏樂漫鈔》、《顏樂原鈔》等，續後又有《瓦缶編》、《南昌集》、《寧海漫鈔》、《顏樂齋稿》等諸名目。迨至元末，彙編成《石塘文集》五十卷行於世，卷帙可稱浩繁，可惜皆佚。明朱存理《珊瑚木難》所收胡長孺文，云出於陶南村《文鈔》，清顧嗣立《元詩選》二集收有《石塘稿》，永康《大後胡氏宗譜》亦保存有若干不見於他處的詩文。本書在此基礎上，又廣泛搜羅宋元文集、方志、書畫、金石、科舉與宗譜文獻，共得詩三十三首、文四十一篇，編成《胡長孺集》之《內編》。

　　二、《內編》詩文，仿效趙孟頫《松雪齋集》等元人文集，按先詩後文排列。詩內又按五七古體、五七律絶的次第排列，文章則主要依照體裁，又參考存世篇章的多寡，靈活適宜安排。《谷仙賦》爲文有精魄，堪稱胡長孺代表作，故置於卷首。

　　三、胡長孺門生友人的酬唱、書信、題跋、評語、挽章與他人所作之行狀、傳記和功德碑，編爲《外編》，以見胡長孺之交遊與時人之評價。

　　四、本書所收詩文依據的文獻名稱、卷帙，皆見於詩文末尾。所據底本皆取善本，並於書末《徵引文獻》說明。《內編》、《外編》詩文皆作校勘，校勘記除說明改字情況、列舉異文外，間有涉及真僞、年月的考證。異體、別寫、明顯訛誤等，則徑改不出校。爲簡便計，校勘記中出現的校本亦作簡稱，具體版本等信息亦皆於《徵引文獻》說明。

　　五、書末附錄收胡長孺之家世、生平、著作與門人的相關資料及年表，供讀者參考。

目　録

内　編

賦

詩

五言古詩

七言古詩

外　編

酬贈

石塘先生胡氏文抄後序

吳　萊

　　鄉予嘗見永康先生胡公錢唐寓舍，每嘆古今道術之異。及今覽其所論著，則尤得其父兄淵源，師友講習，是非取舍之或不同者。蓋自近世周、邵、二程始推聖賢理數之學，以淑諸人。然而學者秘之，則謂其學之所出者，遠有端緒，不言師承。而今説者乃稱濂溪之所授受，實本於壽涯佛者之徒。先生至爲論辨以著明之，曾不容喙，是殆當世士君子之所深感者也。夫以周、程理學之盛，而邵之數學且不能以並傳。於是朱子乃以東都文獻之餘，一傳於閩之延平，而又兼講於楚之嶽麓，誠可謂集濂、洛諸儒之大成矣！當是時也，二陸復自奮於撫之金溪，欲踵孟子，曾不以循序漸進爲階梯，而特以一超頓悟爲究竟。今則至謂朱爲支離，陸爲簡易，必使其直見人心之妙，而義理自明，然後爲學。自謂爲陸，實即禪也。故曰："世之學者，知禪不知學，知學不知禪，是豈深溺乎異端外學之故，而遂誣其祖，乃舉堯舜以來七聖相授，洙泗以降四子所傳道，而悉謂之禪耶？"惜乎予年甚少，僅得一再見焉，而不得親扣其詳也。雖然，春秋戰國之世，聖人不作，處士橫議，天下之雜治方術者，不爲不多。是故《老》與《易》並稱，儒與墨並譽。世之學者，或欲援儒而入於彼，推彼而附於儒，卒無益也。然亦用是而日雜矣，流及後世，秦謂方士"儒"，漢謂治黃老者"儒"，晉王弼遂用老氏之説以注《易》，唐韓愈至謂"孔、墨之道同，道不同則不足以爲孔、墨"。然而佛者徒以西方之傑戎暴入中國，言語之不達，被

1

服之不合,趨向之不正,而今乃欲一混而大同之,不幾於蕩然而無辨矣哉!必也天下人心之義理,無古今,無彼我,無華夷,無内外,雖欲一混而大同之,亦可也。此其道術之所在,苟或不契於古之聖賢,則其所以召夫後世之曉辨譏咋者,不能遽已。先生曾不此憚,而直以此道為己任,又著明之,予殆不可得而妄測者也。夫自江左始平,上即遣使重選南士之賢者。士之一時幸脱兵燹擾攘,城郭墟莽之後,當天下大定,懷才抱藝,不肯一出而少試焉,是亦終於潔身亂倫而已矣!先生蓋自宋季為渝酒人,因得陪四川大幕府末議,號稱"南中八士"。及宋内附,或以先生姓名薦,遂召見,意謂先生且大用。復出而教授廣陵,凡歷數任,僅爾没没於州縣之下僚,不至甚顯。然觀其所至,教士也,必曰嚴恭寅畏;其教民也,必曰孝弟忠信。此其道術之正,仕處之合,文章之懿,政事之著,誠有大勝於今人而且不後於古人,是豈苟然之故,而遂已者哉!當予初見先生時,先生嘗語予:"面膚黑而多黣,唇齶掀而不閉。黣則無澤,不閉將失氣。無澤而又失氣,匪壽徵也。爾曷不閉汝氣而後瞑,且爾獨不見爾家甕之盛酒者乎?夜甕或不覆,則酒且失味而不中飲。汝之失氣亦猶是也。"予固疑先生或得乎攝生養氣之道者。及予自燕南還,予又與鄱陽董仲可、會稽方九思、福唐高驥生、建安虞光祖及金溪傅斯正五六人者,再見先生。先生則且指語予曰:"世之觀人者,自夫出處進退,用舍得喪之際,有定論矣!爾等得無頗有怨尤者乎?"傅之曾祖父,本學於陸,亦喜談陸者。自近年科舉行,朱學盛矣,而陸學殆絶。世之學者,玩常襲故,尋行摘墨,益見其為學術之弊。意者其幸發金溪之故檟,而少濯其心耶?曾不數年,而先生竟以衣冠沐浴端坐,嗒然而遷化。予方無以終事,則徒識其遺言,撫其墜稿,而且繼之以涕泣,不能自已。嗚呼!臨長川而後嘆:"逝者尚可得耶?尚可得耶?"

元吳萊《淵穎集》卷十一

胡石塘先生文集述

程夔初

異時鄉先生言婺郡之文章者，必曰"陳胡"，而二公皆吾永産。陳者諱亮，字同甫，龍川先生也；胡者諱長孺，字汲仲，石塘先生也。今《龍川集》已盛行於世，而《石塘集》獨佚而未顯，蓋自公之生五百年於兹，後之學者莫有搜羅纂輯，以成一邦之文獻者，其關於缺失非小小也。余少見王鳳洲所選《名世文宗》，讀公《何長者傳》，以爲序事體要，真得《史》、《漢》之髓，驚嘆鄉先生有此奇文。又何孟春紀其後云："公退居杭之虎林，一日宦者羅知悌求爲其父墓誌，饋遺其厚，公不許。時公家適乏米，其子托趙子昂席中力勸，公辭曰'吾不爲宦者諛墓也'，終不許。"又讀《方正學集》、《題靈隱寺碑帖》云："石塘在元，官最不顯，而行最篤、文最奇。趙公名重宦高，每得其文必欣然爲之書云云。"是其文與行，俱見重於前輩如此。故余素慕公文，欲求其全集不可得，僅於阮公《文徵》見二篇，乃識其後云："不見全集，故所録止此。"因嘆啓、禎時其集已散亡矣，又況於今更百年耶？近者，余姊婿官蕭山學博，摹來縣學《新文廟碑陰記》，余後又於武林購得子昂所書《佑聖觀捐施題名記》，讀之如古《盤》、《誥》，益切慕效之思。因念此二篇與《靈隱寺碑》，又皆《文徵》之所不載者，由是而推公文長於序述，意人家宮廟亭臺橋梁墓阡之地，雖煙鎖塵封，必有勒其文而未磨滅者，又多經子昂手書，金石流傳所在宜有。特以采訪不勤，故耳目不廣而徒抱此殘缺之恨也。故余雅懷此意，所至必訪其文，殆二十年，無如足迹狹，士大夫之交疏，今且不能得其什一，抑莫論其完全。自傷卑賤，志不即遂。使通顯於朝，請詔旨購求，以天下之大，故家世族、名山石室，豈無藏其書者致之？固當易得，又不在區區多方之采訪也。即不然，日月以冀，猶俟將來，若公文之必不至湮没也，終當於余小子焉遇之矣！大抵文之顯晦，固自有時。昔柳子厚文，歷中唐五季至宋，而後大顯，至今與退之並稱曰“韓柳”。故余欲得公集，與《龍川集》合刻並行，仍鄉先生之稱曰“陳胡”，以表章前賢，鼓勵後學，而述此以志不忘也。

永康《大後胡氏宗譜》卷十四《文集》

内　編

賦

谷仙賦

孟陬左界，維斗右疆。震澤後匯，會稽前驤。汪罔故守，防風所鄉。表望並峙，封禺二山。峭然一峰，立乎其南。是爲計籌，絕出群巒。鴟夷謀越，受策計然。仆差植踐，籌此層顛。麓存古井，巍冠方壇。抱朴子姓，疇昔般桓。長綆下汲，泉洌甘寒。神光夜發，飆炳遺□。雉堞既墟，成毀何論。地勝氣淑，神仙幽蟠。穹窿崔嵬，嵳峩屏頑。坡陀逶遲，縈紆回環。外固卓絕，峻不可攀。內克有容，恢廓平寬。壟首岡要，可愒可盤。遠觀出日，近矚稠煙。紺蕤紫蔓，鞠术芎蘭。延亭絡館，間錯相緣。重林輪轉，一徑弓彎。危澗流淙，二池淳涵。華石溫磧，碧桃清妍。修獨遊物初，有謝真士，形容槁枯。神凝志完，至人無私。杖策棄家，一簞長塗。往從之遊，曰求石師。利微錐刀，舉世爭趨。驚霆破山，視之猶無。耆欲不作，從橫自如。內恬外安，蓋其助與？二士笑曰：“道靡有定，而繫處居。心靡動亡，而與靜俱。境雖異趣，夫豈殊歧？”曰：“昔載棲遲，計籌之下，鶴磯牛渚。水仙幽潛，重淵官府。炳犀夜燭，神秘斯睹。門以兩山，天開千古。川容如畫，修眉對嫵。九華西撐，鍾陵東柱。烏江前陳，宣城後距。大不枝梧，小何足數。是產其間，固當魁鉅。”二士顧曰：“惟天生人，豈必其所？匪若枳橘，變遷厥土。更端而譚，毋泥乎此。”曰：“稚歲冲澹，超然似愚。違去世紛，民炙善良。祝尸稷社，元勳北歸。薦詞云哆，載與偕來。留直金馬，稽首進辭：'臣固山野，蓋公清静，脱略細瑣。申申力行，言尚約寡。無爲致治，舜豈欺我？九重嘉納，八荒陶冶。熏然德言，春風溢坐。'"二士頷曰："善行無迹，迹其粗者。妙道無言，言之末也。願陳其餘，此則僅可。"曰："受命乘傳，徵招隱淪。晨發朝市，暮即山林。太末士女，葆光守真。全神辟穀，飛身彤庭。冥探潜索，窮搜幽尋。列仙臞儒，碩學偉人。字畫東晉，詞章先秦。左右薦揚，後前選掄。方寸願忠，曒日同明。所與往還，皆負重名。"二士作曰："舉受上賞，固爲常經。尚賢貴貨，乃啓盗争。盍稱道德，震耀聵盲？"曰："虎林吴興，廣宫峻宇。置棋相望，像祠老子。變更紛紜，豪奪暴毁。歲月推移，猶蓁漸圮。植柏杉梧，梗柟樗梓。文杏豫章，俱中梁柱。宗陽延祥，巍我城府。昇元通玄，飛甍崖塢。連堜重閎，千棟萬礎。餘觀剩館，羞澀誰比？"二士蹴然危拱曰："宫室鉅麗，非守藏所。衣冠蕭嚴，非柱下史。聖斯云遠，道焉在此？"曰："博大真人，遺經二篇。道德之意，五千餘言。禦寇莊周，陽居南榮。尚或失之，況於申韓。陰謀廢著，制器養生。竊載以説，益無足觀。六代禮樂，盡集史官。藏室簡册，丘索典墳。上自羲農，下逮湯文。原厥本旨，翼經著論。"二士翕然改容曰："度數大詳，載籍能傳。妙玄甚微，語言難宣。此固至矣，又有至焉。"曰："谷何爲神？而與道會。虛而不盈，物莫之害。上善若水，逝未嘗去。及爲潮汐，消長如代。水雖不争，猶以形閡。谷匪以形，斯神之類。飲冰匪熱，榮觀匪悴。凝然立獨，保清净退。造物相遊，埃溘與説。廣成空同，千有餘歲。"二士茫然自失，俯首磬折，曰："道烏乎在？烏乎不在？事固非外，心固非内。吾問七返，不慮而對。乃今聞之，如醒於醉。微吾先生，孰開蒙昧？"黄冠歌曰："把彼白雲，遊顥氣初。馭以大明，乘閶風車。闃其無人兮，天與爲徒。"緇衣又歌曰："青天澄廓兮，白雲止止。雁飛遼邈兮，影沉寒水。澹泊寂莫兮，既離言語。"先生顧賡歌曰："英英白雲兮，其行舒徐。萬里無塵兮，輕舉自如。遠遊太清兮，獨與道俱。"歌賡三終，聲震林薄。冥通默契，極歡至樂。青山迢遥，白石卓犖。長與老仙，消搖兹谷。永康胡長孺撰。

元趙孟頫行書《谷仙賦》册頁

詩

五言古詩

題山外歸人

結屋北山阿，境趣適有契。

閑寂聊悦心，深密非避世。

誰令賦遠遊，山空冷蘭蕙。

人間萬得喪，欣戚隨所制。

頗似觀優伶，笑語雜悲涕。

戲弄刻漏間，陳迹安足寄。

策杖歸去來，溪深亦朝厲。

陟嶺見我屋，竹柏松杉桂。

雨餘青一色，净掃如作篲。

行可休此足，無言得深詣。

元蔣易《皇元風雅》卷九

題李待詔虎溪三笑圖

元亮纘孔業，修静研聃玄。

遠公學瞿曇，高居著幽禪。

人異道豈殊，萬散一固全。

目擊輒有得，參會各賾然。

胡爲老緇褐，蹈舞喜欲顛。

謾道遺其身，襟袖猶蹁躚。

彼酣適酒趣，尚不醒者傳。

族史浪自苦，窺管那知天。永康胡長孺題。

明汪砢玉《珊瑚網》卷二十九，又見

清顧嗣立《元詩選》二集卷二

送錫都朱盧饒諸生會試京師 延祐元年

晴旭槁落木，淺碧露寒溝。

乘流不盈尺，才足漾輕舟。

野梅花始芳，岸楊質若柔。

五湖草綠淨，北固山光遒。

大江荆楊會，長淮日夜流。

磊落呂梁石，突兀彭城樓。

層冰忽峨峨，涼風亦颼颼。

發橐買良馬，解裝襲重裘。

初非兼程行，乃覺馬力優。

燕山擁萬疊，秀色射兩眸。

三古垂載籍，壯歲窮探求。

素懷致君術，常攄裨廟謀。

如何螻螘身，欲與稷卨儔。

辛苦望溫飽，鑿枘無相投。

曲學汲所訶，教誚咸不酬。

勉哉二三子，毋爲昔賢羞。

明葉盛《水東日記》卷十二

7

七言古詩

題開元三馬圖

牧馬極盛開元中，上閑十二皆遊龍。
時平千里不自效，嘶聲脫吻生悲風。
流傳八駿若詭怪，樂歌天馬徒能工。
豈如杜句曹韓畫，流雲飛電玉花驄。
吟詩展卷何獨此，未可與此爭先雄。
重瞳玉色五百載，階榻相向將無同。
誰人臨摹得高意，印章仿佛龍眠公。
但存大略見神駿，未傳五彩分風鬃。
俯仰布置號進稿，圖成欲上明光宮。
安定王孫固英物，錦標象軸留其蹤。
願言藏襲不浪出，駿骨隱隱驚盲聾。
祇今駑駘厭莝豆，鹽車未贖汗溝紅。

元蔣易《皇元風雅》卷九

題女真驄馬圖①

天恩洽騎十二閑，短策不知行路難。
漠漠空川望不盡，電光掣過須臾間。
蹄高高屈汗溝出，駿骨隱隱隆於山。
窟泉沙草不得足，勞多食薄心知慚。
廿年甕牖間書瑟，展卷見圖長太息。
女真年少面如盤，華屋平生隔風日。

---

① 清顧嗣立《元詩選》二集作"題崔錄事女真驄馬圖"。

青驄肉破^①擁尻睡，黄金校具裝纓拂。

三品芻豆未足多，行見火花繞銅歷。

元蔣易《皇元風雅》卷九

大　水

西昆水源出天河，一瀉萬里生驚波。

濁渾到海更奔猛，潰决猶自吞陵阿。

瓠子魚龍横中野，至今空唱宣防歌。

故迹九道復不得，南注安流少休息。

癡冥陰雲欺白日，不放扶桑光采出。

連宵達旦雨如傾，緑野黄流混爲一。

河伯侈大未可厭，規取桑田廣宮室。

長鯨老蛟助聲勢，城郭波浪相沉没。

神禹衣冠藏會稽，大叫不聞將安爲。

元蔣易《皇元風雅》卷九

耕漁樂贈金華相士

憶昔力耕金華野，青蓑緑笠風煙下。

扶犁荷鉏豈不倦，春醅映琖清如寫。

亦曾扁舟釣錢唐，長緡短棹浮滄浪。

顛風駕潮濤更惡，若比世路猶康莊。

安有高情唐許恊，深閟神光形亦傑。

還騎官馬走黄塵，江山過眼空重疊。

少年壯氣若不羈，西川南海去如馳。

二毛已非折腰具，況與志願長參差。

---

①　底本作“醉”，據《宛委别藏》本改。

長官怒罵沸於爐，口自唯諾心自怍。

升斗未療飢寒憂，低徊獨羨耕漁樂。

老翁雙瞳秋月如，何時照我歸鄉閭。

江湖耕漁樂復樂，挂冠徑歸良不惡。

元蔣易《皇元風雅》卷九

送方蓼洲旴江訪人不遇歸上饒

昨莫秋風顛徹曉，沙洲蕭瑟鳴枯蓼。

羈人荒館夜初長，潑天月色當樓皎。

老夫思歸又懷禄，去住似被飢寒繞。

羨君一語不相投，棹辭長途疾於鳥。

相知貧士老當遂，醫識死人危不夭。

伯牙子期行可遇，揚子侯芭事更杳。

元蔣易《皇元風雅》卷九

題段郁文雪石

白雲飛來著春空，翕霍變化生奇峰。

朝曦照耀舒復卷，碧華忽擁玻璃宮。

秋潮初壯明於雪，千雷動地吳山裂。

濤頭出海夕陽微，百鍊青銅浮玉玦。

雲容濤勢偉且奇，乍出乍没須臾時。

乾篤雪山白盈尺，晴天萬里窺蛾眉。

似識詩翁作詩苦，獨擁清妍照環堵。

河翻月落夜未央，如虹光氣飛屋梁。

元蔣易《皇元風雅》卷九

題馬秦山圖

馬秦山在昌國東，氣候調淑清温融。

大海四絕路不到，紫巒兩嶂盤玄空。

天球鏗鏘泉墮谷，辟邪偃蹇厓依叢。

僧房翠微互隱見，石梁幽磵懸飛淙。

稻田活水正拍塞，人家山崦方玲瓏。

高臺似掌廣堪坐，千峰相抱寬可宫。

三島得見不得到，引船欲過遭回風。

仙聖往來豈茫渺，吾意只與兹山同。

昔人正色臺端立，抗疏秦檜非誠忠。

外主讎敵事叵測，植根堅固應難攻。

上心感悟遽斥①逐，隱匿了未聞國中。

時論尚或許忠信，此章似亦成匆匆。

七年復出踞公鼎，操柄獨握亘初終。

飛將軍瘦犴獄秘，群君子死煙霧濛。

當時尚議語無驗，宗社固自巍崇崇。

豈知悟室已戮死，在事非復前驍雄。

秘計欲和繕未具，知聞那許餘人通。

事仇敗國罪莫説，更聞海宇休兵戎。

言挾瘦伏或太甚，鬼羈炎嶺何其恫。

初相北庭去未久，劾章宜得窺所衷。

七閩得歸良不惡，遠勝鯨魚翻青紅。

自來舉職盡言責，餘年誰計身窮通。

代謀立見内難息，深愁尚服昌言公。

---

① 底本作"升"，不確。據詩意改。

天憐①孤立不偏倚，用絕勝地扶衰翁。

明朱存理《珊瑚木難》卷四

送蔡堯佐歸婺取寒衣

予爲此詩送堯佐，已而讀之，自笑曰："是秘密藏中休糧方也。"若果能此道，一生不患飢病，不可但作笑會也。

蔡氏有子堯佐名，家縣東陽世儒生。

白苧長衫皂革②烏，輕舟附載錢唐行。

聞道胡公寄蘭若，談經磊落天河傾。

欲聆緒餘自沾潤，一洗學語群惺惺。

翁癡凝坐鎮不動，外間玄漠中虛明。

薄縻不繼襖不裹，謳吟猶自鐘球鳴。

養子弟無米一斛，庇寒士無屋數楹。

爾隨僧飯尚一飽，絺綌安禦西風勁。

有志不忘溝壑辱，凍餒瑣屑何能攖。

重來猶及十月暖，浩歌勿作淒涼聲。

明朱存理《珊瑚木難》卷四

贈吳睿 篆隸

兒童學書記名氏，粗識東西與三四。

從衡方直莽莫知，蟲沙群曹呼小吏。

清渾淆雜七音倫，臂指冥迷六書類。

史章急就尚如冰，何況簡編科斗字。

錢唐吳睿竊陋之，籀篆隸分深注意。

---

① 底本作"立"，據清鈔本改。
② 底本作"華"，據清鈔本改。

蒐歧詛楚嶧刻文，漢碑唐碑滿家筒。

展舒臨摹①不暫停，長夜達晨豈思寐。

祇今已似窺端倪，腕運筆從無躓躓。

猶夢圓方畫榘規，重惜分輕肯捐棄。

識路行不中道休，萬里古人不難至。

昔時顛張草聖傳，悟入舞娘飛劍器。

桓温刻意劉司空，身短聲雄良自愧。

俗紀楚相語逼真，虎賁中郎空酷似。

範金刻木是人形，體貌不殊神氣異。

明朱存理《珊瑚木難》卷四

贈樊道佑生

半輪明月尚空輝，太白閃爍餘星微。

擔夫繫足雙不借，薄言送子江南歸。

西風蕭蕭豈滿斾，錢唐潮落江水低。

鏡湖拒霜笑芍藥，剡溪小船逾鳥飛。

三江九堰亦易爾，一去四日還庭闈。

願得長在無相違，却愁有人感恓憾。右鈔雜詩中。

明朱存理《珊瑚木難》卷四

送胡古愚歸東陽

建業秋行森立玉，素淮秋水葡萄綠。

五湖從此開船歸，荷花不洗秋陽酷。

錢唐行到月盈虧，潮怒於揚暑猶溽。

二氣相代熱正贏，九月西風雨初足。

---

① 底本作“銘墓”，據清鈔本改。

13

富春桐江溢兩涯,蒲帆飛上雙溪曲。

三年漫仕①歸亦佳,繞宅碧巒漑始沃。

出處有道必自知,富貴何庸徒嗜欲。

懷哉稅駕思蓴鱸,千古季鷹豈流俗。

明朱存理《珊瑚木難》卷四

題何能之墨竹圖

李公初得湖州迹,三日静對無厭斁。

趙公既見坡遺蹤,時走招提窺敗壁。

高公痼寐古丹青,泓元幻出王摩詰。

三公相隨墮長夜,朔南縑楮更充斥。

何能之氏於潛生,嗜好結成山水癖。

但逢佳景寫作圖,緑霧翠巒光照壁。

聞道趙公卧吳興,往拜床下求一筆。

句法墨妙倏已傳,去捐館舍無旬日。

乘興落手便逼真,雖技可幹蘇瞻石。

題字印章酷似渠,七十故人猶解識。

縱横□張纏糾書,請曲江南納鎖畫。

生平速肖爾固能,知路勿休堪努力。石塘。

明朱存理《珊瑚木難》卷四

題宋梅墊術 大德五年十一月四日

大德五年,龍集辛丑歲十一月丙申朔越三日哉生明,金華峰胡長孺書之虎林陋巷。詩謂“秋憂冬喜”,皆去年事。

飲上池水起人死,扁鵲變道長桑君。

---

① 底本作“士”,據清鈔本改。

安期海上語蒯徹，翁后一洗靖世紛。

在昔至人妙變化，炯如秋月開幽曛。

學無石師寫方冊，徒自枯槁空山垠。

踵翁襄陽得書事，千載尚可媲前聞。

道旁柳下息美蔭，靈君相遇顏殊訢。

遙呼氏名授一帙，逝去儼似西飛雲。

走承下風向誰某，膝行再拜陳殷勤。

語汝今者吾喪汝，安有形迹同人群。

強名青陽已見囿，沉冥世上方酣醺。

言未開口忽不見，眼中漢水流沄沄。

此豈東皇降瑤席，浩歌緩節清塵氛。

收書別自記禍福，百二十載如昏昕。

片言隻字無不售，聲名江左春雷磌。

里中宋子得翁術，真贗自絕蕕與薰。

我老阸貧在陋巷，簞瓢晏食無腥葷。

君書幅楮期月日，中冬有喜秋憂熏。

雁行債主事良已，天邊除目來相殷。

九淵寂澄忘寵辱，君於何處窺其濆。

此道大原自天出，馬圖龜書兆人文。

榮河温洛不愛道，九疇八卦先皇墳。

陰符素書尚神授，圯下河上安足云。

至誠無私侔造化，殃慶善惡猶□分。

宋忠賈誼不常有，勿與餘子生紛紜。

明朱存理《珊瑚木難》卷四

贈相士黃電目

憶昔待詔金馬門，方伎雜遝車蓋繁。

黃生蔡子最絕出,高堂不奈竽歌誼。

廬陵老翁才五尺,盱母江頭眼空碧。

相人豈不二子如,秋風夜雨歸無宅。

長身博士老一簟,皋比那博儒生酸。

人生榮華無足夢,桃笙竹枕長闌干。

黃翁勿嘆無家苦,華屋連雲更何補。

蜀莊一日不百錢,炳炳幽光二十年。

清顧嗣立《元詩選》二集卷二

題黃山谷三言詩卷 皇慶元年四月

退之出牧向潮州,霽色衡山碧欲流。

魯直宜州遷謫去,嶽雲九夏滿空浮。

美哉湘水獨清深,洗濯遷人執熱襟。

峰裏雲根不同量,解言隨器與渠斟。

魯直題來務觀題,便云字與漢嘉齊。

不知輭道經①行路,不涉祝融峰子西。永康胡長孺題,皇

慶元年龍集壬子四月丙子書於虎林。

明汪砢玉《珊瑚網》卷五,又見
清顧嗣立《元詩選》二集卷二

題蘇東坡春帖子詞卷

元祐文忠任詞職,毅色正言古遺直。

農占蠶兆九處三,宮壺春吟存楮墨。

周公惻怛陳艱難,《無逸》《豳風》但耕織。

豐鎬瀍澗遙相望,八百卜年終不忒。

陳橋推戴出俄頃,安得累積同先稷。

---

① 底本作“徑”,據《適園叢書》本改。

愛人忍訐戢兵端，舍己崇儉優民力。

弭菑銷變壹以誠，三百年餘傳玉食。

卿材相業富賢良，講席諫垣多道德。

通都達宦固廉貞，遠縣小官尤謹飭。

君子皓首畢典墳，野人黃馘常稼穡。

祇今真迹落世間，象軸鸞褾嚴設飾。

先正已遠不可追，空使故臣淚垂臆。永康胡長孺行書。①

　　　　　清卞永譽《式古堂書畫彙考》卷十，

　　　　　又見明李日華《味水軒日記》卷八

詠鄭氏義門

官中旌門屹森爽，左右建臺高一丈。

粉版玄題明晃晃，古越西垂浦水間。

一族合居群從繁，所以天寵來便蕃。

當年曾主海塲簿，海俗癡頑如猛虎。

雙眼見利四角紅，咫尺父兄不相睹。

或持訴牒來公庭，悲我寒淚滴欲冰。

手把鐵撾不敢擊，教化不先難遽刑。

豈如吾邦多孝義，世德相承終不匱。

華表入雲非爾私，要令惡子心生愧。

有口不解相曲阿，卿公雖貴如我何。

海東似此能幾姓，灑墨特相塡篋歌。

　　　　　　　　元鄭太和《麟溪集》已卷

題范天錫家藏程洺水字説

百三十篇漢太史，彌甥豆歌落其美。

---

① 下有朱文"汲仲父"，白文"顏樂齋"印，據康熙本《式古堂書畫彙考》補。

外家遺事千餘言，照映儒林晉處士。

豈惟奕世書種長，頗有與舅酷相似。

程甫苗裔玉堂仙，新安歸去休餘年。

前知姊子錫嘉字，喚教翁伯豪難鐫。

百年范氏已三葉，口手習氣猶文編。

壽朋後來更修飭，銜袖牛腰老行墨。

題詩草草我未工，慚愧耆年弗頗側。

堵牆學士亦世官，獻賦明光當努力。永康胡長孺。

《休寧范氏族譜》譜傳四十

七言律詩

題秋江喚渡

道傍木葉如渥丹，歸急不知行路難。

青嶂碧溪自喚渡，蹇驢破帽西風寒。

裹頭長須甚德色，肩輕不借有餘力。

人間塵土深復深，慎勿重賦招隱吟。

元蔣易《皇元風雅》卷九

次韻段郁文

轉雷飛瀑護遺壇，著足危岑向碧煙。

木末雞啼藤矯矯，稻間牛過水田田。

瑤池浪記三千實，玉井空傳十丈蓮。

少住幽棲良不惡，黃塵山下欲彌天。

元蔣易《皇元風雅》卷九

七言絕句

題風雨漁舟圖

細柳新蒲春已滿,飄風急雨浪如顛。

漁人若解忘魚意,繫却扁舟臥碧煙。

元蔣易《皇元風雅》卷九

題范文正公書伯夷頌後二首

其 一

名並日星真細事,義參天地在彝倫。

寥寥千古空遺迹,薇滿西山意自春。

元蔣易《皇元風雅》卷九

其 二

伯夷清節韓公頌,范老銀鈎韓子傳。

屋壁遺書還孔氏,誰人得似使君賢。金華胡長孺。

明趙琦美《趙氏鐵網珊瑚》卷二,
又見清顧嗣立《元詩選》二集卷二

題醉王母圖

宴罷瑤池醉不任,仙人那有世人心。

良工欲寫無言意,自托丹青作酒箴。

元蔣易《皇元風雅》卷九

集句五首

其 一

拜掃歸來走鈿車,二年寒食住京華。

自憐慣識金蓮燭,奉使虛隨八月槎。

其 二

慈母年高鶴髮垂,鄉書無雁到家遲。
初過寒食一百六,一日思親十二時。

其 三

殘花悵望近人開,不盡長江滾滾①來。
寒食清明都過了,鷓鴣飛上越王臺。

其 四

寒食家家出古城,滿川風雨看潮生。
八千里外飄零客,起向朱櫻樹下行。

其 五

一百五日寒食雨,風光別我苦吟身。
尚書氣與秋天杳,同是天涯淪落人。

《(康熙)永康縣志》卷十六《藝文》

題淳安七子②韻語集

山縣曳裾絲履盛,里門會弁碧氈寒。
曹劉千古風流在,未必淳安劣建安。

淳安縣地名委員會編《浙江省淳安縣地名志》

---

① 底本作"衮衮",據杜甫《登高》詩句改。
② 案:"淳安七子"指方一夔、洪震老、夏致大、吳朝陽、余炎曳、翁民瞻、徐夔曳七人。

記

滴露齋記

滴露齋者，吴江盛子敬輿讀《易》之室也。民生日用，何往而非《易》，其初亦何事乎讀也。一而兩，兩而四，四而八，八八而六十四，而孰名之？曰乾與坤。莫可句矣，而尤不可讀也。元亨利貞分四德矣，大亨而利於貞，又直爲兩事也，而其句或難矣。六爻有辭，十翼生焉。理、象數之著微，嘗知其畫，言待於辭，而未知辭之待於圖而後見也，至此亦備矣，然而未易知也。聖賢發天人之藴，先後演繹，宇宙所不容已者在是也。人心之靈，實具衆理，觀其象而玩其辭，傾焉有不得其讀哉！存之於無有師保之際，察之於動静語默之間，非必嘵嘵以聲，齗齗以意，殆於《易》思過半矣，况其義之皆可尋耶？而或者附會穿鑿，自謂古人所未有，凛凛乎潔静精微之受誣，予則不敢，因爲子敬言之。子敬，嘉定尚書之曾孫，故家流傳，獨親簡編，肅容端席，有翼其臨。丹砂之英，沆瀣之清，浩乎夜氣之明明，以筮期應，不占亦貞，日進於學矣。昔者清溪道士摭奇以眩俗耳，彼且視太極爲虚無，固將猖狂妄行以爲道也。"假我數年學《易》，以無大過"，此誰之志也？今之人欲寡其過而未能也，此豈非句乎？予輒爲子敬乙其處。

明朱存理《珊瑚木難》卷四引陶南村《文鈔》

尊經閣記 大德元年

郡縣之學皆有尊經閣，以藏群經，與凡訓詁注釋之書，以及諸子、史記、文集亡慮數千萬卷,少者亦數千百卷。浮梁之學故有閣,毀於兵,縣令長與職教者往往以田畝廩虛爲解,餘二十年卒莫能復。逮浮梁爲州之歲,判官李君實提學事,明年冬始議復爲閣,顧持身介特,不肯賦於諸生,無以給工資費。教授以公事去,其州學正番易^①董延鳳掌,凡學之政教,茲既得請於州之長貳,各以俸入致助,教諭閔濟,直學余士奇、徐傑皆與有力。又明年十二月,學正于越高才來,益加督勵,其年閣成,達魯花赤也善拔都剌、同知韓復、判官張得祥數君子皆資以俸錢,知爲政之本也。君名希賢,字思齊,汴人。

《(康熙)浮梁縣志》卷七

蕭山縣新文廟碑陰記 大德三年十月

大德三年八月辛亥哉生明,越五日,廟成。翼日丁巳,釋奠於新廟,用幣,縣長貳、師弟子咸在。既受福東序,還位,揖於庭曰:"美哉廟!厥亦勤卹匪易。"皆敦讓,言罔敢以爲功。亦既伐石門外,右盡載輸材氏名,置諸石陰,適來請記。故廟在雷壤東偏,庫下陬隘,賢令陳公南相方度宜,以徙置於茲土。後百卄年,張公稱孫貴盛,爲山疏溝,復作廟。又後卅有七年,當至元卄九年,廉訪使者行縣貳,學官作廟堂門廡始訖,丹漆黝堊事,蠹蝕材且盡,處久適懼弗即就,請用良易蠹,尉奮曰:"厥初擇材,弗於其良。今弗良圖,疇克久?"語合尹意,長官、主簿暨典史陳英咸贊。尹自調工材所出,營度略定,廟即日撤去故材,蠹中罔有膚寸完。張公孫聖先輸其良以勸,群士伐木薦材,以後爲恥。復合師弟子月入粟布,用佐餘費,範金斲木,與日出入。尉日至臨視,適程督益虔,靡間暑雨。成廟之改月,處郡洪天澤代處久任,猶未塗墍茨,天澤緒成。諸廡基匪堅垺,又將摧,方議葺廡外內,且完,尉亦歲滿受代去。長孺曰:"作新廟惟材暨工,有弗獲,罔

克臻。廟成弗録，何勸？"爰作記以貽後。《廟記》，翰林直學士張君伯淳所作，是爲處久私親昆弟，廟事核，故弗復書。十月癸亥哉生魄，越四日丁卯，金華胡長孺記。漁陽鮮于樞書。陳適立石。鑱者謝杞。

南安路學大成殿記

釋菜、釋奠，皆非祭也。古者大合樂、釋菜，於是有蘋蘩菹藻，以潔芳禮其先師，若飲食於先酒先飯然。而釋奠山川云者，猶言舍玉帛而置之，是豈皆嘗宿尸而與爲獻酢酬哉？夫曰"釋奠、釋菜，皆祭也"，是固天下所謂大儒知禮者，其視以壇屋主侑窺夫子、勾龍，棄重輕。夫既嘗議其非是，而猶曰"州縣幸有社稷、釋奠、風雨雷師之祭，得亦微有所謂可與，名數小異未害於道"，末流至於未可勝説，夫子之所甚欲正也。矧夫士終歲服古冠衣，陳犧象籩罤，而興俯折旋於其間，不知所以名，蓋亦有大不可者。南安學嘗大完矣，後以毀故，遷城東南陬。歷歲久，墊朽更見，廟柱八先壞，時幸不及，已而圮，猶謹易之。材無良，湮鬱互薄，未十年，所易已蠹腐。而王侯適至，實提舉儒學，乃與教授永嘉張夢桂計慮，取凡學費及師弟子月賦粟布總之。財足改。爲議與長貳，合僚佐胥贊，市木於山，於其材弗取賤賈，慮匠役傭，撫視周遍，不廢寒暑，新廟以期成。堂、閣、門、廡皆因其舊葺之，南安學至是亦略完矣。教授遣子裹糧詣旴江，請長孺爲文。以計會來洪，又從之凡六旬弗置。夫孝弟忠信，士也。詭行浮説□其身，一時鈎致豐厚，甘讒議刑僇弗悔，豈不□慚於其名哉。若然者，顧貿亂其名，非獨釋菜、釋奠而已。南安雖接壤百粤，風氣類中州，異時頗有醇儒清士，乃今必有不愧於是名者矣。侯，符離人，所至有嘉迹，其政不以學爲後，則亦知所重輕矣。

重建鳳山上乘寺記

佛法行江左，至東晉始盛。元帝時，即山爲寺，有鳳飛之祥，故封其山曰"鳳山"。唐代宗時，有嘉猷禪師居之，道行峻特，聲聞於朝，錫名"休光大善道場"。宣宗大中五年，僧道全號"三白"，撤舊更新，寺益强大。至懿宗，易名"大興善院"。錢氏之王吳越，吳僧法真慕嘉猷之道，繞塔作禮，越人異之，因請居是山，講説經論逾千萬言。《涅槃》最善，故世稱爲"涅槃和尚"。弟子受度者凡十人。上乘起東晉，至今千餘年，前有嘉猷，後有涅槃，教法演迤，彌久弗絶，世之言高德者則必稽焉。宋治平三年，改賜今額。至元廿九年，寺毀於火。仁育師既居真應，不忘本始，與法孫自然始爲寶殿。前淮安路萬户楊思諒感師誠愨，率其家人作佛諸天像，莊嚴崇飾，事與殿稱。然後説法之堂、棲僧之室、法藏、齋廬以次具舉，皆師力也。而觀音有殿，香積有厨，則僧正倫、擇朋實爲之。師又念寺成而無以爲養，益市土田若干畝，山樵圃蔬，所須畢給，齋魚飯鼓，大衆咸會，人謂師所樹立視唐三白師殆過之矣。余嘗觀世之人，凡所興作，竭筋力，踰歲時，僅克有成。而浮圖寺廟遍天下，瓦礫之區，榛棘之場，俄而棟宇丹碧，飛動照耀，若有鬼神翼而相之者，果何道致然耶？蓋其道以佛爲祖，以法爲宗。不有其家，故無事育之累；不私其身，故無奉養之費；不混於齊民，故無畎鑿之勞；不領於有司，故無賦役之迫。專志一力，攻苦茹淡，矢心自誓，期以歲月旬時，堅如金石，可信如契券，宜其成之易也。雖然，蓋亦繫乎其人焉。師才敏而志勤，能力興是寺，又推其餘治真應，以待四方來者，其至如歸，莫不意滿，是皆可書也。書之所以示後人無忘師之志焉爾。

將仕郎兩浙都轉運鹽使司長山場鹽司丞胡長孺撰。

《（光緒）上虞縣志》卷三十七

崇寧萬壽禪寺楊氏施田記 延祐三年六月

皇帝龍飛之六年，歲行丙辰，正月辛酉，璽書宣諭軍民官使臣，略曰："杭州路浙江崇寧萬壽禪寺住持無受正傳長老，楊宣慰松江六十頃田地布施屬寺，水土園林勿奪。"正傳欽受，迎奉摹鈎鐫飾竟已。律歟嘉哉！隆勤崇施之盛德也。謹按：中大夫浙東道宣慰副使僉都元帥府事楊公梓，嘗任海道漕運萬户，至大三年冬十月二日，用海船儎錢如浙東，將渡錢唐，至寺。時惟見行僧去來，包笠櫛比，無受親執土木役塗，繭手足不厭。問焉，則拱而對曰："桂、交、廣、閩、蜀、荊、江、浙之適北東西者，水陸出此道若輻縮轂。矧濤江潮汐異甚，天下無有，非目習耳熟，心掉體戰不自制。普覺和尚弟子曰久禪師，擇江旁地建蘭若，爲床坐褥席以處之，爲飯羹餐餌以食之。當宋淳熙間，尚書祠部爲請得賜'崇寧萬壽禪寺'額。昔者，行宣政使知主此席者之不可輕也，擇三人於諸山，而正傳適中焉。墜失是懼，敢受劬苦。"公聞而偉之曰："國家厚恩，相仍簪笏，藉祖先遺德，薄有田園，圖長必有厚捐，思報莫踰及物。在崇寧萬壽爲得其地，逢無受長老爲得其人，謹施松江府華亭縣莊屋一區，田六千畝，歲收四千石，永爲常住供雲水僧飯食浴洗，並義渡船。是田在己在人皆爲外物，未施則厚止一家，已施則賴之者衆，以此方彼，萬倍差殊。"事聞於衆，無不意滿。宣政具以聞上，無受月與江渡舟人米，約不求僧與其徒四衆黃冠往來錢，歲費且四百石。明年六月丁酉未旦時，蕭公橋民家不戒於火，延及浙江亭，四旁間門皆燼，而寺獨存，若有物之衛者。無受既具良石，以公書請文於碑。長孺曰："謹銘。"已之文，又爲銘曰：六清净義，獨布施先。絶惡去本，庸懦懲貪。博施濟衆，超仁造聖。有所不能，堯舜猶病。靄消霧散，洞然明虛。嗜欲不作，人己一如。雨降氣滋，八荒潤澤。幽穴奧隈，涓濡莫乾。爲篤學者，胼足苦身。受道傳業，成己去人。處匪廩倉，出匪楮篋。不有施者，鮮不隕越。錢唐潮汐，悍猛奔衝。吼聲雷震，飛濤山崇。冥晦風雨，群艘並艤。進無可乘，退無可止。久嗣普覺，建剎是間。飲食床蓐，施諸所安。初資丐求，繼藉租入。百三十年，用以僅給。讓夷急病，兌義楊公。延蹇以永，廓狹以充。捐華亭田，六千其畝。高屋巨舟，陸棲以走。計舟以數，受米有程。緇黃來渡，弗索弗徵。枒果勞休，煩除垢滌。去留疾徐，惟意所適。惟時無受，既敏既勤。是荷楊公，久公是承。大火四周，烈焰旁及。有截其疆，歸乎特立。有己者私，及人者公。心通道行，與物大同。是法施義，廣無有域。作此頌詩，鑱在貞石。

明朱存理《珊瑚木難》卷四引陶南村《文鈔》

佑聖觀捐施題名記 延祐三年九月

佑聖觀以祠帝玄武名祠之盛始建，逮兹今一百四十一年如一日，跨浙水東西、盡江漢南無與是雁行。歲元旦日至上巳時節朔望，虎林士女大集庭下，勢若禹峽春流，胥濤秋壯，鏖赴岸滅，前擁後推，彎騎巷休，輿轎道息，武無可布，視不得留。集者亦咸嚴戒潔齋，澡滌洗沐，專壹志慮，肅齊形容，喜怒不行，哀樂不入，好惡不作，驕吝不生，靈府明清，渟湛靜瑩，俯仰鞠跽，瞻望象儀。香氛燭光，星霧隱見，雲冠霞佩，芝蓋華幡，御氣乘風，輝映飈翠。聆音覬影，忽儵後先。其或孝隆尊親，慈覃幼稚，義鍾伉儷，愛厚弟昆，益友善鄰，嘉媚懿戚。禱言甫發，響答旋臻，疾疹遂瘳，菑害隨弭，訟爭銷釋，吉慶大來。敬極信深，忘吾有己，何况金幣，聚散無常，傾廩倒囊，非所悋惜。受福食德，絶意覬覦。體異而同，磁石傅鐵；類鳴必應，銅山感鐘。環循無端，報施之道，牢辭固拒，所不能回。儻非絶席祠官，祝釐共二，紛華永謝，嗜欲弗萌，澹乎平虛，己私净盡，如鏡懸室，不受垢塵。去來經行，無不呈露，顧安能致其如此哉。祠之建也，施貲者有差；歲三月三日齋醮費、施田者亦有差。度道生爲道士，又有施田。提點住持孫君益謙、提點觀事吳君存真懼歲序之易遷，致捐施之無紀，將取氏名爵里，與貲田材石數鐫堅珉，與觀祠相爲長久。二君俱來請記，故爲具道如此云。延祐三年九月戊申，將仕郎、兩浙都轉運鹽使司長山場鹽司丞胡長孺記。明年正月之望，翰林學士承旨、榮禄大夫知制誥兼修國史趙孟頫書。

國家圖書館藏《佑聖觀捐施題名記》拓片

銘

丘可行墨銘 并序

今溪丘可行，儒者也。墨法精詣，知名當時。其子世英南傑傳焉，今擅其良者莫之或先。故永康胡某爲銘。

續桐膏一鐙之照，裊陶甌半縷之煙。合犢膚烹熬之度，中石臼擣舂之權。體煆火微不熱，色藉煤遠極玄。釜用候足無滯，杵以數多彌堅。罔歙松奚梠，匪甲淺麝妍。非魚膠麋角，靡紫礦丹鉛。行硯吐馥，落紙敷黔。點漆幽黝，翳玉光潛。不與茂實争書，未知彦卿孰賢。誠得湛然同傳，可共吴宇相先。人咸言必售價之善，吾獨悦乃取數之廉。或有患橐裝之未具，已惟憂世業之無傳。玆亦器爾，堪置銘焉。豈觀美者，尚勉持旃。

明朱存理《珊瑚木難》卷四引陶南村《文鈔》

古窑鑪銘

大赤之煓，音波湍反，火熾見貌。中黄之植。以甄以陶，玉女斯質。虚中而圜，衆垢莫窒。允也席珍，凝其罔側。我匪物玩，所觀爲德。豈曰賞間，可以止息。木天邃清，竹帛雲積。用適其宜，歟芬永日。

明朱存理《珊瑚木難》卷四引陶南村《文鈔》

贊

擊蛇笏贊

烈烈孔公，稟是正直。疾惡如仇，秋隼初擊。毅氣寒霜，嚴顏夏日。張髯快眥，出聲動色。杓芒嶽静，電流雷激。鉅奸奪氣，萬里辟易。矧此虺蛇，夭形蕘質。委窮茂草，春啓冬蟄。蜿蜒尊俎，若歆以食。媟神憑奸，汩聽生惑。好惡易處，民志由辟。釋此不誅，曷示軌則。公銳往偵，曰惟吾職。無矛無戈，投之以笏。其笏伊何，匪金匪石。廣不三寸，長止過尺。削槐成簡，奇文間錯。波濤畫翻，雲霧朝鬱。口引月長，敷膏輸液。堅於陶冶，黑過點漆。亦有朱殷，腥血餘迹。磨刮更著，豈不洗滌。遺履在廟，藏簡去壁。守之或渝，猶云墜逸。此若忠臣，直前批賊。非比清談，看山拄頰。彼美公孫，寶同尺璧。孺也爲贊，永彰幽德。永康胡長孺。

明朱存理《珊瑚木難》卷一

引

顔樂齋原鈔引 延祐七年五月

顔樂齋者,永康胡長孺錢塘僦舍之名也。後先餘六十年,遷徙無常處,囂雜下濕,庳陋闇冥,則皆無甚相遠。嘗借僧房居,差似清静開爽,顧亦揭"顔樂"字楣間。又嘗編次所爲詩文,取邗溝還,繼盱江行十年,名《顔樂漫鈔》;再取寧海還,繼南昌行七年,名《顔樂原鈔》,若無行而不與之俱。客疑焉,問之:"賤企貴,貧慕富,鮮不其然。貴非企可致,富非慕可求,徒令奔走繫援,畢智竭力,悲愁困苦,窮日盡年,徐悟而中改,蓋益鮮。若方於其間不企不慕,似安似忘,健羨弗行,隨流處順,固已超然,是夫上十倍矣。乃今予視若,淡然眸絶經營之觀,夷然神存凝湛之光,浩然外著自適之容,洒然中亡外物之累,如是其無憂也,若真有道哉?"曰:"烏知道? 非敢爲妄也。夫非人能爲,命也;必己當爲,義也;聽命盡義,分也。分之在己,前已過而不相及,後未至而不相謀,時遷變而不相待,將於何所而措其憂耶? 無所措憂而尤憂,與非己當憂而强憂,等妄也。譬夫病在其身,權藥石對證治之,愈而止;瞖在其目,量箆刀抉而去之,明而止。不敢爲妄,烏知道?"復問:"君子憂道不憂貧,若不知道不憂,異顔子^①矣。""顔子廣大如天,不以霾曀霏霧隘其無外;悦豫如春,不以風雨霜露閒其至和。彼莊周者,以爲饘粥絲麻,琴娱學樂,持管以窺,不能以見全體。韓愈者,以

---

① 底本脱"子"字,據清鈔本補。

爲自得艱難，哲人細事，面墙而睹。其或但聞遺音，長孺也何足以同之？昔鮮于侁問顔樂於程正叔先生也，是已。先生曰：‘庸言何樂？’侁曰：‘樂道。’曰：‘樂道不爲顔矣。’侁未達，以告鄒志完曰：‘吾未識正叔面，已識正叔心。’夫人所造何如是之深也。”客惘然莫知所言。因拾之以爲《原鈔》引云。延祐七年龍集庚申五月乙酉，引胡氏拾遺所叙如此。《胡文定公集》云：“若説有道可樂，便不是顔子。”《震澤語録》：“若顔子樂道，孤負顔子。”①

　　　　　明朱存理《珊瑚木難》卷四引陶南村《文鈔》

————————

① 　底本“胡文定公集”以下作正文，據清鈔本改作注文。

序

白雲集序

詩惟專故工，今夫營衣食之資，給口體之奉，而以其間捃收掇拾以爲詩，而可道者蓋寡矣。髡髮出家空空無而樂寂滅，又無是二者之累，宜其詩違世離俗，有高遠幽深、瑰奇傑特之趣，去庸人萬萬不啻。乃今俯仰千載，其所謂卓然以詩名者，貫休、齊己、仲殊、惠洪數人，豈不超出於其徒？其詩具在，於高遠幽深、瑰奇傑特之趣何如也，唐、宋鉅公往往羞道之，顧專而無其累者，又不得而有之矣。或曰：有得於其道，則其詩不待專而自工。數子者於其道誠未有所得也。實存英上人携其《白雲詩集》視予，讀之竟一編，曰：此其專而無累於世者與？於其道有所得者與？何其詩之工也。實存生長名家，世有詩人，自其幼時已有聲士大夫間，又嘗有家室、歷貴仕。一旦棄去，衣緇褐，涉遠道，求名尊宿而爲之役，略不見勢利貴富驕泰矜夸餘習，此於其道非有所得能若此乎？詩之工於數子而出其上者，正不足論也。予特論其有得於其道者，而爲之序云。婺城石塘胡長孺。

元釋英《白雲集》卷首，又見《皕宋樓藏書志》卷九

閬風集序 至大四年三月

舒先生既捐館舍之十年，遺書有《夢蝶軒稿》、《篆畦詩》已鋟梓行世，獨號《閬風集》者，最爲大全，板本既灾於兵，子叔獻將復刊之，家窶甚，力不能任。且以三百年來諸公詩文論之，梅聖俞《宛陵》，蘇子

美《吳中》，歐陽永叔《廬陵》，蘇明允父子《成都》、《建安》、《九江》，王介甫《臨川》，曾子固《旴江》，陳同父《婺郡》，葉正則《海陵》，豈其家子弟爲之哉？古儒先生也，門人、父子傳其書，轉相教授，及後來摹印簡便之說①，則鄉黨朋從與異世慕用之士，相與出資，貨以給費。《閬風集》，是三人者盡將刊之。先生負奇氣，固伯仲諸葛孔明、王景略，其視齷齪瑣碎，雖達官貴人若遺涕唾，不肯一回顧。少年已擢巍科，同時流輩往往涉足要津，己獨凝立却行，不能以分寸爲進。其文凌張文潛、秦太虛而出其上；其詩韓子蒼、陸務觀不足高也。至大四年龍集辛亥三月，永康胡長孺序之於海上仙源觀。

宋舒岳祥《閬風集》卷首

霞外譜琴序 至大四年九月

琴在《承雲》、《六莖》、《大章》、《九韶》、《大夏》、《晨露》、《辟雍》、《大武》中，爲絲音，器與瑟、簫、笙、篴，皆可獨作。夫子嘗學於師襄，既得其曲意度矣，遂見其人之類，又識其爲周文王。噫！琴乃至是哉：師曠之裂帷飛尾；瓠巴之鳥舞魚躍；鄭師文叩緫五弦，召激律呂，沍燠涼温，暴至立散，景星慶雲，甘露醴泉，翔浮降湧。惟琴之聽，固無足異者。宋贈少師、任大理少卿楊公纘，當淳祐、寶祐時，深識琴韻趣，殆於天得。二客毛君遜敏仲、徐君宇天民，亦皆以琴高一世。少師訪求嵇叔夜《四弄》遺聲，得譜十數而未止，咸自稱譜所由來遠有端緒，世傳寶之，以爲嫡宗。少師獨毅然曰："非是最。"後徐君於吳中何仲章所得善譜，初弦其聲，少師即曰："曲聲叔夜所度，餘聲不足及此。"少師晚定調、意、操四百六十有八，爲《紫霞洞譜》十三卷，世最所貴重。噫！去叔夜之世一千三百餘年，識其遺聲於十數譜中，若辨黑白，猶親受之叔夜者，無得於琴其能若是哉。杭開元宮道士、元真觀

主金汝礪,舊從葉君福孫、孫君晉受琴。既又從徐君學,盡得徐君之
妙,又能玄探少師《譜》外不傳之意,復得徐君子仙授《四弄》遺聲,穎
然用善彈名當時。嘗凜凜憂其所授徐君父子琴聲止不傳,乃取五音,
各出一調一意一操,總爲十有五,名《霞外譜琴》,徐君子是正而刊之。
噫!十有五烏足以盡琴聲哉?一調、意、操而皆三之,爲十有五;又自
十有五而之焉百、千、萬,可推以成聲,琴聲相推而無窮,人亦終身彈
而不知其極。其於古人也,亦猶是已,布指鈎弦而識其意,斯可識師
曠、瓠巴、鄭師文矣!夫豈惟三子者,夫子、文王固亦可以識矣。噫!
微哉!至大辛亥九月丙寅,序於虎林山真珠井北寓舍。

明蔣克謙《琴書大全》卷十八《琴文》

定林漫稿序 皇慶二年

　　長孺被徵館集賢之年也,霖仲亦徵,同舍數十日去,實至元二十
有六年也。始至,即求還山。宰相留之不可,欲用爲教授江南一郡,
又不可,遂行。後十年見宰相杭州,延禮不逮京師時,出輒與絕。乃
過長孺,語移晝漏十刻。又後十有四年,爲宗晦書院山長,歲滿自溫
集杭,留六十日,時時會語,出所著《定林漫稿》相示。長孺聆且閱焉,
其言出入載籍而不拘,其詩疏通動蕩而不滯,其文條達敷暢而不流。
追記異時霖仲初自建業到京師,才二十有五,長身疏髭,面目光晢如
畫,氣盛志强,若飛鶴遊魚,凌屬青冥之上,縱橫泠淵之間,見貴富如
將以糞溲染己,疾走不肯一顧。自杭歸建業,方以《詩》、《書》授徒弟
子取縣教諭、書院山長,爲之大作詩文。及再爲山長歸,道杭而留也,
貌嚴體癯,鬚髮盡白。雖志氣未衰,而視在京師固已洒然異矣。使霖
仲在京師如在建業,碌碌從庸衆人後,積日月得官受祿爲貴富人已
久,然舍經術詩文,從事乎其他,則又安得《漫稿》四編之多也邪?非
徒多也,假之歲年顧有不駸駸類荊國也哉!

《(至大)金陵新志》卷十三下之上

送錫都朱盧饒諸生會試京師詩序 延祐元年

皇帝龍飛御天之三年十有一月，詔天下郡縣興賢者能者。明年，行江浙中書省試士錢唐，凡一千二百有奇。九月辛未，列合格名士里寓於書，上丞相府。蒙古、色目五人，錫都舉首；江浙閩二十八人，朱嶸第九，盧可繼第二十一；江西行省試士南昌，饒抃第七。四人者，嘗授經永康胡長孺，故錫都生之行也，長孺告之曰："若知夫舉選之故歟？四代事舉言揚逮矣。孝弟、力田、賢良、茂才，漢也；秀才、中正，魏晉也；進士、明經，隋唐宋也。壹操行則質木而少文；專詞章則雜博而寡要。二者交相為病，縉紳先生深念之，卒莫能之革。二千年教化風俗之被於下，禮樂刑政之出於上，俱不能以無愧古人，固也。今一變至古，二三子又相望鄉書中，是知選舉之故已，長孺也其何以告若？粹白莊遜，以持其身；幽深邃遠，以致其學；直方正大，以立其節；醇雅暢潔，以肆其言。告若止是矣。"繫以詩而敘之：晴旭槁落木，淺碧露寒溝。乘流不盈尺，才足漾輕舟。野梅花始芳，岸楊質若柔。五湖草綠淨，北固山光遒。大江荊楊會，長淮日夜流。磊落呂梁石，突兀彭城樓。層冰忽峨峨，涼風亦颼颼。發橐買良馬，解裝襲重裘。初非兼程行，乃覺馬力優。燕山擁萬疊，秀色射兩眸。三古垂載籍，壯歲窮探求。素懷致君術，常攄裨廟謀。如何螻螘身，欲與稷卨儔。辛苦望溫飽，鑿枘無相投。曲學汲所訹，教譸咸不酬。勉哉二三子，毋為昔賢羞。

明葉盛《水東日記》卷十二

清穎一源集後序 至治元年四月

歷①數十年而僅有，越數千里而不逢者。況祖父兄弟、子孫甥婿

---

① 前有闕文。

者乎？橋梓棣華以爲誇，芝蘭冰玉以爲譬，誠未爲過也。東嘉陳居敬既能古今體詩，子侄孫曾婿，與女子之子咸嗣乃業，或爲選其一家十五人之詩爲一編，號《清穎一源》。錢唐崔進之嘉其志尚，以後序請，予以其篇章四世未已，特爲著之如右。時元至治元年四月癸丑，永康胡長孺序。

永嘉《閣巷陳氏宗譜·藝文》

語助序 <small>泰定元年正月十六日</small>

乎、歟、耶、哉、夫者，疑辭也；矣、耳、焉、也者，決辭也。昔人是言"爲用字不當律令發"，惜概而弗詳。予友盧子允武以文誨人，患來學者抱疢猶彼若，爰摭諸語助字，釋而詳説之，見者目豁心悟，悉喻所謂，成人之意厚矣。文豈易言？莊、左、馬、班，手段固殊；韓、柳、歐、蘇，家數亦別。然資助於餘聲接字，同一律令，作文者不於此乎參，其能句耶？渾渾噩噩，傑然蔚然，法語直遂，巽與婉曲，闔闢變化，賓主抑揚，個中妙用無窮，祇在一二虛字爲之機括，昧者未達也。盧子喫緊爲人，于以私淑其徒，胡子閲而喜曰："吾爲子序而公之，俾呻佔畢者，或暢厥旨，請勿狹其惠於二三子。"輒昌言曰："吁！學子來前，汝知之乎？是編也，匪語助之與明，乃文法之與授，子獲此歸而求之，有餘師矣。勉之毋負。"泰定改元龍集閼逢困敦端月既望，永康胡長孺筆諸卷首。

元盧以緯《語助》卷首

論

大同論

孟子没一千四①百餘年，道潜統絶。子周子出，然後潜者復光，絶者復續。河南程氏二子得周子之傳，周子之傳出於北固竹林寺壽涯禪師，而爲首倡。程子四傳而得朱氏文公，文公復得張敬夫講究此道，方覺②脱然處。乃云：昔日所聞竹林遺語未之契者，皆不我欺。元來此事與禪學十分相似，學不知禪，禪不知學，互相排擊，都不曾劄着病處，亦可笑也。

明釋景隆《尚直編》卷下引《性學指要》，又見

明釋心泰《佛法金湯編》卷十六《胡長孺傳》

---

① 底本作“五”，不確，據《佛法金湯編》改。
② 底本作“得”，據《佛法金湯編》改。

傳

何長者傳

何長者敬德，無字，或號之爲孤巖善人，上海縣浦東民家子。樸謹不妄顧語，善積蓄會計，事吳郡張瑄行舶，筦庫不十年贏羨莫可勝數，一髮不以自私。瑄父子方倚之重，而敬德棄去矣。杭、吳、明、越、揚、楚，與幽、薊、萊、密、遼、鮮俱岸大海，固舟航可通。相傳朐山海門水中流積淮淤江沙，其長無際，浮海者以竿料淺深，此淺生角，故曰料角，明不可度越云。淮、江入海之交多洲，號爲沙，吳濱海處皆與沙相望，其民頗與沙民同俗，類剽輕悍急而狡。宋季年，群亡賴子相聚乘舟鈔掠海上，朱清與瑄最爲雄長，陰部曲曹伍之，當時海濱沙民富家以爲苦，崇明鎮特甚。清嘗傭楊氏，夜殺楊氏，盜妻子貨財去。若捕急，輒引舟東行，三日夜得沙門島，又東北過高句麗水口，見文登、夷維諸山，又北見燕山與碣石。往來若風與鬼影，迹不可得，稍怠則復來，亡慮十五六返。私念南北海道，此固徑，且不逢淺角識之。廷議兵方興，請事招懷，奏可。清、瑄即日來，以吏部侍郎左選七資最下一等授之，令部其徒屬爲防海民義隸提刑節制水軍。江南既内屬，二人者從宰相入見，授金符千户。時方輓漕東南供京師，運河溢淺不容，大舟不能百里，五十里輒爲堰潴水，又絶江、淮，遡泗水、吕梁、彭城，古稱險處。會通河未鑿，東阿、茌平道中車運三百里，轉輸艱而縻費重。二人者建言海漕事，試之良便省，上方注意嚮之。初，年不過百萬石，後乃至三百萬。二人者，父子致位宰相，弟侄甥婿皆大官，田園宅館遍天下，庫藏倉庾相望。巨艘大舶，帆交蕃夷中，輿騎塞隘門巷，故與敬德等，夷皆佩於菟金符，爲萬户千户，累爵積貨，氣意自得。敬德方布衣蔬食，汲汲以施貧賑乏爲事，勸瑄父子毋嗜進厚藏以速禍菑。雖不能盡用其言，頗亦損捨。今江南、北，二人夫婦父子施錢處，往往而在。二人者既滿盈，父子同時夷戮殆盡，没貲産縣官，黨與家破禁錮，而敬德固無一毫髮累。會杭傅氏施天水院橋東地，廣袤十餘畝，敬德即建天澤院，爲大釜鬲，炊調食羹，豐潔芳腴，延方外士，行而欲休，倦而欲息者，常五六十人。大德十一年大饑，鉅僧方清爨散徒，敬德素履，爲人信重，資施倍多他時，來者益衆，無意拒色厭。官爲設糜仙林寺中，饑民殍者不爲衰止，敬德請杭好善有材智人凌、郭、楊、李，僧道心、性澄六七人，又擇饑民得强壯者四五十人，借菩提寺作粥，夜鬻置大甕中，明旦饑民以至，先後爲次，列堂廡下，或溢出門外道上，相嚮坐，虛其前以行粥，約各持器來食，無持則假與。兩夫舁，一人執杓，挹以注器中，食已以次去。日鬻米七八石至十石。始六月三日，止八月十二日，凡七十日，饑民無死。寺側近與往來道上，民食粥忿争，奮臂大呼毆擊人，敬德詣其前亟拜，争者愧悔，請後不復，乃止。明年春，敬德請破衣集諸好善人，收聚遺骸枯骴數十萬具，語在《破衣傳》中。夏爲粥如昨歲，始五月朔日，踰三十六日，敬德死，年五十七，後十八日所餘錢米亦盡，遂止。緇素咸曰："胡不延長者至中壽？今窮人無所賴矣。"天澤院不復納雲水僧，饑疫棄屍如山，久莫爲掩云。沈子南者，苕中故相裔孫，嘗爲義烏丞。至元十三年，兵自義烏作，執之如甌，得不死。歸客杭，猶存妻、二女，貧甚，薪水傭僦，急則如敬德告，必得粟錢帛布，比十年不厭，嘗謂："予上海有善人者，憐而乞我秘其人，既而假予家僮負米。"問之，則敬德也，可不謂長者哉。

胡先生曰：故老言宋嘉熙四年歲行庚子大饑，趙悦道尹臨安府，發廩勸分恐弗暨，奪民死中而生之。初，悦道無子，養南外宗室子孟傳。一夕，夢之帝所，嚴衛如大朝會儀。既謁贊，道之升由阼階，端笏屏息,抑首傴躬,不敢仰視。帝告曰:"與懽汝無子,捄荒功多,賜汝子九人。"趨下再拜,稽首庭中。寤以告家,已而生八子,與孟傳而九,臧應星父記於書。當時湖州作糜食饑人,糜脫釜,猶沸湧器中。人急得糜,食已輒仆死百步間。饑未至死,食糜者百無一生。婺州顧鑄米作糉,熟而寒之,約饑民旦由東門入,與之屨,使之北門賦糉,西門飲以藥,復至東門給錢米,出宿逆旅舍,與爲買薪,蘇旦洗沐,廣舍不過棲十人,明日復然,竟去,無一人死。長者夜作粥貯大甕中,蓋懲湖州事也,有意哉!

元蘇天爵《元文類》卷六十九

陳孝子傳

　　孝子氏陳,名斗龍,字南仲。五世大父詢避宋靖康亂,由許徙家杭昌化縣,猶號"潁城散人"以自表。大父景純、大母阮年高。宋故事:郊祭、明堂禋祀、東朝廷上壽,咸詔賜高年爵。民歲百,太學生、鄉貢進士父母九十,皆得九品官封告。授大父迪功郎、大母孺人。父天澤澤民治《詩》,應寶祐三年臨安府舉,取元樸下第六名文解。嘗從葉公采學,葉學李公方子,李學徽國文公。澤民既屢試尚書禮部不中度,游清獻公爲相、趙忠惠公爲尹、葉公爲宰,以行能上之,招致弗就,築室百丈溪上講所學。時太皇太后籍未下,郡縣內附,徽獨不奉詔。盜作婺源境上,聲動旁近縣,澤民挈妻與子廬深險處以避,一歲所,病山中。斗龍才十三,已能奉飲劑,廢眠忘食,禱神請減己年延父,弗效。母盛也,尋亦病死。斗龍處喪毀,廬墓,哭聲哀切,感動行路人。有群雁集其上,飛鳴三日夜,鄉里謂雁靈有知。將葬,澤民門人士相與私諡澤民"文節",參政文公及翁題墓上曰"文節先生"。後斗龍娶妻,有四子女。鄉先生孫公朝瑞以溫州路儒學提舉,言斗龍侍病服喪廬墓時事,移提學,得推擇爲宗晦書院山長。將之甌,斗龍之妻之父之甥盛冲告斗龍曰:"若母王產,若未一歲歸錢唐。聞其家在清湖中。”斗龍大驚且哭，即日與婦訣，具裝行，曰：“必與母俱歸，若弗能得，何歸爲！”初，澤民以妻無子也，以幣如錢唐，求宜子者，得王清湖。斗龍生未周晬，王歲期適滿，遂去。吳越俗：以女事人，期歲歸父母，或三、五、七歲，有子女尚不聽留，惴惴恐失後。聘鬻幣物，女固不得自制。此禮所謂妾母、嫡子、它子以爲庶母、衆母、諸母。如是而去者，或欲比之棄黜，以義斷子不得母。薄乎此論也，豈嘗得罪於其父哉？長孺之妻之父徐公道隆伯謙甫母微，亦杭人，産已去歸。既長，求之，百方弗得，議用六十歲時母生己日始，爲齊衰三年。及是歲之元日，以大理卿直寶章閣提點浙西路刑獄公事，死吳興之難已。天下若是者固不少，使其季世政教修明，如乾道、淳熙時風厚俗美，男義女貞，又安得是？則其遂不克振可知也。斗龍至清湖，訪求母家及其故時比鄰，涉二三十年，又經亂離，固無在者矣。逢白髮媼於其處，揖而問焉，告曰：“我知之。我家與若母比屋，我與若母爲兒時作伴侶，嬉遊相好。若母自昌化歸，無幾時，與我言‘當往江東’，已而泣下。我方盛年，不識其語之爲悽楚也，亦弗問何州。有間，兩大舁若母竹轎西去，又折以北。與若母鄰者百十家，獨老身在。”斗龍謹識之，即入江東，又濟江踰淮，復還饒、徽、信、廣德、寧國，往來數郡間六年。一夕，舍永豐縣禮賢鎮之逆旅氏，逆旅人怪斗龍數過，問焉，告之故，且使偵之。其人驚曰：“吾主人小婦王，自言家清湖，今王老矣，豈若母耶？”走施氏告良久，出詢斗龍父時門巷兒名歲，甫去，老婦人哭出，斗龍哭前拜，母子未嘗相見而自知其爲子爲母也。施氏曰：“若母無子女，我家以母還。”斗龍留三日，奉母歸，竟如其言。母歸之歲，夏四月，徽盜作，溢出昌化境上，殺人掠子女，奪畜産、貨財，張甚。斗龍爲廬百丈山，身自負母，婦擁後。未至山廬，路逢盜數百人，斗龍置母夷處，稽首曰：“壯士，斗龍幼不知母去。壯長，聞母在江東，行求母六年，母歸未百十日，即相遭於此。斗龍若請夫婦嘗死，母老，誰當養母者？”盜諮嗟相約違去，且語徒勿更至此山，驚母傷孝子心。里中人家頗賴之以免。斗龍嘗蒔甘瓜圃中，秋暮，母病渴甚，思食瓜而非瓜時，斗龍視空蔓中芃芃然，披之，異根合莖，並蒂兩實者二。摘以奉啖，即日渴已，疾平。明年，圃之天羅瓜如甘瓜者亦二，王至今茲尚安健也。斗龍作百丈溪書院，祠三君子，侑以澤民。將延師教里子弟學。又以百丈源山地五百畝為義山，鄉鄰饑歲，斸葛蕨根續食，死以葬。達魯花赤阿思蘭取縣學鄉鄰之言，及祁陽縣尹章君碩所移事狀，廉之而核，銳請旌表。斗龍知歲惡民饑，官賦食旁午，自請無用是妨荒政。蓋其意不欲人知。去年，斗龍來錢唐，將從長孺問學，與之語，誠可以為孝弟忠信者。心欲為之傳，以風屬人子。屬其縣士孫壽國，錄始末以來，且曰縣人之所願得也，遂定次其言如右。

胡先生曰：陳，媯姓，有虞氏苗裔。周興，配胡公以元女大姬，而國之陳。紹重華祀，為王室三恪。及其亡也，子孫用國為氏。自秦漢來，陳氏孝弟忠信，立名當時，而著見後世。如太丘長輩類，何可一二數。孝子固其後也，潙汭遺風，餘響猶有在者哉。

元蘇天爵《元文類》卷六十九

廣福廟傳

虎林城東北陬，巍然石梁駕大河上，為鹽橋。民間食鹽，由江來舟載，至是携去，以是得名。橋顛北橫柵木其下，而立屋其上，為廣福廟七十楹。門南向，士女祠者爭道，出入常擁塞溢，橋東西四十餘丈不得行。橋旁民沽酒，作餐餌，鬻馬、豕、牛、羊二三十家，他祠蓋莫及。按《舊志》：孚順侯蔣氏，世杭人，生宋建炎間，喜賑施，穀成熟時糴儲價貴，用糶價賤糴予人；不熟，捐於人者，自幼逮老不變。告二弟曰：「存仁心，力行好事。」言已卒，人相與立祠侯家。後一百三十一年，當咸淳三年，臨安尹潛說友以武學生蔣文明若干人之請，奏錫廟名廣福。六年，尹為侯暨二弟請賜爵，皆列侯。尚書祠部考行庸，定號曰「孚順侯」、「孚惠侯」、「孚佑侯」。淳熙間，又為立祠鹽橋東北。尹韓彥質過杭，見民群聚，趣壞祠，即日侯降尹治，憑老兵辨數甚力，彥質愧謝，爲徙橋上。今廟，韓所徙也。故老相傳不得侯名字，獨記其昆弟之次爲七郎。當侯玀玀時，使人概各中其意，因號侯"自量"。廟末①賜名之歲，有劉宗申晉之者，暴戾士也。以縱橫説遊蜀、荆、江、淮，及爲吳淵潛、李曾伯、馬光祖客，嘗行邊，攝資州守，怨曾伯子知衡州事約，以杓反告密，下杓治②，亡反狀，得他罪致死。父納官以贖，猶除杓名。劉借七寶寺館焉，買妾置券，盛陳金銀器、飲食。妾父若牙儈，夸示多藏。奴薛榮刺知藏處，夜懷刃③入劉卧中，殺劉，擇取藏物逃去。捕急，尹矢侯曰："三日不獲榮，夷廟毀像。"榮持錢卜崇德市而獲。榮逃，常仿佛見邏人從而後，以故不能去，其自疑若有躡之者然。他相傳神怪事甚多，獨詳著劉事顛末，蓋其事可爲世戒。

　　胡先生曰：前此四十四年，長孺在虎林，聞故老誦説趙忠惠公爲臨安尹，會城中見口日食文思院斛米三千石，常籍北關天宗水門米船入。四千石，賤；二千石，貴。與日食適相若，價固等，俟之，無不中者。爲平糴倉二十八厫鹽橋北，羅湖、秀、蘇、常州米④，置碓房，舂治精善，歲六十萬石，視米船入不及日食，輒取賤價與民，消折本錢巨萬。竟尹去十三年，米價不翔，民不食糲，惡殂儈不罹刑辟，良尹哉。長孺之母，實忠惠姪女，忠惠薨，長孺九歲。七歲時，見公於建康府治，盾目清峻，如圖畫中古偉人碩彥。今口籍除去乘來，與故時亡懸殊，若牧守人效忠惠時規模，民亦效乎順昆弟，饑歲尚使弗知，況平歲耶？

　　　　　　　　　　明沈朝宣《（嘉靖）仁和縣志》卷七

---

① 底本作"末"，據《（萬曆）杭州府志》改。
② 底本脱"治"字，據《（萬曆）杭州府志》補。
③ 底本作"刀"，據《（萬曆）杭州府志》改。
④ 底本作"來"，據《武林坊巷志》改。

元寶傳

元寶者,白水人也。其先褚先生,居於越之會稽,懷貞體素,能記三墳五典、八索九丘之書,下至醫藥、卜祝、農雜、稗官、老佛者流,莫不通載曉析。天下舉尊事之,不敢名,無知愚人盡稱之曰"先生"。先生從山谷來東都,蔡侯倫見之,識其美質,日夜相爲澄洽,去浮華習,以能廉平端方,不爲邊幅所窘。今之道説先生事迹,輒言蔡侯,嘉其善取材而成之也。其後世有纂其業者,江之白氏、剡之滕氏,不墜斯緒,三吳、黟川、古田之族亦翩翩有聲,要不爲甚著,寶亦其苗裔也。褚氏既中衰,無聞於時,遂不知寶去先生爲幾世也。寶生而家不振,因自薄褚氏,惟以澹泊持身,不足取資當世,遂絶去《詩》、《書》故業,專治功利之説。及魏有天下,易拓跋以華姓曰元氏,寶以貲幸上,賜姓元氏,傳諸屬籍。初爲筦庫,甚稱職,及長太府,多變通才略,軍國賴之,未嘗乏絶。士南征北伐,寶常以給餽有功最,每奏第次,輒加秩予金,朱印墨綬纍纍然。寶受若宜有之,國人敬愛,寶亦不以爲泰也。嘗語人曰:"國家者有臣輩,何憂事不可爲而爲不可成乎?每聞吕尚父立九府法,咸陽孔僅作白金鹿幣,勞擾樅樅,顧所就孰與寶多?"寶於人無不可,上自京師輔郡、遐方邊鄙、嶺南海表、九夷百蠻之外,穿匈連頸、形語水行之民,及山棲舟居、漁樵匹士、釋子冠師,一息不得寶,皆不得所欲。商賈市易固非寶不友不親,婦人尤甚。武毅士出守郡邑,至暴抗也,人或微失其意,怒觺礫立,禍且不測。或挾貴權者往請,尚不能解,寶至,無問事輕重,立釋之。所請謁於人大率若此。然其性貪甚,好與博徒大駔爲錢交通暴豪,抄掠齊民。事是非曲直,輒變亂以從其意。當其時,中國一統,百夷順軌,寶方擊轂聯騎遍於天下,刑賞定乎其身,榮辱繫乎其口。雖有甚智,將奔走之不暇,誰敢議之?桀黠民或詐稱寶爲信,巧刻畫以仿擬寶,終莫及。識者亦辨知其僞,事覺,亦抵罪。上聞,不以誚寶。惟介廉士不喜寶,痛與絶,斥詆不置。及厄窮甚，欲與交懽，寶憾往事不爲降意，介者亦自言：「平生視寶何物人，胡然通之？豈秉德之衰邪！」終身不見。寶之大父行同安孔方昔日得志，勢十倍寶，世慕向之，或稱其通神。及寶貴顯，始棄置不用。今別族於太史爲冶氏，猶爲民所器使。嘗顧寶而笑：「今乃汝赫赫，若一旦見其敝，且爲爐矣，寵榮勢利果何倚哉！」寶甚愧其言，悵然自失。寶方貴，非能自惜，後不知其所終。初，寶之生也，褚氏以筵簟笩之，遇噬嗑之八，其繇曰：「匪金匪玉，卷之甚微。匪翼匪足，或馳以飛。日中爲市，疑神之爲。」及貴，皆驗。

史氏曰：書契以來，善記載者惟褚氏，是有功庸於世，厥宜有後哉。而寶以貨聞潰其家聲，孔方又逆所終而知之。噫！方奚不自知乃令廢爲？褚氏有別子孫在吳越間，尚治其家世業，亦絕寶不與通。寶貪而輕，又忘本，乃自作威作福，擬於王者，殆矣。夫介士所不取也，若通有無，厚衣食，其所立身有絕人者，亦不可廢。

《(成化)杭州府志》卷六十二

何節婦吕氏傳 至治二年正月一日

節婦吕氏，婺州永康何頎季長妻也。何爲郡著姓[①]，以儒顯。祖倫，朝散大夫、主管兩淮制置司機宜文字。父子舉，朝請大夫、樞密都承旨，謚「文直」。其學出西山真公、鶴山魏公，學者稱「寬居先生」，與余台州府君交誼特隆。季長得北山何公、魯齋王公之學，其義理薰陶有自來矣。吕氏名清[②]，端靖柔[③]惠，得婦道甚。年二十九，季長逝去，有一子二女，子述甫生三月。時江南寇盜充斥，人死兵戈者十七八，吕氏能披荆棘，犯霜露，保育其子若女，且全其家。人勸之再適，則自

---

① 底本闕「爲郡著姓」四字，據《梧溪集》補。
② 底本脫「名清」二字，據《梧溪集》補。
③ 底本闕「柔」字，據《清渭何氏宗譜》補。

誓曰："一^①馬不被二鞍，況人乎？死而後已。"聞者疑笑，後卒遂其初志。男有室，女有家。笑者悔，疑者釋然矣。至治二年春二月，郡邑長吏、文學、博士奉承詔旨，備醪餼具禮幣，旌表其門。噫！亦良顯哉。夫婦人之行能全一節，善矣！《詩》美共姜，以其能固所守而父母不能奪焉。未見其罹患難，撫孤弱，窮苦若是然，則吕氏之行，其優於昔人歟？至治二年元日，同里胡長孺撰。^②

> 《（正德）永康縣志》卷八，又略見《清渭
> 何氏宗譜》、元王逢《梧溪集》卷四

---

① 底本脱"一"字，據《清渭何氏宗譜》補。
② 題款據《清渭何氏宗譜》補。

墓誌銘

何君祖皋墓誌銘

　　先君子之友在吾里者曰何氏兄弟,其文聲宦迹烜赫一時。至於今,里中學子群聚論議,頌說鄉先生,不敢察察斥言其姓名字,尚公云時齋、寬居,云逢年、子舉。二君子之大父曰愕,由童子舉。父曰倫,爲宋通直郎。有子四人,其第三子則祖皋君也。家世儒者,貲業微甚,伯兄不事生産,二君子既學,又不問家事。君讀書,求通大義輒棄去。自力爲生,不數年,贍給使其兄若弟得專意問學,業成爲進士,歷中外貴仕,有當世名。君乃益治其産,又不數年致富,始大積粟爲義廩。凡宗族之貧,與姻黨之賢,鄉里之孤弱不能自存者,歲時月日皆有米帛遺,隆殺物差不失所宜。君之鄉多平陸稻田,地接台括二郡間,二郡山居十九,不宜稻。奸民事末,歲常負穀出旁近縣求倍稱息利,日夜不爲衰止,以故無積粟,歲二三月常艱食,穀價重至與旁近縣相似。君常發藏穀,取賤價如穀始熟,民朝雪釜鬻持空囊以出,歸而舉火環,是百餘里賴以不飢。然其性質直好面折,里人或有微過,君聞召與語,語皆切至,聞者羞愧欲死,曾不爲少止,人猶以爲愛己,不爲怨怒。後里中莫敢爲失脱,或過誤有不善,人爲蓋覆,終不令君有聞也。君之處家儉勤甚,每食不過一器飯與一杯羹,夜未嘗就席寢,身所衣褐數年不易。未旦出行閭巷田野,視里農勤惰,隨事勸勉,歸輒課僮奴耕植穀桑果蔬,及熟,其實碩豐滋甘,視他所種若二種。雖風雨晦冥,不在東畝在西畦,未嘗有須臾閑。及得閑,故召故人父老幼稚，爲言往昔近時鄉里數家成敗所由，唧唧不休。自處細以至富盛，未嘗少改易也。伯兄及二君子卒，四門之子仰君以學，乃延碩儒，且厚爲禮，以故子姪皆賢有文，能自卓立，而君亦老矣。君嘗得一官，論吏部調監臨安府徐村酒庫。二君子鼎貴，用以階進，有得美仕，君不以爲意，趣棄去不顧。後以子顗故，得武翼大夫。年七十三，遂卒。子顗將葬君壽溪先塋之側，卜之不吉，又卜九里之原則兆。未葬，手具書抵所交胡長孺曰："顗之諸父幸與子之先君子遊，顗又幸與子遊，今將葬吾父，子之銘吾父也奚辭？"既復書許諾矣。敬按：何氏世出周之唐叔虞，其後十一世食采於韓。及秦并諸侯，韓之公族子孫散處江淮間，晉以韓爲何，遂有何氏。世載令德，語具國史與二君子之隧碑。其隱於婺之金華山者，其先也。當宋建炎，自金華徙來，處永康之清渭里者，其五世祖也。曾祖墀，祖洎，父逸。君諱子申，字祖皋，叔倫之子爲後於是者也。丙子二月廿四日與庚辰二月甲申，君之卒葬同日也。娶孫氏，忠愍公孫女，先君十年卒。子珪，不慧。顗仕宋爲武功大夫、閤門宣贊舍人。敏□早死。孫男三人，女一人，皆顗之子也。嗚呼！去年先君子無禄早世，子幼，二君子爲治喪事。不四三年，二君子相繼淪喪，獨君巋然存，族姻有所仰，里井有所賴，而後生晚學有所慕而爲善，有所憚而不敢爲不善。乃今藏體魄地下，俯仰之間無三十年，典型殆盡，而長孺銘之，顧不悲乎！銘曰：

九里之陽，有翼有翩，鵠峙鴻翔。九里之外，溶溶邐邐，匯於而阯。墳高半丈，廣視其上，典型是葬。百年爲期，谷移[①]陵隳，尚君斯碑。

明朱存理《珊瑚木難》卷四引陶南村《文鈔》

朱公篝先生墓誌銘 大德三年

公篝朱先生既葬五十有八年矣，其曾孫如瑜泣而告曰："惟曾大

---

① 底本作"侈"，据清鈔本改。

父之行有不可湮没也，而墓上之石迄今未有刻文，倘矜而賁之銘，是死爲不亡，而生者有賴也，敢拜以請。”長孺曰：“顯揚先祖之美，禮所謂孝，其請可辭乎？”遂序而銘之。先生諱智，公籌其字也。曾祖昌爲野塘處士第十八孫、諱世宿者之元孫，始來居城川。祖隆、父元吉俱不樂仕進。先生少穎悟機敏，比至八九歲時，《論》《孟》諳誦如流。及長，曉暢義理，孰爲聖、孰爲賢，皆能心會神融，見諸行事。尤善爲文，其醫家諸書靡不窮究，往往與人愈疾，應手而驗。嘗蓄良藥於家，其貧乏者即資藥投之，不取其直，未嘗厭倦，是以人益賢之。里有販夫段正者，嘗貸先生家錢六十緡，入閩爲盜掠去，垂橐而回，請以女廬歸。先生曰：“彼割慈償錢，則我可安乎？”裂其券而不受，段拜謝而去。母盧，病拘攣者四年，先生終日侍側，凡出入必負而行，藥餌罔效，每夜瞻北斗涕泣拜而告曰：“願以身代。”後母復能行，人皆以爲孝感所致云，扁其讀書齋曰“宏道”。所爲詩文散逸不存。生於丙戌四月二十日，卒辛丑①六月廿一日，以是年十二月四日葬義和鄉里之厚山。娶劉氏，子男二：自明、自誠；孫男三：平高、文高、成高。嗚呼！古之人所以爲學者無他，孝弟也，仁義也。先生之諸行其無愧於斯乎？銘曰：

孝感於天，本乎親；財不取償，本乎仁。醫以濟患，學以修身。潛德不泯，有諸曾孫。不銘先生，余銘何人？

兩浙都轉運鹽使司長山場鹽司丞同邑汲仲胡長孺撰。

《蒲墟朱氏大宗譜》卷四上

吴用晦墓誌銘 至大三年

吴用晦卒，既禫祭，胡長孺以寧海主簿知府計事舍上蔡，書院士人周仁榮造焉，蓋用晦子婿也。以所摭爵里行言，與棄官將死之事爲

---

① “丙戌”前原有“宋崇寧”三字，辛丑前原有“淳熙”二字，據此，則朱公籌生年爲1106年，卒年爲1181年。誌文首云“既葬五十有八年”，則請長孺作文當在1239年前後。此與長孺時代不合，故刪去“宋崇寧”、“淳熙”五字。

狀一通，持來拜，且請曰："今兹惟夫子文辭、子昂篆楷行草書名天下，不得以銘若祖父，非良子孫。夫子幸爲仁榮婦翁銘，又幸爲請子昂作篆楷，是尚不死。"請弗已，長孺走避不敢當，復還固謝，尤不可，則應曰："諾。"其明年九月，監造舟海上成，始克閱其狀而爲之銘。狀曰："焱，吳氏，字用晦。先于越人。唐季年，鼻祖與族人偕徙來台之寧海縣仙巖鄉家焉，爲縣人。十有四世，曾大父大明，宋迪功郎；大父籌、父希尹，宋承務郎。兒時凝然似成人，既冠入州學，有能賦聲，爲曹偶見推。登咸淳元年進士第，對策語直，不得在高等。明年郊祀，始授迪功郎、池州東流縣尉，巡捉私茶鹽礬。丁外艱，服闋，循從政郎、監紹興府支鹽倉，棄歸其家。未第時，鄉之先達葉少傅、王提刑年秩盛高，都當世名德，折己貴尊，與爲遊知交。尉東流時，嘗權池州司户參軍，以治辦聞。持喪哀毁甚。既棄官，冲泊自守，於世若無聞知，獨於鄉里族媆加諸異日。今至元十八年，浙東造舟者徵木，村鐵百，需賦里民急，不忍其追呼，令子鬻田代輸，家以故耗，施意尤未衰。比卒前一歲，衣冠拜哭家祠，如辭行禮。將及歲，泊然無語以卒，年八十四，實大德十一年九月癸亥。娶黄州司法參軍、同郡金桂卿女，子男一人：鼎臣。女三人，其嫡歸今任處州路美化書院山長，請銘者也；長歸丁壽寶，次歸胡福臻。孫三人，男一肖居，女二在①室。鼎臣以至大二年九月壬午葬其鄉於吳興之原，得銘距葬日一年。長孺曰："死生之際微矣，隋唐宋選吏由進士出，儒先生類曰：'是庸禄利，蠹士心，敗文禮，亂銓法，徒靡風俗，不足得雋。嘗試取古舉子程文讀之，裂道反經，違理害義，其尤侮聖人之言也。'夫固嘗著論排斥不少置。俯仰垂千年，卓偉魁傑之士，顧出於其間何可勝數？近四十年亦得六七公，其尤著者，李瑾，登咸淳進士第，既臚傳，識時相驕肆將覆宗社，即日上書闕下，挂冠去。趙卯發，權池州，兵薄城，夫婦縊州治。馮驥，戰

---

① 底本作"存"，据清鈔本改。

獨松嶺，不勝死。高斯得，言丞相當事危急時棄去歸，顧以同列議已
説，必償國，罷同簽書樞密院事，還湖州，眠破屋中，式時不食。何應
桂權發遣忠安軍事，樓霞嶺不守，刺血裂衣帛，作書上之，繼州治。留
夢炎，爲今吏部尚書，廷沮沙不丁平章政事。撫言賈胡，司泉府主市
舶司，宰相不可，忤意曳出，復召如初對，得釋。此六七公者，視死何
如？況區區得喪禍福哉。高材大器，自非畏名息影、長往不招之士。
有此積蘊，必求自著見於時，而施用於世，固不肯鼃面皓首，終老於采
薪負末也。往往視取士塗徑，勉强委曲以就之，媒致其身見庸之地，
又何問賢良中正茂才進士也耶？猶寸珠尺璧，蘊甕塵坌，其光輝發見
自有不可得掩者。乃今用晦死生之際，若出入門户，與六七公炳焯映
照，可銘已。銘曰：

　　司徒俊造墮莫復，吏選咙_{莫紅切}離道彌黷。浮文程人置科目，進士
千載一干禄。已肆禮亡甚桎梏，□礫侮聖恬流俗。卓偉魁傑天所屬，
高材大器詎潛伏。頰首俯就甘詰曲，奇節峻操袂踵續。死生際若伸
暨屈，用晦洞識盍同録，後五百年示陵谷。

　　　　　　　　　明朱存理《珊瑚木難》卷四引陶南村《文鈔》

吾子行文塚銘 至大四年

　　吾衍，字子行，太末人。大父爲太學生，留弗歸，遂家錢唐。子行
工篆[①]、隸書，通聲音律吕之學。讀《太玄經》，號“貞白處士”。慕李長
吉詩樂府，效其體爲之，氣韻輒與相似。性曠放，有高世不仕之節，自
比張志和、郭忠恕。玩褻一世，遇人巧宦、善富，如蟲蛆臭腐將噬染
己。其所厭棄者詣門請謁，從樓上遥與語：“吾出有間矣。”顧彈琴，吹
洞簫，撫弄如意不輟。求室委巷，教小學，常十數人未成童，坐之，樓
下，與客對笑談喧，樓上下群童一是肅安。好譏刺輕侮詩人文學士，

---

　　①　底本無“篆”字，據《竹素山房詩集》附録補。

獨盛稱仇仁近、婺胡穆^①仲、汲仲，至謂"百年亡^②有"。其著述有《尚書要略》、《晉文春秋》、《楚史檮杌》、《說文續釋》、《道書援神契》、《卦氣間^③中編》等書。初，子行年四十未娶，所知宛丘趙天錫爲買酒家孤女爲妾，女嘗妻人，年饑棄歸，母與後夫匿弗言。輒去，之太末。妾爲子行產子數日死，留五年，當至大四年秋，故夫微知妻處，訟之。逮母，母來，死子行所。又逮後夫，後夫復舍於子行，因僞楮幣，事覺，捕得，言："主人子行，固弗知。"邏卒辱子行，南行數百步，錄事張景亮識子行，叱邏者曰："是不知情者，攝之何爲？"即解縱遣歸。臘月未盡，二日^④甲午，子行持詩一章，暨玄綃緇笠以詣仁近別。值晨出家，留詩還綃笠，子行去不知所之。其詩曰"西泠西畔斷橋邊"，意將從靈均於斯。明年三月辛酉，衛天隱以六壬筮之，得亥子丑順流象，曰："歲子月巳旬寅，斯首亥爲水鄉，巳墓在丑。惟子與丑無祿殞，虛墓非其藏，屍沉江湖。是生戊辰，土爲宰制，土弗勝火，家絕身棄，此其骨朽淵泥九十日矣。"與詩合。西湖多寶院主僧可權，從子行學詩，聞其定死，哭甚哀，爲琬良石鐫碣院後，與浮屠師遺塔相望，曰："皆吾師。請長孺銘，庶幾子行有後世名。"其銘曰："嗚呼！^⑤ 生不瀆，死不辱，貞哉白。"_{金華胡長孺撰。}^⑥

清倪濤《六藝之一錄》卷四百五，又見

元吾衍《竹素山房詩集》附錄

朝列大夫婺州路總管府治中遯山先生墓誌銘 _{延祐二年}

義烏縣南出四十里曰"赤岸"，故時爲蒲墟村，因朱氏婚嫁導餞烜

---

① 底本作"牧"，據《元史·胡長孺傳》附《胡之純傳》改。

② 底本作"止"，據《竹素山房詩集》附錄改。

③ 底本脫"間"字，據《竹素山房詩集》附錄補。

④ 底本作"月"，據《式古堂書畫彙考》改。

⑤ 底本脫"嗚呼"二字，據《竹素山房詩集》附錄補。

⑥ 題款據《竹素山房詩集》附錄補。

赫輝光得名且千年。初，槐里令廷請斬佞臣安昌侯張禹，攀殿檻折，著節漢西京。後世泛，晉永興中罷臨海太守，徙來。曾孫幼，齊揚州刺史，治行第一。宋季年，謙亨與從父弟夢魁八人相望登進士第，俱有能文聲。入國朝，爲縣尹、州佐五人，其一先生也。先生名叔麒，字廷祥。曾大父良祐。大父中，著《家訓》十有七條。父杓，爲朱子學有得，述《太極演説》《經世補遺》《時政書》《敬齋記聞》，又纂《古今人醫論》《聖脈書》《藥經》，銓彙鈎貫，爲《衛生方》。同産兄杞，之九丈夫子①，擇取先生爲己後。先生亦有詩、賦、碑、銘、箴、贊、傳記、雜著二三百篇，未輯。年七十一，今皇慶二年十有二月己未卒。塚子師皋、繼善，延祐二年十有二月戊寅，葬雙林鄉前周山下。先夫人，宋吏部郎中黃公夢炎侄，前四十年卒，子益亦前死。後繼配夫人，户部尚書東陽李公大同女孫。二子：繼善、同善。一女嫁尚書元孫李泰亨。師皋實先生同産兄、崇明州判官復淳子，他母、女二尚幼。孫男五，女四。宋貢舉制：試國子二歧三年，朝士文武上子孫弟侄族屬，各視官高卑爲差，由戚逮疏，中舉爲國子進士。舉之明年，復上名。中，補太學爲國子生。同縣金部郎中傑，博物精鑒裁，素奇先生，用族子得國子監進士解，登咸淳四年陳文龍榜。調官尚書、吏部侍郎左選從事郎、宜差充處州軍事判官。歲滿歸，堂除特差、充奉國軍節度推官，又除國子監書庫官，皆辭不拜。宋內屬，詔舉故官，所司以先生聞，授從仕郎、慶元路定海縣尹。轉承事郎、台州路同知黃巖州事，除台州路仙居縣尹兼勸農事，升承務郎、饒州路同知浮梁州事。既代，年未及謝，輒請加授朝列大夫、婺州路總管府治中致仕。除書到，已捐館舍。先生幼慧，九歲屬文，日誦千言。十三試舉子業郡中，與其兄夢魁俱在前列。益務讀書，自經史而降，天官、地乘、卜數、農圃之書皆研極窮深，方脈、醫藥尤詣其精。入官才二十六，以職事修明有聲，使者察

---

① "之九丈夫子"，與前後文不銜接。

舉恐後。既歸,號遯山人,晦迹鄉里,若無意人間世。定海方脫兵革,流散未復,田蕪租縣猶視昔,民多破產。濱海有隄防扞潮,下爲腴田,隄久壞。先生懷輯歸氓,取見耕田畝定其役,築斥鹵幾十萬畝,立學舍、社稷壇壝。盜作,奉化、慈溪震撼,旁近州縣惟定海晏如。平日庭鮮訟,獄屢無囚。黃巖故桀黠吏與暴惡少年,持吏長短,毒害善良,歲久根固,號“三彪十虎”。州憚,莫敢裁。先生至,爲文教民孝弟忠信,大略似陳述古,黠惡始畏忌,竟代去,敢不發,或刻其語學宮。州故有陂堰,潴泄視時旱溢,中圮,爲築閘十三,浚始渠七十萬丈,勒文於碑,歸成功其長。嘗有二虎爲暴州郭旁,令民操挺奮擊,俱斃。又嘗海運官糧數萬石如溫府,與大風遇,船柁折,不耗合。仙居俗,用田時競渡,不爾,神怒。亢旱怪風雨至,多癘疫。先生輒斷舟,螭首燔焉。俗爲改,穀登民不病。後歲不熟,救荒有條要。德興縣民曹、程醉鬭,十日,程死。縣捕訊曹毆程傷腎,不勝掠,自誣己,又弗承。饒府下浮梁同知,即縣治。先生步行百餘里抵程鄰,具得程患它病死,及仇家賂吏狀。即日坐縣庭上,詰曰:“腎爲命門,腎傷當立死,今過十日非是。”程愕然辭服。後他縣有獄疑,必下浮梁。同知人士慕向先生名,至則師用。先生閱視按牘,夜漏下三十刻不休。嘗曰:“留訟滯獄、惰受紿詐間,皆於得祿不宜。”聞此言,則其自持嚴密可觀也。每秩滿代歸,輒以家所有粟散之。族人乏食則典質以糴,且曰:“吾受祿於官,不與宗族共之,非祖宗意。”此尤人所難。葬先生之歲四月,繼善奉行狀來杭,詣長孺泣拜請銘。禮辭不獲,則應曰:“而翁兄弟所厚善猶長孺在,固不得終辭。舊聞里中長老言:潘宏道、朱廷祥兩人喪其父母,飲啜、衰麻、寢居具合禮。今聞自持顧嚴密,若此可不銘?”銘曰:

　　吁嗟先生,古學爲己。視功而祿,視義而仕。欲勝則冥,氣媮則馳。我所未安,人或弗恥。聖制醫藥,石乃群痏。淆而絡縶,混而表裏。投針致癃,飲劑旋死。豈惟烏傷,茫茫皆是。餘閑諷經,旁及圖史。歧伯辯論,伊尹湯使。色見溢目,脈應盈指。痿吾使行,蹶吾使起。惟詣極精，是中至理。危有不驚，邑人所倚。而今而後，疾曷能已！臟絕膚撓，孰知其紀？山形覆釜，水流山趾。負陰抱陽，風藏氣止。載礱貞石，庸鑱斯詠。有欲求之，此其遺軌。

將仕郎、兩浙都轉運鹽使司長山場鹽司丞永康胡長孺撰。

義烏《赤岸朱氏宗譜》卷七

元龍泉主簿胡公淀墓誌銘 延祐五年

延祐五年二月戊午，前吉安路龍泉縣主簿胡公卒家婺源州，十一月己未，葬其州高倉里。龍泉族父炳文具書前進士江雷所次行狀一通，授龍泉從子宗海抵嘗所識永康胡長孺於建昌，謹致辭："伯父棄捐子弟之明日，實奉奔走請銘，會先生考試江右歸未到，宗海既還，復西走此土，惟是贏焉。諸孤哭，踴伏踞鞠，屬言置耳，猶涉彌千里，歷五程，會朔，請事嚴勞，非敢云。"長孺與禮讓已，告曰："是書固言，然何忍終拒。"遂述志作銘。龍泉名淀，字安國，其先隴西李氏，唐諸王子。朱溫將篡，屠滅宗室略盡。先是淮南將高駢死，楊行密、徐知誥相承篡緒，保有淮、江東西地。徽，故歙州，僻險絕，與吳越鄰，溫莫敢闚闖，亡人樂奔焉。有昌翼走婺源，就考水大姓胡，匿義之變，從其氏。舉明經中第，南唐時不復公族姓矣，是為明經公云。八世孫朝散大夫、權知無為軍事伸，與兄伋登紹聖四年進士第，文章號《棣華集》。無為最有聲，故元符間，太學為之語曰："江南二寶，胡伸、汪藻。"兩公皆州人。無為從子朝奉郎、通判南康軍事持與兄搏舉紹興十四年鄉貢進士，登十五年第，南康登隆興元年第，是為龍泉六世大父。曾大父自厚，朝奉大夫、權知瀘州軍事，由太學登開禧元年第。大父知先，號"經訓翁"。父萬，太學中舍生。龍泉倜儻卓越，企慕漢丞相武鄉忠武侯，視瑣委猶埃燼沮澤將坌瀎已，畏惡不敢近，賦《江左臥龍詩》攄憤鬱。時天下初混一，未設科，官莫敢喻教肄，行道終日無聞琴書聲。龍泉請於其父若其伯父次焱，於明經公書堂，二父為師，集里子弟講經,涉十年,遂皆知聖學。爲《發易十疑》,遠邇來析剖其義至千餘卷,學徒受成。謀於族父炳文、弟澄,徙西山之麓,建明經書院,宮室橅制視嶽麓、白鹿洞有加。具養田三頃,約三分租入,以一供義學食費。族父爲之長,譚經,日聽者盈千人。集賢學士吳公澄幼清記焉,遂上名數於官,猶未籍禮部。州學灾,爲造大成殿。浮梁州百八十里,徽、饒境上曰太白渡,維鐵聯舟二千尺有奇,買田給茸補養守祠。公又作長壽橋、明經橋,里中建甘泉、湖山二亭,瀹茗煮水飲行客。初,太學嗜山水,故蒔花藥、種竹樹,鑿池架亭富春、芳塢間,稱“兩山翁”。龍泉日設酒戱,請公所敬愛賓客嬉遊歌吟其中。公預期八十,且盡取藏粟周貧,未及期没,猶以是年散財施米如昔言。龍泉早失周姓母,事繼母具如實產己。兄弟同食飲五十年,無忤色違言。族無疏戚貧老,月有養資,鄉賢老時有遺。傍近民喪病,相救卹。鬬訟争,辨義理,譬曉從容,一語立解。至龍泉縣詣學,惟詢訪先賢子孫。諸生説書爲文字少異其曹,雖稚齒亦與伉禮。膳士田爲天寶、桑林二僧坊貪賴,府縣取證故籍,將復歸之學,吏顧賂謝不即予,至則索文書授之。骯髒,多不能屈折事人,上官長吏不樂,咄咄弗休。嘆曰:“主簿尚可爲哉?”即日謝病歸。二月丙辰,夢火光彌室,旦胗夢,告子弟曰:“死日其在戊午乎? 吾生歲行適周矣。”是日果死。嘗創書“月高樓”其家藏群書,寫疏:“廣教子孫多財,賢損志愚益過。”置室壁。平生論議疏曠而處事詳密,生計裕如而持己纖嗇,食羹淡泊而奉客腴釀,此其意固非在財利以私其身家子孫者也。娶同里周架閣公孫女。銘曰:

力嚮經術,欲淑諸人。敬教勸學,是近於仁。勇棄己私,繄人其利。飲枯濟深,是篤於義。世有正氣,浩然崇高。侮言違道,安得爲豪。病痹弗知,殊塗詭轍。匪融一家,何足爲傑。允矣龍泉,篤義近仁。既孝既睦,超邁不群。志事有稽,銘言無剩。堂歸山存,碑猶傳信。

明程敏政《新安文獻志》卷八十六

雜　著

元日講義

《春秋》書"春王正月"，《左氏傳》但加一"周"字，曰"春王周正月"，杜氏之說明甚，無可疑者。說《春秋》者，太上不能明夫子之義；其次不能通左氏之說；又其次不能知杜氏之言。縱橫牴牾，更相排擊，二三千年日以紛亂，則《春秋》之與存者幾何哉？程氏以"夏時冠周月"云者，不過釋"春冠正月"之義，非用建寅之孟春，加於建子之正月也。說者求其義而不可得，則妄爲穿穴，奮其私智，其主夏時者，疑正月之非周月；其主周月者，恐王春之非夏時，妄引《周禮》"正歲正月"之文，雜以三統、建子、建寅之義，乖訛舛錯，迷於至今。其於程氏之言且不能知，況《春秋》哉？嘗試求之《春秋》之前：《書·泰誓》"惟十有三年春"，孔安國因《書序》"一月戊午"之言，以爲周之孟春建子月也，《武成》"惟一月壬辰"亦建子月也，《詩·七月》"一之日"亦建子月也，謂"子"爲春，謂"·"爲正，《詩》、《書》所記足以爲稽。及顔淵問爲邦，子曰"行夏之時"，此夫子之所欲爲而未得爲者也。使春秋之世已行夏之時，則夫子不爲是言矣。今爲之言曰："《春秋》書'春'者，周之春也；書'王'者，周之王也；書'正月'者，周之正月也。周之正月者何？建子月也。建子月者何？周之孟春也。稽之於日、星、冰、霜、雷、雹之變；驗之於禾、麥、草、木、昆蟲之異；考之於禮、樂、宮室、都城之制；參之於會盟、戰伐、敗克之事。二百四十年幾《春秋》'尊王室'、'大一統'與夫'觀善懲惡'之義，燦然目睫，可坐而致。視夫是非淆亂者，豈不寥寥也哉?""春王正月"實《春秋》一大綱領,嘗夕講《左氏》矣,元日談經輒取此説,以告夫二三子者。

永康《大後胡氏宗譜》卷十四《文存》

與劉水雲書

長孺之來盱也,蓋嘗數承過顧,又示以所爲文章。雖知其有意於古,然未敢以爲絶異於衆人也。夏五月,家僮自錢唐來,持故人雪澗陳丈書至,具言爲令南豐時與執事甚有交誼,而其績文操行衆所無有。某然後瞿然不足於心,以爲前此知執事者淺也。作教授窮僻之邦,言語不爲當路所識察,然何以爲執事道。第今者又病,更數日即滿告期,行且去,此徒負故人丁寧意,慚恧而已。而雪澗老且病,餘日長短不可知,某與其同産弟張養蒙爲友,其拳拳之情不可不令執事知。謹以其書一緘二幅納去,旦夕即遣人還浙,幸以手書報並示元書也。病憊草草,餘惟以吾道盡珍重理。不宣。

元劉壎《水雲村稿》卷十一

又與劉水雲書

寧海在台東境,距平陽嶺海七百里,距鄞爲近。其又東境即大海,舟人所不敢涉,惟冬則釣船行二程輒止。相傳其東則鬼國。水勢流下,雖潮生時亦不可上,恐是尾閭處也。宏齋謂見有十數渦,則某所未見也。

元劉壎《隱居通議》卷二十九《尾閭》引

與揭曼碩書

爲衆所推,謬當斯文之托。

前乎千古,聖賢相傳之道由詩若文而知;後乎千古,亦將由詩若文而知今之道。①

元揭傒斯《文安集》卷七《答胡汲仲書》引

與叔敬貢士書

長孺頓首：昨者薄暮見過，欲有所言，遂不暇及。葉先生蒿目以憂世之患，三策上九關，皆不盲者之所不能言，在古人亦難得。聞叔敬銳然欲助紙筆，此甚高誼。使者之來，只在只尺，恐不可緩。爲義貴勇速，不可以日復日。書不盡意，伏惟委照。長孺頓首，叔敬貢士坐右。

國家圖書館藏法帖三八一號

錢舜舉列女圖跋 <small>大德四年七月十五日</small>

錢舜舉年少時嗜酒，好音聲，善畫，高者至與古人無辨。嘗借人《白鷹圖》，夜臨摹裝池，翌日以所臨本歸之，主人弗覺也。今老矣，其畫益不可得。湖之人經舜舉指授，類皆以能畫稱，然而舜舉高矣。此三圖舜舉所臨，誠古名本。劉向②書序記古之列女多矣，古人因之以爲圖，此獨取鄧曼、許穆夫人、括母，豈非以其識微知遠也耶？婦人之於父母，夫若子之間，不失孝貞，亦已多矣。今楚衛③趙之事，未見幾微，三人者固已言之。其言之讎④，無毫末差，若符合谷應，淵澄而日出。凡於形聲之內，舉不能以自逋，則三人者之明，其於婦人獨不甚賢也哉？大德四年龍集庚子七月望，金華胡長孺書。

明趙琦美《趙氏鐵網珊瑚》卷十三，又見

清卞永譽《式古堂書畫彙考》卷四十七

---

①　胡翰《胡仲子集》卷五《華川集序》引作“千古聖賢相傳之道，由斯文而知之；後之千古，亦將由斯文而知今之道。”蘇伯衡撰《書賢良王公遺書後》亦櫽栝云“千古聖賢之道，由斯人而知之；後乎千古，亦將由斯文而知今之道。”
②　底本作“尚”，據《式古堂書畫彙考》改。
③　底本作“魏”，誤。許穆夫人爲衛懿公女，當作“衛”。
④　底本作“售”，據《式古堂書畫彙考》改。

題蘇文忠公書杜工部愷木詩卷後 大德五年立冬

金華胡長孺、淮陰湯炳龍、郇州劉鉉、眉山程郇、龍泉陳象祖、廬山連璧、富春潘夢得，大德辛丑立冬日同觀於胡氏顏樂齋。

清卞永譽《式古堂書畫彙考》卷十

題陸秀夫義山帖_{一名群玉帖}後 至大元年

長孺三十二年前，温陵舟中與君實甫分，悽然有惜別意。又明年二月，死海上。原、員之節，蓋有所不及。君實貌容無絶異於人，氣冲語温，所立固如此。北固郭元德哀其尺牘若干紙爲四卷，今其家無有孤遺，故人念之至如此。元德之視榮附瘁捐者有間哉！長孺題。

臺北故宫博物院藏宋人法書陸秀夫《義山帖》後跋

胡次焱媒嫠問答詩跋

宋疆於淮，重兵在山陽、盱眙、合肥，池岸江城，惡渠隘淺，荷戈不滿千人，兵未及境，都統制張林已納款降附，與異意，輒收殺之。當是時，濟鼎爲附城縣尉，貴池羸尫弓手數十百人，勢不得獨嬰城。家寒，親臺無壯子弟供養。隙張，出迎托公事，過東流縣，作塚其道周，書木爲表識曰“貴池尉死葬此下”，用杜張猜疑，令不相尋迹。歸婺源以《易》教授鄉里，往來從學者常百許人。昔人稱：“慷慨殺身易，從容就義難。”濟鼎蓋從容就義者歟？

明程敏政《新安文獻志》卷八十七
洪焱祖《胡主簿次焱傳》引

方君玉龍虎榜賦批語 延祐四年

此題甚難，賦鮮佳者。或稍修辭而遠遺其意，或微有意而不得於言。此卷興趣開豁，音響鏗鏘，勝餘子遠甚。考官胡司丞汲仲批。

元劉仁初編《新刊類編歷舉三場文選》卷三《古賦》

外　編

酬　贈

同胡汲仲兄弟登香遠樓

方　鳳

策杖探幽勝，同登況二難。

江山雙極目，宇宙一凭欄。

春色啼鶯破，孤城擁浪寒。

遙遙煙靄裏，猶作故宮看。

宋方鳳《存雅堂遺稿》卷一

寄揚州教胡石塘

陳　孚

其　一

淮海胡文學，名猶滿帝都。

人誰憐李白，我欲泣楊朱。

家昔啼飢甚，身今病渴無？

竹西歌吹近，想見列生徒。

其　二

昔日光明闕，昂然有此翁。

方聞前賈傅，俄見罷申公。

瘦已肩如鶴，貧猶氣吐虹。

北門端有待，豈必滯儒宮。

元陳孚《陳剛中詩集》卷三

登明月樓呈胡石塘

王鍊師

梅花洞口履巉巖，虹卧浮雲百丈寬。

兩岸往來人自老，一溪今古水長寒。

徘徊明月三千界，繚繞青山十二欄。

寂寞曾侯張樂地，風流相像晉衣冠。

《詩淵》之《宮庭門》引元王鍊師《竹林清風集》

樂潛齋書事①

王　沂

石塘文章天與力，九鼎十鼓驚時人。

天閑如海養群駿，獨棄江南一角麟。

元王沂《伊濱集》卷八

讀呂節婦傳

王　逢

德人言足徵，文人言多靡。

緋桃陽豔花，青松歲寒柢。

孤藤萬歲名，所以松上倚。

於乎呂節婦，喪亂全幼稚。

馬不被二鞍，中心猶止水。

長終復何言，見録顏樂士。胡所居齋名顏樂。

---

① 王沂《樂潛齋書事》共七首，此爲其七。

士貞婦潔並，金婺光有煒。

荒園雪久濕，敗竈煙稍起。

呼兒讀遺傳，清風生頰齒。

晚來興彌高，聊歌續貂尾。

元王逢《梧溪集》卷四

送胡石塘北上序

張伯淳

天地山川之氣，鍾而爲人，而得其秀者爲士。士非徒深衣大帶之謂也。古者八歲入小學，十五入大學，自灑掃應對，以至禮樂射御書數，以至窮理正心修身治人之道，一不知不足謂士。由今視之亦難矣。後之士之於學，雖未必皆古，亦必日積月累而得士之名。其或未嘗有積累之功，猝然號於人曰："吾士也。"己固不敢自信，人亦將群聚而非之。嗚呼！邇來則不然已。余友金華胡君，前進士也。力學工古文，蓋將駸駸乎古之所謂士者。然而貧無以爲家，飢驅出山，不得不仰升斗祿而挾其耿耿者，於是衆方以掀髯抵掌爲狂，誰爲階尺寸之進？世俗所以重可嘆也。君今去矣，燕雲紫翠間足昌其文，吾知此行定不虛，臨別酌而謐之曰："君家安定，由進士發身，踐歷中外多政譽。其守湖，築石塘百里，興建學宮，足爲後來法。經義治事，取次講明，深衣大帶云乎哉！君以石塘自號，豈亦有慕於宗家者耶？君仕矣，以其所長，用之學校，用之民事，將施無不宜。"君曰："非所知也。"一笑出門。序以識別，不以石塘謂君古也。至元二十五年仲春十八日，嘉興張某書於越之寓舍。

元張伯淳《養蒙文集》卷二

題胡汲仲谷仙賦帖後

趙孟頫

胡汲仲天資高爽，發言便自超詣。此賦爲南谷尊師所作，文與事稱。其自邇至遠則似《晉問》,其琢詞造語則似《鵩賦》,其高舉寥廓則似《遠遊》。過此以往,吾不知所擬矣! 尊師既仙去,重爲季安師聖書一通,刻石山中。至治元年六月望日,吳興趙孟頫書。

元趙孟頫行書《谷仙賦》册頁,又見

清倪濤《六藝之一録》卷四百五

楷書師説題後

趙孟頫

至大丙午①二月廿五日,胡汲仲提舉學士持束絹乞書於余。汲仲與余爲契友,情意有在,故連書四軸,不自知其倦也。吳興趙孟頫。

清張照等《石渠寶笈》卷七

與胡石塘書

陳處久

處久仰恃,襟度宏開,輒忘僭躐,直布忱悃,未言先懼。治下南豐郡有儒人劉兄,名壎,佳士也。四十餘年不見之矣! 今亦不知其人尚無恙否? 曾出仕否? 處久壬戌、癸亥間試令南豐時,每與文字交,此兄筆端俊甚。與之周旋兩年餘,未嘗有分毫事相干撓。此最爲難得,至今敬之。嗣是各景東西,兩下不相知,無從訪問生死。兹幸老先生典教此邦,處久可藉是徼福通名,以丐餘波之及。處久不勝大願,願先生以區區之請,多爲詢問其人安在,處久以其年推之,恐亦踰耳順矣。或此士尚在,乞從路學賜一公檄,下之所屬,招之使來。先生試憑几扣之,恐亦不在籍湜之下。特賜提撕振拔之造,處久拜會,實同他時。其人或不如僕所舉,甘受欺謾之罪。不勝皇慚之至!

元劉壎《水雲村稿》卷十一

---

① 至大紀年無丙午干支。

答胡教授書

劉　壎

　　某敝車朽索，爲天壤間棄物，鄰翁社友或不相聞。忽枉謙勤，示以雪澗公翰墨。別四十年，隔千數百里，猶拳拳於棠陰之一介士，古道顔色已不可及。執事申以顒函，增其光價，是與人爲善者也，滋不可及。恭惟盛心，有感無斁。追思澗翁之始至，僕旅進退於廣衆中，樸訥韜潛，無敢自異。不意此翁何以得九方皋之法，拔躋上賓。是時邑政清肅，威嚴若神，雖同僚上寓，非公謁，毋敢進。獨某以斯文見親，重如兄弟。然冰雪相看，始終無間，以迄於今。世已易而眷不衰。侯嬴曰：“人固未易知，知人亦未易。”安得不愴然思，悠然感也！元緘歸璧，獨留内幅，永以爲寶。時閲其字，如見其人。就有一緘，附往聲謝。使介復來，更得其數字，尤慰猝猝奉酬，容俟皋比以謝。謹上狀。不宣。

元劉壎《水雲村稿》卷十一

再與胡教授書

劉　壎

　　二十七日纔領所還尺牘，亟加補完。同日轉發，未知猶及使介之便否？萬一不及，計華翰中亦必道甫問訊意矣。州里某人，士也。秀美而文且熟吏事，往年操數寸管隸臺下，監察者以爲能，擬署憲吏廣東，廣東使者義齋公之道金陵也，嘗納拜焉。今將南遊而四顧傍皇，既無曹丘生爲之揚名，又無鄭當時爲之推轂，事濟否未可知。明公雅厚義齋公，而春風如海，愛士如珠，又人士所依賴。不揆冒昧，爲此兄請。伏惟一緘九鼎，弊帚千金，使此士稍遂始願，是執事有大造於西也。此兄盛年好修，家粗温飽，當不至迷繆以誤推獎。二碑委教甚寵，乃知大手筆世自有人，而士類所以斂衽名下，誠有以也。李密見秦王,安得不服？他日當摳衣而請焉。

元劉壎《水雲村稿》卷十一

與胡教授書

劉　壎

惟奎躔移次之日久,驪從市纆,得無艱乎？雖耿介絶俗,固有以自處。而使從者同其清苦,則鬱鬱於我土地者,某之所以顏忸怩而心不寧也。薄奉餼稟,助徒御之一炊,而非以爲執事獻,且區區之私,非取諸學,高明在所勿疑。蘧伯玉恥獨爲君子,僕敢拜手以請。

元劉壎《水雲村稿》卷十一

與胡石塘書

劉　壎

願挹光霽,有如渴飢。都尉經從,滿期親炙,而偵伺不謹,乃不知夜度崑崙,爲之悵嘆無及。伏承志在康濟,靡憚暑行,此其視飢由己之思,溯千古而與之合。世固有在其位不謀其政,肥瘠秦越獨何心乎？如公賢勞,使我心敬,深以弗獲一見爲恨。敢奉尺書問安,並謝不及候迎罪。

元劉壎《水雲村稿》卷十一

又與胡石塘書

劉　壎

伏審神龍護舟,祥鸞棲枳,誼當走百里以餞。衰晚棲遲,不能以筋力爲禮,謹奉書以慶以別。蘭玉留後,當數有郵,便期時貢安問,亦望毋愛片幅相温存也。承問僕所著書,大概放正宗例。然正宗止乎唐,今則專主宋以接乎唐者也。獨惜山州屢經兵毀,咸無藏書,故心雖勤而事不就。年時嘗寫與曾兄德進,欲於城南尋斗室,假群書,日

夜繙閱去取,度三兩月便可了事。而蹉跎至今,竟未能動。且筆劄浩
博,非募書手不濟。又所選文字,有關係朝綱國政者,必須略載當時
事迹首尾,以示千載。自謂此書若成,則三百一十七年間元臣、故老、
鉅儒、雅士、鴻文大筆,雲合星聚,粲然不朽於宇宙間,或者世道之小
補也。東望紫氣,神情黯然。願以道自珍,倚膺特召。不宣。

元劉壎《水雲村稿》卷十一

與胡石塘書

吳　澄

澄去秋豫章貢院晨夕親炙,此樂何極!別去數月,始得所惠翰
墨,乃知尚留旴江。尊體服藥,想已安愈。相望二百里間,苦無承接
之由,懷人奈何!《三規圖》新本未得到手,舊有背成二軸,附便申納。
區區衰老,又不免再北行一次,不知何時可復屠羊之肆?未期合簪,
伏惟保愛,前迓殊擢。不具。

元吳澄《吳文正集》卷十三

答胡汲仲書

揭傒斯

傒斯頓首:汲仲簿公執事。傒斯比猥以陋薄之見、泛浮之辭,瀆
冒於執事,意甚悔之。既無及已,連月滯留於外,不得朝夕訪問。不
圖宏大,更枉還答,又以俗迫雨坐山矙者連句,不得上謝,知執事於我
如何哉!然賢者之待不肖,不肖之望於賢者,皆不可謂之無意也。苟
有忠告,則肝膽相呈,心口相宣,不當蓄嫌畏挾,蒙背若市井塗路之人
也。故復有所祈,不敢默默遂止。以執事好古之敏,通道之篤,知足
以知之,勇足以行之,可謂魁傑特達、出群之士。至於商略人物,言論
風采,頗若無人。來書有云“爲衆所推,謬當斯文之托”,僕竊以爲過
矣!夫衰周之世,文、武幾墜,孔子以天縱之聖,出爲天下萬世之宗,

且曰"十室之邑,必有忠信",其自居者,好學而已。孟子當戰國之時,闢楊、墨,排縱橫,揭孔氏之道而明之。若掃穢翳,開日月之光;疏百川,益河海之深。及其辯也,曰不得已。今幸與執事居休明之世,吾道光盛,賢士輩出,禮樂非甚崩大壞,際天所覆,莫不順軌。雖有孔、孟,猶不當驁然自任,略無辭讓之色。使執事所學之道,所居之世,誠當孔、孟之任,必待後世之人推尊而光顯之,不當自道若此。且以執事自處爲何如時哉。今年夏,見青田陸如山,謂執事自許直繼孟子,非知道之士,不能爲是言者,猶或不識執事所言之旨。由今而言,則信有之矣。夫孔、孟,大聖也,大賢也。當斯文之托者,若孔、孟可矣。而孔子曰"攻乎異端,斯害也已",孟子曰"能言距楊、墨者,聖人之徒也",然每與執事商論,則甚尊信佛、老氏,至欲合三氏而爲一,則當斯文之托者,道固應如是耶?此皆甚不可者也。或謂執事有師道而無友道,誠知言哉!《傳》曰:"如有周公之才之美,使驕且吝,其餘不足觀也已。"此之謂也。來書又云:"前乎千古,聖賢相傳之道由詩若文而知;後乎千古,亦將由詩若文而知今之道。"予讀其言而悲之。自漢以來,繼述之文多,可讀之文少。夫道有本,文有體,尊卑小大、長短疏戚、華實正僞,截乎若天地山川之不可相陵,昭乎若日月星辰之不可相踰,離乎若飛潛動植之不可相移,惟適當而已耳。近見執事序黃成性文章,言辭誇大,皆非事實。其所稱舉,皆公卿大臣之事,非學道在下者所宜言。抑亦自任之,素不知其言之過也。且文者,古聖賢不得已者之所托也。而今世行道之士,不惟其事,尚欲托之此而垂後,不亦甚可悲夫!僕之才不足以知執事,僕之言不足以曉左右,所以聞之父師之訓,有與執事戾者,聊爲僭越申言之。前之言敢以爲執事之忠,後之言敢以爲執事之望,尚冀致之用,以幸學者,以示來世,則大願也。優柔之教,敢不敬承。聞將就天台之闕,不知何時定行,當於江滸一別。

元揭傒斯《文安集》卷七

跋胡石塘先生贈章潤翁憶昔説

唐　元

　　往時同舍畢生爲僕言："石塘胡先生議論風致，高出人表。其爲
文仿先秦漢史，雄深雅健，莫齡益自珍閟，不輕予人。蒙莊所謂'驪龍
之珠，深藏於淵，惟遭睡者得之，非有意於人。'潤翁之得於先生，殆類
是耶。"曰："不然。前輩文章，川停嶽積，往往有所爲而作，亦以其人
之可受而授之耳。潤翁辭親遠邁，將及周星，比獲至寶以歸，得無嫂
下機而竈婢驚走者乎？"僕願識其人，惜乎修文地下矣！故重爲慨嘆
而書以歸之。

元唐元《筠軒集》卷十一

胡石塘與王子智書跋

胡　翰

　　石塘先生以前代儒宗，折節下交一郡吏，貸粟周人急，兩致書焉。
曾不以爲浼，而盛稱其賢，則子智之爲人，果可以文墨吏目之哉！蓋
有守有爲，不幸而爲吏也。雖爲吏而無愧於天下之士，其義可尚也。
由是先生尚之，亦義也。先生之雅操與文章並著於世，孰取而孰予
哉！舒閬風《石塘行》所謂"吉人廉士遺我五斗赤，受而哺之無愧色"
者，其言雖爲張瑄發，可見其於子智不苟也。子智老於郡邑，有先生
以爲知己，而又有希彦稱其家兒，其所托者遠矣。

明胡翰《胡仲子集》卷八

跋胡方柳黄四公遺墨後

宋　濂

　　右鄉先生手帖四紙。前二帖，則修道先生胡公汲仲、嚴南先生方
公韶卿與梅溪傅君者也。後二帖，則柳文肅公道傳、黄文獻公晉卿與

71

初齋王君者也。巖南有異才，常遊杭都，盡交天下知名士。將作監丞方洪奇其文，以族子任試國子監，舉上禮部，不中第。會天下多故，三以策告丞相陳宜中，不聽。後以特恩授容州文學，未上而宋錄已訖。終身思宋，一飯不能忘，每語及之，輒涕泗交頤，世稱爲節義之士。胡公實巖南至交，而柳、黃二公皆其門人，是三君子者，其學行已載《元史》，人咸得聞之。唯巖南不出仕，世之知者或寡，故濂特加詳焉。梅溪諱光龍，字子才，時爲嘉興路教授，仕至福州候官主簿以終。初齋諱良玉，懷璞其字，衢州常山縣教諭，今翰林待制禕之父也。初齋乃梅溪之甥，金華俞恂又初齋之外孫，其簡牘流傳，蓋有所自云。恂來學經於濂，以濂常及灑掃柳、黃二公之門，裝褫成卷，俾題其後，義不敢辭。

明宋濂《宋文憲公全集》卷十四

挽章　祭文　德政碑

哭胡石塘

揭祐民

顔樂齋修文史終，更千年後有胡公。

名存寧海生祠裏，神達青蓮死榻中。

饑賑公規著旰右，私居喪制過遼東。

聖門三省工夫在，意合西銘是則同。

元蔣易《皇元風雅》卷十

挽胡石塘先生

胡　助

其　一

久矣錢唐客，儒林志獨勤。

力行修古道，邃學琢雄文。

弦誦三年佐，聲名兩浙聞。

凛然生氣在，尚想唾青雲。

其　二

吾宗文學老，義氣晚彌剛。

寄迹青蓮宇，無心白玉堂。

飲瓢甘菽水，易簀正冠裳。

一葦靈輀遠,西江恨渺茫。

元胡助《純白齋類稿》卷七

挽胡汲仲先生

王　沂

其　一

少日嚴徐召漢庭,暮年孤節魯山清。

頹波砥柱文章古,滄海浮雲富貴輕。

兜率空歸天上夢,少微端惜世間名。

眇然人物知誰在,淚灑西風慟老成。

其　二

先生英氣欲橫秋,投老青山映白頭。

幾見詩書曾發塚,誰知涇渭自分流。

詞源袞袞無遺恨,天網恢恢不見收。

江漢遺書今好在,雲間無復謫仙樓。

元王沂《伊濱集》卷八

至杭聞胡汲仲先生没去秋奉柩建昌

吳　萊

我舟東至杭,直下追落鶻。

悲風吹白蘋,胡子聞已卒。

昨秋載柩去,素緋照揚粤。

卜茲建昌城,無地可埋骨。

上天果何心,耆舊半已没。

英豪氣俱凋,蓋壤名獨兀。

斯文西漢來,大旨六朝劫。

其間雖振之，與世每摩窣。
紛拏曲學阿，磔裂淫辭淈。
獰飆劍䃽緤，幻彩衣繡鬠。
聖經黯日晶，賢傳齟煙烀。
終無萌蘗生，就此斷畓麑。
嘻公追古先，曠視眇窮髮。
陳言去如遺，至理昭若揭。
遠喥翀沆瀣，孤撐植摧杌。
舜韶資搏拊，般斧賴刳劂。
以兹白谷遺，而有金鑾謁。
調琴空緇帷，挾賦止鍛戹。
徵塵恒碣濛，教雨淮海浡。
守儒終剿剛，從仕類熛發。
漉鹽數泥銼，飛檄招島筏。
幸焉櫛民垢，殊莫裨主闕。
平時負韋素，晚節老佔畢。
佳友將米醪，野僧獻衣襪。
耵聹耳鶴泉，眼瞤目鯨月。
生爲列仙臞，立謝豪俠窟。
似予本疏庸，爲士非詭崛。
持衡乃藻鑑，泛駕略銜轡。
同門溢江漢，共道耀參伐。
將令異蚖肆，肯使增獸狘。
于今我多慚，固已遭一刖。
悁結餘舊氈，軒騫豈黔突。
將來杳微茫，逝者真咄咄。
宜哉貞耀謚，稱彼甘棠笏。

公往知我誰，翻然采蠏蠍。

怊悵西北雲，從以泛溟渤。

元吳萊《淵穎集》卷四

二胡節士詩 并序

王　逢

　　二胡節士，婺之永康人。長穆仲、次汲仲，前後並寓於杭。穆嘗風雪高臥，午未啓戶。道士黃松瀑至，扣之曰："得無飢乎?"穆曰："不飢。""得無寒乎?"穆曰："不寒。"黃別去，見宗陽宮杜南谷真人，言其狀，急饋米酒綿炭，復慮不受，不敢過多。及饋臨，穆曰："此殆松瀑與南谷言濟吾飢寒耶，吾固不飢不寒也。"卒不受。一日文敏趙公來求撰羅司徒父墓銘，楮鏹百定，他物稱是。汲曰："吾豈爲宦官父作墓銘?"辭之。時絶糧一日矣。後趙文敏挽詩有云："淚濕黔婁被，心傷郭泰巾。"槪可徵矣。黃，台人；杜，當塗人。咸有儒文行。前鄉貢進士錢唐錢惟善云。

列仙之癯山澤儒，連璧回映清冰壺。

一寒太高黃道士，一貧不詒羅司徒。

古來夷齊礪風節，元方季方方軌轍。

祥麟威鳳不可招，斷霞落日鴉明滅。

元王逢《梧溪集》卷四

祭永康胡先生文

黃　溍

　　嗚呼！先生古之豪英。清風峻標，孰可狀名。弗崇爲高，顧以文鳴。其文斯何，出史入經。汲書魯簡，武戒湯銘。下逮百氏，名墨縱橫。旁行敷落，律令章程。包羅揆序，弗猥弗並。維蓄之厚，故施之宏。紛其百嘉，邑達滿盈。藏英歛華，根柢一貞。以歸於極，以集於成。金舂玉撞，發其和平。遠彼聵聾，勿使震驚。獨抱厥器，旅於天庭。胡不廟郊，薦之醽醁。乃弦乃歌，乃佐武城。人趨易良，俗失悍獷。稚耋熙熙，怙爲父兄。於穆昌辰，文事聿興。乃謝雺瞍，乃專鑑衡。賤華貴實，樹之風聲。磬欬所及，驅飈走霆。學徒嚮方，俊良用登。藐此陋微，亦累品評。贊邑海嶠，遺則是徵。擇士藝闈，緒言是承。庶終惠我，勉夫兢兢。曷使中路，奪其依凭。嗚呼先生，爲幽爲明。有煒斯文，揭若日星。重江複山，煙慘雲冥。瞻言遠而，泣涕雨零。馳辭侑觴，式昭哀誠。

元黄溍《文獻集》卷三

主簿石塘先生德政碑

劉　濩

　　寧海自唐爲上縣，歷數百年，黄綬之政鮮能以縣顯。自宋季以來，寧海之政播江浙間，炳若星斗，主簿胡先生爲之。學古盡適時之方，正己爲刑物之本，固儒者家法歟？初，先生來，瘠馬單僮，就民舍纔容一榻，雞鳴赴公署，暝始還，間遇客，談古而已。民歌之曰：“嚳濡濡，公獨儒；車幢幢，儒獨公。孰云儒，鮮安吾儂。”明往，吏以未決牘進，先生曰：“某當笞，某當宥，某事縣誤，當政趣具。吾非留獄者。”民雜訟於庭，先生呼語曰：“汝冤吾汝信，汝過勿吾隱，縣不可人墮汝業，竭汝財。”又語曰：“彼汝仇而有直，汝訴之而有曲，官法曲直之權衡，吾非汝延者。”民或逡巡覬請托，厲曰：“吾非可貨者。”於是奸民氣奪，畏之若神，有懷牒廷中屏縮而退者。吏判無容私，民訟日以簡。古所謂畏民志者如此。縣有學堂，椽僅完，弦誦久熄。先生曰：“此非爲政之本乎？”謁廉訪分司，以幣聘二士，長諭左右，序小學師，旦會於學，耆老生徒以序坐，先生親講經傳，許難疑。返縣署事，長諭繼詳其説，要以忠孝友弟信義爲本。未幾，諸生出入，緩步肅容，無市俗乖犯氣。縣人目曰：“此先生主簿教者，古所謂明人倫者如此。”歲歉，邑多盜，官軍乘時污良民，攫利。先生曰："士會爲政，晉盜奔秦，吾愧古人矣！"乃撫善良，務農桑，卹困窮，約士民能擒捕者賞。由是，縣南北鄙賊，醜之，勃久不獲者盡獲。出俸倍賞，而民遂安。其舉荒政而除盜賊如此。饑民男女質富豪氏，歲登，贖以錢穀，豪戶不與，訟於縣。先生曰："子貢贖人於諸侯，況同邑乎？"即着狀俾拆傭償本歸其人，持示諸豪，即日歸質，不訟者例歸之。抑富人哀煢獨如此。歲惡民流，田多污萊，斥滷之壤，吞於淖汐。先生曰："吾邑寸地比他邑尺，容有曠土乎？"率民課功，併力疏雉，堅築提防，皆可食之。野民復業，戶增賦登。縣胥徒名色冗夥，日聚淵藪，漁獵平民，先生坐署，同僚挾從此徒，則瞑目曰："此何爲者？"是後無敢至縣。或散爲田家傭，夜與窮盜遇，盜曰："汝固縣徒，畏主簿乃爾。我亦畏主簿者，遊食無聊，轉緣南畝。"秋成充斥，翁媼叩額曰："此主簿賜也。"其刑民之力，重農敦本如此。大禭後，民猶闕食，先生勸積粟家爲粥飼饑人，日往按視，勞施者曰："毋厭苦，勿嗟來之。"間取饑人所食食之，俾無怠禮。恙未脫疾者相踵，先生雖問事，有告病者，必瞿然起，詢寒溫飢飽之節，處方與藥，全活甚衆。其愛民如子，救饑急病如此。縣徵稅糧，猾吏豪民，黨爲奸欺，稅戶輸或三倍，致卒守催，絡繹饕取，粟至倉庭，剝掠過分。先生部糧首目吏曰："穀，民自獲；米，民自舂。彼紛紛何事？但榜通衢示限，先輸者賞。"民躍然爭先，先者信賞之，不笞一人而稅足。郡委官貸錢富室以賑貧乏，既麥熟不賑，錢至官庫已數十千貫，郡議乾沒。先生曰："此名貸錢，已賑須辦償之。今不賑，歸之何疑，一失信，後何以令？"白廉訪司，移郡歸錢里正主首。官吏民肥家之捷法，良民破產之痼疾。一任其役，百需沓至，違則械治如囚。民自計與其不破產爲之，寧破產成免。先生曰："使人情畏役如此，咎在官矣。"爲蠲除苛橫之毒人者，里正主首辦錢穀，奉行文書而已。是後，民當執役，屬吏爭先，云及"主簿在官爾"。縣瀕海不置驛卒，有勢力者往來苛索於縣，農時不卹，先生一切拒絕。有給傳明文問取之，坊隅富戶、鄉都民曠歲不罷夫役。其取民有制,而民樂輸;使民也義,而民樂從如此。沿海置消船,郡責縣造,餘十丈他縣。雖官給直工材,仍苛諸民。先生召匠計諸物料工費,即散生食所有地與民貿,負販爭趨之。工不違程,民不知役,舟出海矣。漕府募舟海運,郡責縣萬斛,先生辭以本縣止魚艇,無巨舟可募。郡以漕事嚴,將坐先生罪。民聞,驚洶相語。私鳩材,造且修,增小爲大,赴府適漕用。乃餘責料四百。其方物出謀,民受其利;體遠動衆,民同其憂如此。先生判事不輕置人獄,獄囚視寒暑施衣藥,櫛沐以時,戒吏曰:"瘦死非法也。"獄成即斷遣,不少滯慮,囚官至,往往無囚可錄於囹圄。罪民哀矜勿喜如此。先生食貧,帥憲司綱紀至縣,未嘗致酒茗殷勤,歸必盛言寧海主簿清勤明敏,愛民了官事。奸民有造飛語誣先生,大官必瞑目曰:"胡主簿必無是。"大官下縣,無論詰責,方嘆賞不置。事劇必委先生,果難行,必據理申白,未嘗委曲奉旨。雖貽恕不暇卹於藩府要官,上交不諂如此。鎮守將校窺撓縣政,軍伍暴橫剽傷民旅,先生語軍校不止,約問不至,以告廉訪分司,鞭暴者於市,將校慚默而已。千戶有過,憲司委先生詰治,皆服罪。巡海千戶修書致磁器,務取悦先生,峻却之曰:"軍不擾民,則拜賜矣。"鹽亭官與縣角立亭戶,倚課疆梁。民有罪匿其家,會巡尉弓矢注渌,輒抵敵。先生按事亭,隻騎單卒,亭官候道左,民老稚爽道拜曰:"願見清官。"其不畏强禦,而服其心如此。縣境珊墟虎麋忽至,先生嘆曰:"民病已極,得無傷吾民畜乎!"禱於神。詰朝,珊墟民畀死虎至庭曰:"夜入吾垣,執梃掊之,若有禁其暴者。"先生賞民,鼓樂送虎偕往,俾剥食之。群虎遂出境,境外爲害彌年。縣土淺,晴雨易乾溢。異時祈禱,晴雨徒戲閲,虐居民行客。先生度晴雨稍愆,辦香謁城隍祠,約以三日,無不響應。民知時和,歲豐而已。其感於神明而廣其惠如此。爲政期年,民復歌曰:"公雖臞,守不渝。公雖窮,惠也豐。吾今乃信儒有功。"考滿,縣人議無以報,將肖像生祠於學。先生時募漕海上,聞之,即駕海去,就舍一無所留。越二年,衆來請紀諸石。濩曰：昔陳長官守死獄中，不忍縣加賦。先生首議即學祠，意亦遠矣。漢史稱儒術飭吏事三人，獨仲舒爲淳儒，由學古聖賢不爲當世黃老刑名所淆，第泥於徵應，議者猶惜之。故儒而吏，孔孟所不爲勿爲，所不言弗言，措諸政事將無醇乎？先生名長孺，字汲仲，婺州永康人。縣無老壯皆師表之，故曰先生云。繫詩曰：

維邑四履，枕海而三。揆今民社，邁古男子。天挺偉人，來司糾轄。我牛其刀，爾雞是割。倚席爲師，珥筆爲徒。教由我有，訟及我無。役使必均，賦斂從薄。衛民膏脂，窒吏溪壑。摧符兵械，以猛濟寬。園扉藥餌，不忿於頑。無遊我民，無曠我土。還澤而鴻，出境而虎。告疾分濟，餔饑作糜。脫豪之隸，歸宴之兒。軍檻十尋，百艘萬斛。螳釜以時，鯨波如陸。藏奸鹵井，縱暴庌營。發彼狡冗，懲之鞭刑。煌煌使星，奕奕藩府。霽其威稜，賞此清苦。我臺伊脯，我韭伊菹。漱經之潤，味道之腴。何邑非郡，何佐非長。與民一心，視國如掌。上元有程，同安有朱。後之數世，企此二儒。西西矮屋，皎皎明鏡。我辭匪卮，徵彼儒行。

時大元至大辛亥菊月之吉，莆田劉濩撰。

賜進士第集賢侍講學士中奉大夫吳興趙孟頫書並篆額。

永康《大後胡氏宗譜》卷十四

傳　狀

石塘先生行狀

黄溍

　　公名長孺，字汲仲，婺州永康人。宋南渡，胡世繼以進士科發身，持節分符冠豸者十人，列郡縣者三十餘輩，公與仍仲、穆仲並以經術知名當時。咸淳六年，徐道隆爲荆①湖、四川宣撫參議官，實公外舅也。公從道隆入蜀，銓試第一名，授迪功郎、監重慶府隔槽酒務②。十年，之官，時襄郢已破，制置大使朱禩孫辟置幕府，兼總領湖廣軍馬錢糧所，因去蜀至江陵。未幾，禩孫除荆湖、四川宣撫大使、知江陵府，代汪尚書立信，公又與道隆從汪尚書趨建康。德祐元年，汪尚書病死高郵，道隆死宋村，公脱身走三山，起拜福寧府，卒奉使占瓊、纖臘，未返而岸舟覆。今至元二十五年，有旨訪天下行能之士。公隱居永康山中，使者以聞，徵詣京師，待詔集賢院。既而召見內殿，拜集賢殿修撰，與宰相議不合，出爲揚州儒學教授。元貞元年，移建昌。至大元年，授將仕佐郎、台州寧海縣主簿。有惠政，邑人歌之。延祐元年，轉將仕郎、兩浙都運使司長山場司丞，不就。隱居杭之虎林山青蓮佛舍，敗蘆不蔽風日，一老傒奴給薪水，瓶甒屢罄，處之晏如。聚書數萬卷，四方學徒考德問業，簦笈接武。間有求銘誄贈言者，非其人，雖一金易一字，勿與也。進士科設，各省馳驛交聘，謂得致公爲榮。凡再

---

① 底本作“京”，據《元史》改。
② 底本四字脱，據《元史》補。

校浙江,一赴江西。所著《瓦缶編》若干卷,《南昌集》若干卷,《寧海漫鈔》若干卷,《顏樂齋初鈔》、《原鈔》若干卷。公家縣有石塘特勝,故時號"石塘先生"云。

永康《大後胡氏宗譜》卷十四

胡長孺傳

宋　濂

　　胡長孺,字汲仲,婺州永康人。當唐之季,其先自天台來徙。宋南渡後,以進士科發身者十人,持節分符,先後相望。曾祖槀,迪功郎、欽州司法參軍,脫略豪雋,輕貨急施,人稱爲"鄭莊"。祖巖起,嘉定甲戌進士,朝奉郎、知福州閩縣事。卓行危論,奇文瑰句,端平、嘉定士大夫皆以爲不可及。在江西幕府,平贛州之難於指顧之頃,全活數十萬人。父居仁,淳祐丁未進士,朝散郎、知台州軍州事,文辭政事亦絕出於四方。至長孺,其學益大振,九經諸史,下逮百氏,名墨縱橫,旁行敷落,律令章程,無不包羅而揆序之。咸淳十年,以任子入官,監重慶府隔槽酒務,兼總領湖廣軍馬錢糧所僉廳,與高彭、李湜、梅應春等號"南中八士",聲聞赫然。會宋亡,退隱山林中。至元中,詔下求賢,有司強起之,至京師薦爲翰林修撰。言忤執政,改教授揚州。秩滿,遷建昌,適録事闕官,檄長孺攝之。時程楚公家氣焰薰灼,即違法,人不敢呵問。其樹外門,侵官道,長孺亟命撤之。轉台州路寧海縣主簿。歲丁未,浙江大祲。戊申,復無麥,民相枕死。宣慰同知托歡察爾議行賑荒之令,斂富人錢一百五十萬給之,至縣,以餘錢二十五萬屬長孺藏去,乃行旁州。長孺察其有乾沒意,悉散於民。閱月再至,索其錢,長孺抱成案進曰:"錢在是矣。"托歡察爾怒曰:"汝膽如山耶?何所受命,而敢無忌若此?"長孺曰:"民一日不食,當有死者,誠不及以聞,然官書具在,可徵也。"托歡察爾雖怒,不敢問。縣有銅巖,惡少年狙伺其間,恒出鈔道,爲過客患,官不能禁。長孺僞衣商人服，令蒼頭負貨以從，陰戒驍卒十人躡其後。長孺至，巖中人突出要之，長孺方遜辭謝，驍卒俄集，皆成擒，俾盡逮其黨置於法，夜行無虞。民荷溺器糞田，偶觸軍卒衣，卒杖傷民，且碎器而去，竟不知主名。民來訴，長孺陽怒其誣，械於市，俾左右潛偵之。向杖者過焉，戟手稱快，執詣所隸，杖而償其器。群嫗聚浮屠庵，誦佛書爲禳祈，一嫗失其衣，適長孺出鄉，嫗訟之。長孺以牟麥置群嫗合掌中，命繞佛誦書如初。長孺閉目叩齒，作集神狀，且曰：“吾使神監之矣，盜衣者行數周，麥當芽。”一嫗屢開掌視，長孺指縛之，還所竊衣。長孺白事帥府歸，吏言有奸事屢問弗伏者，長孺曰：“此易易爾。”夜伏吏案下，黎明，出奸者訊之，辭愈堅。長孺佯謂令長曰：“頗聞國家有詔，盍迎之。”叱隸卒縛奸者東西楹，空縣而出，庭無一人。奸者相謂曰：“事至此，死亦無承，行將解矣。”語畢，案下吏囉而出，奸者驚，咸叩頭服罪。永嘉民有弟質珠步搖於兄者，贖焉。兄妻愛之，紿以亡於盜，屢訟不獲直，往告長孺。長孺曰：“爾非吾民也，去。”未幾，治盜，長孺嗾盜誣兄受步搖爲臟，逮兄赴官。力辨，數弗置，長孺口：“爾家信有是，何謂誣耶？”兄倉皇曰：“有固有之，乃弟所質者。”趣持至驗之，呼其弟示曰：“得非爾家物乎？”弟曰：“然。”遂歸焉。轉兩浙都轉運鹽使司長山塲鹽司丞，進階將仕郎。未上，以病辭，不復仕。長孺爲人光明宏偉，務爲明本心之學，慨然以孟子自許。唯恐斯道之失其傳，誘引不倦，一時學之有如飢渴之於食飲。方嶽大臣與郡守二千石聘致庠序，敷繹經義，環聽者數百人。長孺爲言“人雖最靈，與物同產，初無二本”，皆躍躍然興起，至有太息者。爲辭章有精魄，金春玉撞，一發其和平之音，海內來求者如購拱璧。碑版焜煌，照耀四裔，苟非其人，雖一金易一字，毅然不與。鄉闈取士，屢司文衡，貴實賤華，文風爲之一變。晚寓武林，病喘上氣者頗久。一旦具酒食，與比鄰別，云“將返故鄉”，門人有識其微意者，問曰：“先生精神不衰，何爲遽欲觀化乎？”長孺曰：“精神與死生，初無相涉也。”就寢，至夜半，喘忽止，其子駒排户視之,則正衣冠坐逝矣。年七十五。所著書多亡逸,唯《石塘文稿》五十卷行於世。其從兄之綱、之純,皆以經術文學名。之綱,字仍仲,嘗被薦書,其於聲音字畫之説,自言獨造其妙,惜其書不傳。之純,字穆仲,咸淳甲戌進士,踐履如古獨行者,文尤明潔可誦,人號之爲“三胡”云。

贊曰:長孺之學,出於國子正青田余學古,學古師順齋處士同邑王夢松,夢松事龍泉葉文修公味道,味道則徽國公朱子之弟子也,考其淵源,亦有所自哉!初,長孺既於學古獲聞伊洛正學,及行四方,益訪求其旨,始信涵養用敬爲最切,默存静觀,超然自得。晚年深慕陸九淵爲人“宇宙即吾心”之言,諄諄爲學者誦之,今其説猶在,安得豪傑者興而正其異同哉!

明宋濂《宋文憲公全集》卷四十八

胡長孺傳

宋濂《元史》

胡長孺,字汲仲,婺州永康人。當唐之季,其先自天台來徙。宋南渡後,以進士科發身者十人,持節分符,先後相望。曾祖槀,欽州司法參軍,脱略豪雋,輕貨急施,人以“鄭莊”稱之。祖巖起,嘉定甲戌進士,知福州閩縣事,卓行危論,奇文瑰句,端平、嘉定間士大夫皆自以爲不可及。其在江西幕府,平贛州之難於指顧之頃,全活數十萬人。父居仁,淳祐丁未進士,知台州軍州事,文辭政事亦絶出於四方。至長孺,其學益大振,九經諸史,下逮百氏,名墨縱橫,旁行敷落,律令章程,無不包羅而揆序之。咸淳中,外舅徐道隆爲荆湖、四川宣撫參議官,長孺從之入蜀,銓試第一名,授迪功郎、監重慶府酒務。俄用制置使朱禩孫之辟,兼總領湖廣軍馬錢糧所僉廳,與高彭、李湜、梅應春等號“南中八士”。已而復拜福寧州倅之命,會宋亡,退棲永康山中。至元二十五年,詔下求賢,有司強起之,至京師,待詔集賢院。既而召見內殿，拜集賢修撰，與宰相議不合，改教授揚州。元貞元年，移建昌，適録事闕官，檄長孺攝之。程文海方貴顯，其家氣焰薰灼，即違法，人不敢呵問。其樹外門，侵官道，長孺亟命撤之。至大元年，轉台州路寧海縣主簿，階將仕佐郎。大德丁未，浙東大侵。戊申，復無麥，民相枕死。宣慰同知脱歡察議行賑荒之令，斂富人錢一百五十萬給之，至縣，以餘錢二十五萬屬長孺藏去，乃行旁州。長孺察其有乾没意，悉散於民。閲月再至，索其錢，長孺抱成案進曰："錢在是矣。"脱歡察怒曰："汝膽如山耶？何所受命，而敢無忌若此？"長孺曰："民一日不食，當有死者，誠不及以聞，然官書具在，可徵也。"脱歡察雖怒，不敢問。縣有銅巖，惡少年狙伺其間，恒出鈔道，爲過客患，官不能禁。長孺僞衣商人服，令蒼頭負貨以從，陰戒驍卒十人躡其後。長孺至，巖中人突出要之，長孺方遜辭以謝，驍卒俄集，皆成擒，俾盡逮其黨置於法，夜行無虞。民荷溺器糞田，偶觸軍卒衣，卒抶傷民，且碎器而去，竟不知主名。民來訴，長孺陽怒其誣，械於市，俾左右潛偵之。向抶者過焉，戟手稱快，執詣所隸，杖而償其器。群嫗聚浮屠庵，誦佛書爲禳祈，一嫗失其衣，適長孺出鄉，嫗訟之。長孺以牟麥置群嫗合掌中，命繞佛誦書如初。長孺閉目叩齒，作集神狀，且曰："吾使神監之矣，盜衣者行數周，麥當芽。"一嫗屢開掌視，長孺指縛之，還所竊衣。長孺白事帥府歸，吏言有奸事屢問弗伏者，長孺曰："此易易爾。"夜伏吏案下，黎明，出奸者訊之，辭愈堅。長孺佯謂令長曰："頗聞國家有詔，盍迎之。"叱隸卒縛奸者東西楹，空縣而出，庭無一人。奸者相謂曰："事至此，死亦無承，行將自解矣。"語畢，案下吏囕而出，奸者驚，咸叩頭服罪。永嘉民有弟質珠步摇於兄者，贖焉。兄妻愛之，紿以亡於盜，屢訟不獲直，往告長孺。長孺曰："爾非吾民也。"叱之去。未幾，治盜，長孺嗾盜誣兄受步摇爲贜，逮兄赴官。力辨，數弗置，長孺曰："爾家信有是，何謂誣耶？"兄倉皇曰："有固有之，乃弟所質者。"趣持至驗之，呼其弟示曰："得非爾家物乎？"弟曰："然。"遂歸焉。其行事多類

此,不能盡載。延祐元年,轉兩浙都轉運鹽使司長山場鹽司丞,階將
仕郎。未上,以病辭,不復仕,隱杭之虎林山以終。長孺初師青田余
學古,學古師王夢松,夢松亦青田人,傳龍泉葉味道之學,味道則朱熹
弟子也。淵源既正。長孺益行四方,訪求其旨趣,始信涵養用敬爲最
切,默存靜觀,超然自得。故其爲人光明宏偉,專務明本心之學,慨然
以孟子自許。唯恐斯道之失其傳,誘引不倦,一時學者慕之,有如飢
渴之於食飲。方嶽大臣與郡二千石聘致庠序,敷繹經義,環聽者數百
人。長孺爲言"人雖最靈,與物同產,初無二木",皆躍躍然興起,至有
太息者。爲辭章有精魄,金舂玉撞,一發其和平之音,海内來求者如
購拱璧。碑版焜煌,照耀四裔,苟非其人,雖一金易一字,毅然不與。
鄉闈取士,屢司文衡,貴實賤華,文風爲之一變。晚寓武林,病喘上氣
者頗久。一旦具酒食,與比鄰別,云"將返故鄉",門人有識其微意者,
問曰:"先生精神不衰,何爲遽欲觀化乎?"長孺曰:"精神與死生,初無
相涉也。"就寢,至夜半,喘忽止,其子駒排户視之,則正衣冠坐逝矣。
年七十五。所著書有《瓦缶編》、《南昌集》、《寧海漫鈔》、《顔樂齋稿》行
於世。其從兄之綱、之純,皆以經術文學名。之綱,字仍仲,嘗被薦
書,其於聲音字畫之説,自言獨造其妙,惜其書不傳。之純,字穆仲,
咸淳甲戌進士,踐履如古獨行者,文尤明潔可誦。人稱之爲"三胡"云。

　　　明宋濂《元史》卷一百九十《列傳》第七十七《儒學二》

存　目

詩

與了庵詩簡

同郡胡汲仲往來詩簡，至今嗣守不墜。

明胡翰《胡仲子集》卷八《宋
吏部侍郎朱仲文奏稿跋》

文

黄成性文集序

近見執事序黄成性文章，言辭誇大，皆非事實。

元揭傒斯《文安集》卷七《答胡汲仲書》

贈章潤翁憶昔説

《跋胡石塘贈章潤翁憶昔説》。

元唐元《筠軒集》卷十一

玉枕蘭亭辯

世傳蘭亭在辨才處，唐太宗令蕭翼以百計得之，而近代高公似
孫、胡公石塘咸辨其誣。

明鄭真《滎陽外史集》卷四十《跋玉枕蘭亭》

東萊先生送張孟遠序題識

右東萊先生《送張孟遠序稿》一通……金華諸名士如胡汲仲……皆有題識。

> 明李東陽《懷麓堂集》卷七十四《書東萊先生手稿後》

義士吳君墓表 吳森

趨操、行事、施予、惠利，播於永康胡公所爲銘。

> 元黄溍《金華黄先生文集》卷二十九
> 續稿二十六《吳府君碑》

與王子智書

慶元趙誠之，先生故人子也，妻女流落。先生致書，貸子智之俸，以周其急。

> 明胡翰《胡仲子集》卷九《王子智墓誌銘》

賦延桂樓

石塘胡先生嘗賦其所居延桂樓。

> 明楊士奇《東里集》續集卷三十八《洪斌夫墓誌銘》

靈隱寺碑

右《靈隱寺碑》一卷，金華石塘胡先生撰，吳興趙文敏公書。

> 明練子寧《中丞集》卷下《識
> 廖永年所藏靈隱寺碑冊葉》

許昌帖跋

《許昌帖》，粉箋。胡長孺跋。

> 清顧復《平生壯觀》卷二

赤巖書樓記

且築室赤巖上……爲買書萬卷，覆以傑閣。永康胡先生長孺記之。

元黄溍《金華黃先生文集》卷三十三續稿三十
《將仕佐郎台州路儒學教授致仕程先生墓誌銘》

趙萬户墓誌銘

趙萬户墓，在清水潭。胡長孺撰銘，趙子昂書。

清張德盛修，王曾禄纂《（雍正）高郵州志》卷六

傳　疑

會修族譜序

上古皆由分封而有姓。厥後姓雖同而門地別，子孫賢否不一，族屬亦不相顧，旁視若爲路人，究其源實未嘗異也。我胡氏出自軒轅高陽氏，至窮蟬五世而生舜，舜後有閼父者，爲周陶正，生子滿，周武王配以元女大姬，封國於陳，諡爲胡公。後即以諡爲姓，胡之有姓實自此始。第世次既遠，無容瑣數，迄今三千餘年，遷徙不一，其地隱顯不一，其人史册或書、或逸，敢謂誰與我是，我與誰非耶？當成周時，有宗法以聯其族屬，源流不雜，親疏可考；昭穆不絮，風俗自厚。如大宗小宗之有法，繼大宗者則百世不遷，繼小宗者五世親盡則遷。族人祭祀則惟宗子以主之，率族人以敬之，理勢然也。春秋既降，諸侯更相戰伐，治亂無常，星散異處，以致世系闕、昭穆亡者有之。故宗法不復立，譜圖鮮有存，支分派別，日遠月疏，朔望不相往來，歲時不相會叙，吉凶不相問，困窘不相周，視如途人由此而起。宗法曷可廢乎？遡我胡氏，東晉時有曰鳳公者，爲太傅、車騎將軍。由汝南轉任東陽郡太守，民沾其惠，詣闕保留，後子姓遂家長山、永康、烏傷等縣，永康之有胡氏乃始於此。歷唐至宋，世爵世官，顯名當世者卒難枚舉。若夫唐寶曆間，進士出身諱証公者，乃吾族之祖也，拜尚書，贈僕射，越數世生彭，彭生彥瀅，彥瀅生承師、承祐、承旺。後分三派，俱各世科世甲，邑志之所載昭然。侍郎則公、楷公、至邦直公、達可公、鳴鳳公、儼公、居仁公，咸自進士出身，宦迹顯著，文物之盛，不誠爲永邑望族也哉！

今吾從弟名潤，字滋仲者，實承旺公十世孫也，復自黃岡來會宗譜，時適從大父侃公在杭之西湖書院與諸友講學。公當宋嘉定間以克己養性之學、內聖外王之道，應賢良方正之舉，退隱西湖，授徒著述，人稱"雪江先生"，與高彭等爲"南中八士"。公命孫自杭回黃岡修其譜牒，因喟然曰："此吾家風所係。"勇退謝事，遂授紙筆。粵稽世系，其本攸分三百餘載，屢經兵燹，譜牒殘闕，所藏圖本中間不無斷續失次，尚安得藐視夫斯也？於心何如哉，敢不竭力從事。稿成，因以告滋仲曰："觀夫水之有源，木之有本，尊祖敬宗之念未嘗不油然而生，且吾宗奕世累仁修德，故其澤之及今，愈久愈遠，積厚流光，此之謂乎？後之纘美繼麻者，殆將引而弗替矣！"謹序。大元至元戊寅年歲大呂月既望，族孫長孺拜書。

永康《大後胡氏宗譜》卷十四《文存》

宋進士知饒州府事仁齋胡公墓誌銘

建炎、靖康之間，中原板蕩。卿士大夫從以南者，類各自韜晦，不欲以名顯於時。故世系俱不能悉詳，而譜牒未嘗相通。如吾胡氏之族，更繁其異同，概不具論。今迪功郎汝雲，以曾大父、登宋咸淳進士、任饒州府知府千八翁墓誌徵文於予。予自愧譾劣，何能表其萬一。顧予昔以文受知於翁，又屬聯宗誼，何可辭？況翁且吾婺名賢也，光明正大之操、宏博淵粹之學，由監丞而刺郡，遭時陽九，未及大用。因宋元之交，挂冠歸隱。方悲其業不盡志，志不盡抒，使懿行勿傳，豈非後學之咎哉？按，翁諱德緻，字本純，行千八，系與予同出陳胡公後。其先世由永之庫川遷吳寧梅峴，又徙前山，歷再傳至翁，避地而居，復占籍於永東北方杜慶山，潛迹埋名，槃阿永矢。其清風高節，有飄然世外之致。配陳氏，封孺人。子男三：長萬廿一、次萬廿二、幼萬廿五。孫男四：康一、康六、康三七，汝雲其康四也。前以翁遺命，不敢乞銘當道，並隱其履歷、官爵，附葬於去家之側僅里許。數十年來,封植依然,松楸不改,宜其子孫,振振繩繩,相引而勿替者,第枝蕃葉茂。汝雲有子四:曰隆一、曰隆二、曰隆三、曰隆四。度地不能容,將卜遷遠徙,恐墓門碣石,或湮没於荒煙蔓草之下,因籍其塋之四圍,計若干步,山若干畝,園若干垆,蔭木若干株,屬予鐫之碑陰,俾世守者罔斁焉。故謹爲之銘,以寄不忘云。銘曰:

士或失經,出處罔明。公居治亂,審幾獨精。視義則重,筮仕則輕。人中皎皎,鐵中錚錚。仰公之德,千古芳名。衍公之澤,百世常新。

時至正十六年歲次丙申春王之吉,宗弟長孺石塘氏頓首拜撰。

《永康官川胡氏宗譜》卷七

故中大夫廣東行省廉訪司副使應公墓誌銘

公諱士圭,字德璋,姓應氏,以淳祐癸卯十月十六日生於永康後杜。幼穎悟過人,從塾先生授讀,日記千餘言,神秀氣徹,舉止異於常兒,先生器之。既冠,求師友,博通經籍。欲省親,故授徒鄉里,戶外履滿,菽水之奉歡如也。一時名公宿儒,咸忘年與交。時有以廉吏見辟者,公不屑爲之。寶祐戊午,發解於鄉,累試春官不第,補入太學。時詔史嵩之起復,公同太學生黃伯愷等四百餘人上書,極論其回邪。未幾,用知者薦,出爲鎮江淮海書院博士。三年,以鄭衛國清之舉,知江陵府。當時名流相與贊畫謀猷,郡中底寧,翕然稱治。咸淳庚午,進階奉直大夫,復遷湖廣省員外郎,時相怙勢,頗恣威福,同幕多避之者。公猶不撓不懾,周旋其間,左右彌縫,克盡厥道。湖北憲司薦公潔己奉公,明達治體,宜居風紀之任,詔起公爲湖北行省廉訪司副使。廣東百粵,夷華雜處,順則人,逆則獸。公至,發奸擿伏,按行所部,瘴煙蠻雨,處之裕然。適朝廷以吳潛、賈似道相繼入相,引薦奔競之徒交通賄賂,置諸通顯,且國勢日危,公度不能有爲,乃棄官東歸,以中大夫致仕閑居。數召親黨爲樂,幅巾藜杖,竹蹊蘭塢,觴詠竟日,世虛澹如也。延祐甲寅十一月十二日卒，享年七十有二。淑人東陽宗氏，淳祐丙午正月初十日生，至大己酉九月十八日卒，享年六十有三。繼呂氏，淳祐壬子七月廿四日生，至治辛酉二月十五日卒，享年六十有九。子男三：明、輝，宗氏出；泉，呂氏出。男孫六：英、薄、淑、禹、浩、海。次年四月十六日，合葬於尖山之原，從母命也。公爲人沉静篤實，弗自炫露，夷考其行，所謂古君子者歟？平生所作詩藏於家，將鋟梓以行。長孺於公爲通家，明兄弟以銘請，誼奚可辭？銘曰：

維學植身，維德化民。展矣君子，圖厥大成。天之生才，將以有爲。始終不渝，乃竟厥施。尖山之陽，有崇其岡。維公之藏，子孫其昌。

同邑石塘胡長孺撰。

《後杜志》之《墓誌銘》

附録一：家世資料

一、適遊胡氏宗譜·內紀行第(節選)

胡氏之先出於少典氏,至有虞闕父,姬周以元女配其嫡子滿而封於陳,賜姓曰媯。媯滿年及胡耆,故諡曰胡公,子孫因以爲姓。迨東晉,有胡鳳,仕太守,子孫隨宦居東陽郡。至宋治平初,有諱文質者,遷居永康龍山之下,以厚德感天,故有錦雲覆坵之祥。南渡初,有胡邦直、邦憲、邦俊,分致、中、和三派,散居永康境內。邦直,字忠佐,號雲谷,登建炎二年李易榜進士,爲郡邑名士,居碧嶂村。其五傳即胡長孺石塘先生,嫻熟經史,倡道金華,與金仁山、許白雲齊名。胤嗣胡駒,字千里,仕建昌路儒學教授而寓江西,傳裔遂居於彼。適遊胡氏亦出自胡邦直,世居永康承訓鄉十二都適遊山之下。故録其《內紀行第》以發明胡長孺之族系。惟世遠時湮,宗譜世次難免竄亂,且多有闕略舛誤,故間有考訂,特此説明。

第一世

諱文質,字元素。宋熙寧四年(1071)由鄉薦入朝,以姿貌魁偉,通《春秋》,拜殿前兵馬、遙郡防禦使,正四品、朝議大夫。享年七十有三。

宋皇祐元年(1049)庚寅三月初六日辰時生。

政和五年(1115)乙未十一月初二日子時卒。

娶張氏,贈碩人。葬昇平鄉二十都黄岡溪北石山之麓。生一子:天祐。

第二世

諱天祐,字申之。元豐七年甲子(1084)承父廕,亦贈朝議大夫。享年六十有五。

治平四年丁未(1067)九月十七日卯時生。

紹興元年辛亥(1131)十月初二日丑時卒。

娶徐氏,贈恭人。葬朱亭百丈,即碧嶂百丈庵也。生二子:宏道、熙道。

第三世

諱宏道,字必仁。崇寧五年(1106)任蘇州府推官,大觀四年(1110)轉通判別駕,職承事郎、朝議大夫。

娶曹氏,贈宜人。合葬義和鄉石誕。生一子:惇彝。

第四世

諱惇彝,字敬庸。政和六年(1116)任四明守廉武事,中散大夫。

娶汪氏,繼娶盧氏,贈恭人。生三子:邦直、邦憲、邦俊。

第五世

諱邦直,字忠佐。宋高宗南渡,建炎二年(1128)戊申登李易榜四百五十人第五甲八十九名進士。中大夫。任象州知府。所著有《雲谷集》等書。享年七十有五。

政和三年甲午(1113)六月初三日午時生。

淳熙丁未(1187)九月二十日子時卒。

娶芮氏,繼娶徐氏,贈太恭人。合葬倉口塘。石柱猶存。繼娶丁氏,恭人。另葬柘坑報慈庵。生七子:桌、欒、粜、樂、耒、槃、梁。

第六世

諱桌,紹熙元年(1190)任欽州司法參軍,職朝散郎。

娶□氏。生六子：崑、峇、嶹、崇、巖起、嶷。

第七世

諱巖起，字伯巖，號牧庵。嘉定七年（1214）甲戌登袁甫榜五百四人第三甲一十六名進士。知福州閩縣事、加贈朝散大夫，後爲江西提刑司幹辦公事，祠贛州學。

娶芮氏。生三子：居仁、居禮、居敬。

第八世

諱居仁，字孟博，號静齋。淳祐七年（1247）丁未登張淵微榜第五甲七名進士，任台州府事，承父廕。後以太常博士職朝散大夫。娶趙氏。生三子：長孺、次孺、幼孺。所著有《維揚集》、《金陵稿》等書。

諱居禮，任國子學監丞，職朝列大夫。娶□氏。生四子：之綱、與權、之純、之紀。

諱居敬，娶□氏。生一子：師平。

第九世

諱長孺，字汲仲，號石塘。咸淳六年（1270）入蜀，銓試第一。甲戌（1274）中王龍澤榜進士，任福寧州通判。宋末元初，舉賢良，應召授集賢修撰。所著有《瓦缶編》、《南昌集》、《顔樂齋稿》等書。入鄉賢祠。詳見志中祀典。娶徐氏。生一子：駒。

諱次孺，字牧仲。娶□氏。

諱幼孺，字承仲。任徐州儒學教授。娶□氏。

諱之綱，字仍仲。所著有《易解》、《易或問》等書。娶□氏。生三子：褒、哀、哀。

諱與權，字正仲。咸淳十年（1274）甲戌登王龍澤榜第二甲二名進士。所著有《性理指南》等書。娶□氏。

諱之純,字樛仲。與兄止仲同科甲戌進士。娶□氏。

諱之紀,字□,娶□氏。

諱師平,字□,娶□氏。

第十世

諱襃,字孔章。娶□氏。

諱駒,字千里。任撫州録事。娶趙氏。生五子:恒、慎、愷、悌、恪。

諱哀,字益謙。娶□氏。生一子:彝。

諱哀,字無咎。娶□氏。

二、胡氏諸儒事迹

(一) 胡 桌

曾祖桌,迪功郎、欽州司法參軍,脱略豪儁,輕貲急施,人稱爲"鄭莊"。

明宋濂《宋文憲公全集》卷四十八《胡長孺傳》

桌公,以父廕仕欽州司法參軍,脱略豪儁,輕貲急施,人稱爲"鄭莊"。贈宣議郎。

《可投胡氏宗譜》引《胡桌傳》

(二) 胡巖起

道無精粗本末,而古有大學小學之别者,特學有其漸云爾。子夏之門人小子,灑掃應對進退而子遊以爲末,不知灑掃應對進退即精義入神之妙,而欲二之,則過矣。東萊先生所編《少儀外傳》,學者終身行之,猶懼不及,而曰:"少儀云者,謂時過則難學,而少成若天性。故欲自童卯而習之,庶幾趨嚮蚤正,氣質易成。"非曰小學宜習,而大學不必知也。與我同志者,盍深省焉。嘉定癸未三月朔雲谷胡巖起題。

宋呂祖謙《少儀外傳》卷下胡巖起跋

《書》自孔子刊定,所存僅百篇。帝王之軌範悉備,不幸火於秦。傳注於漢,而堯、舜、禹、湯、文、武傳授之奧旨,與夫臯、益、伊、傅、周、召警戒之微機,雖老師宿儒皓首窮經,枝辭蔓説,汗牛充棟,曾不能仿佛其萬一。而世無所考證,至於今千有餘歲矣。心本同然,理不終泯。自伊洛諸先生力尋墜緒,遠紹正學,而敷文鄭公得其傳焉。探聖賢之心於千載之上,識孔子之意於百篇之中。雖不章解句釋,而抽關啟鑰,發其精微之藴,深切極至,要皆諸儒議論之所未及,亦可謂深於《書》者歟? 學者於此優遊玩味之,則思過半矣。嘉定癸未四月。

清孫詒讓《溫州經籍志》卷二
胡巖起《鄭伯熊敷文書説序》

祖巖起,嘉定甲戌進士,朝奉郎、知福州閩縣事,卓行危論,奇文瑰句,端平、嘉定士大夫皆以爲不可及。在江西幕府,平贛州之難於指顧之頃,全活數十萬人。

明宋濂《宋文憲公全集》卷四十八《胡長孺傳》

胡巖起,嘉定中知閩縣,卓行危論,奇文瑰句,一時士大夫皆自以爲不可及。

《(弘治)八閩通志》卷三十七

胡巖起,字伯巖,欽州司法參軍槱之子也。登宋嘉定甲戌進士,知閩縣,卓行危論,奇文瑰句,士大夫皆自以爲不可及。真文忠公雅敬之。後爲江西提刑司幹辦公事,值贛州殿兵朱光□殺提刑使者。

99

朝廷以陳文肅公復繼之,相度事宜,指顧間平其難,全活數十萬人。贛人作《平贛録》紀其事,與文肅並祠於學。自號牧庵先生,有文集百餘卷。

明吳宣濟修,陳泗纂《(正德)永康縣志》卷六

紹定三年,黠卒朱光率其徒陳達、周進、蔡發以叛,有旨擢荆襄監軍陳塏提刑江西,仍護諸將致討。夜駐廬陵,夢神告曰:"光將竄番禺,爾宜速圖。"塏密命胡巖起、李强疾趨至贛,合三寨兵戮之。

《(嘉靖)贛州府志》卷十一

儒學教授:胡巖起,東陽人。

《(嘉慶)廬州府志》卷十一

胡巖起,永康人。嘉定七年進士,寶慶間任。卓行危論,傑出一時。

《(民國)閩侯縣志》卷五十六

胡巖起,字伯巖。宋嘉定七年進士,知閩縣。用真德秀薦,轉江西提刑幹辦公事,朱世反贛州,殺提刑使者。巖起在陳愷幕府,經畫方略,弭亂於指顧之頃,存活數十萬人。子居仁登淳祐七年進士,累知台州,文章政事卓出一時。據《元史·胡長孺傳》、《道光縣志》修。

論曰:伯巖經畫事見《平贛録》,其發縱指使之功誠偉。天生令子光大其家,報施之不爽也。固如是乎!

清胡宗懋《永康人物記》卷一

巖起公,字伯紀,號牧庵。嘉定甲戌書經魁。初教授廬州,趙忠肅公帥淮西,嚴甚。其妾夜奔弟子員,取妾斷其首,不問弟子員,戒曰:"勿令教授知。"爲江西提刑司幹辦,贛州賊兵朱先爲亂,殺安撫

使，提刑使者魏大有破其家。朝廷以陳文肅公代馳，詣吉州，遣兵數百人，嘗不利於先。公自贛來告文肅曰："贛城堅，先等死守，不可以兵往。某來時語先曰：'新使者至，吾爲幹辦，不可不往。汝等謹守還營，勿擾亂百姓。以益前過，或蒙國恩宥貸也。'先等皆諾。此先獨與戍兵謀變，提刑節制司三寨軍不預也。某度其可用，謹與某軍，一小校同來，若給賞金付之，使納置江襖中，歸與校兵約同先等，等出迎降，就其所舍斬之，可不驚一民而罪人得矣。"文肅以爲然。遂與一小校俱入贛，明旦，校兵數十人捕先等二十餘首於城門外，梟之，贛遂平。贛人作《平贛録》記其事，至今與文肅並祠於學。志書云：平贛州之難，全活數十萬人。有《牧庵集》。

《可投胡氏宗譜》引《胡巖起傳》

《牧庵集》，胡巖起著。

明吳宣濟修，陳泗纂《（正德）永康縣志》卷七

（三）胡居仁

寶祐柔兆執徐正歲之三日，制置使尚書馬公受命募兵。賞明令修，遠邇悦來。越三月，得嫖姚之士三千三百人。辟諸營以舍之，薪楚、鹽酪、床榻、釜甑不匄而有，亦既協厥居矣，公猶以爲人不根著，怛然未有嗛志。乃周爰相度，得故營地於武定橋之東，而胥宇焉。謂通川崔君泰亨縝密而莊，謂新安汪君洵之明達以敏，皆機士，使耦往彼涖其事，實墉實屋，百工皆作，木章竹个，葦把釘枝，當其直而取，秋毫不以符移賦諸下。酒肉淋浪，旬犒月飲，士夫豫附，竟役不施一箠。虹見而作，馳見而畢。凡斥幣百四十萬緡，規地六百三十丈，結屋三千二百楹，而皆有畸。南北其檐，巷以集於中道，衡從其道，門以達於四逵。鞠旅有亭，習射有圃，祠兵有宮，將軍偏裨各以資序授室，井乎如田之洫，屹乎如山之阿，江以南營壘將無與雁行者。嗟夫！仁者之

迹熄,固有俟曲體於高明。風雨其人而草之隠者,仁隠之,勇不能赴之,則或閟於艱;勇赴之,智不能周之,則或愆於素。君子謂是役也,居約而施溥,時詘而舉贏,工堅而事速,建一營,三物成矣。是月既望,公載酒肴,召僚佐相與落之。或執簡請記成事,公曰:"吾惡夫詡者,末之記也。"有謏而對曰:"公經營是以整比予士,非以為詡也,其亦使士於此焉,居則肄戎經,出則敵王愾,入則效首虜,豈其即安而弛勞,委公睨於草莽耶? 庸勸之以斯文,俾勿惰,而非以為詡也。"乃記。門生、朝奉郎、特差充沿江制置使司參議官胡居仁撰。門生、從政郎、差充沿江制置使司幹辦公事梁椅書。門生、通直郎、添差沿江制置使司主管機宜文字汪洵之篆蓋。

宋馬光祖修,周應合纂《(景定)建康志》
卷二十三胡居仁《沿江制置司諸軍寨記》

父居仁,淳祐丁未進士,朝散郎、知台州軍州事,文辭政事亦絶出於四方。

明宋濂《宋文憲公全集》卷四十八《胡長孺傳》

居仁公,字孟博。以閩縣廳補官。時趙信國為兩淮制置大使,辟物解官,鎖其廳去。登淳祐七年第,知武康縣。燭見匿隠若神,遺愛及民,民即縣東祠之。賈魏公初相,擇文士為翰林,以太常博士召公以為直學士,院命下,已殂矣。有《瀟湘稿》、《金陵稿》各三十卷,號静巖先生。志書云:"文辭政事,有稱於時。"

《可投胡氏宗譜》引《胡居仁傳》

《宋故朝奉知府寺丞趙公壙志》……朝奉郎□知安吉州武康縣主管勸農公事兼軍正胡居仁填諱。

清陸心源《吳興金石記》卷十二

《寶祐四年重建鎮淮橋記》，門生、從政郎、差充沿江制置使司幹辦公事梁椅謹記。門生、朝奉郎、差充沿江制置使司參議官胡居仁謹書并題蓋。

　　　　　　宋馬光祖修，周應合纂《（景定）建康志》
　　　　　　卷十六梁椅《寶祐四年重建鎮淮橋記》

《沿江新建遊擊軍記》，胡居仁作。

　　　　　　宋馬光祖修，周應合纂《（景定）建康志》卷三十三

《維揚集》、《金陵稿》，俱胡居仁著。

　　　　　　明吳宣濟修，陳泗纂《（正德）永康縣志》卷七

（四）胡之綱

其從兄之綱、之純，皆以經術文學名。之綱，字仍仲，嘗被薦書，其於聲音字畫之説，自言獨造其妙，惜其書不傳。

　　　　　　明宋濂《宋文憲公全集》卷四十八《胡長孺傳》

之綱公，字仁仲，有學行，諳記六經三史，以博洽自負。尤長於文辭，抗志不仕，以布衣終。所著有《易集解》、《易或問》。

　　　　　　《可投胡氏宗譜》引《胡之綱傳》

胡之綱，字仍仲，永康人。汲仲之從兄也。與弟之純，皆以經術文學名。之綱嘗被薦書，自負才名，不屑小官。遂蒐獵藝林，博綜墳典，其於聲音字畫之説，自言獨造其妙。惜其書不傳。

　　　　　　明徐象梅《兩浙名賢録》卷三十九

永康胡之綱仍仲、之純穆仲、長孺汲仲並以學行相高，於先生爲内

兄弟,而齒差長。間以微辭奥義相叩撃,三人咸自以爲它日當有所不及。

元黄溍《金華黄先生文集》卷三十二

續稿二十九《安陽韓先生墓誌銘》

(五)胡之純

春風蒲柳曲江頭,恨與春波不盡流。鶯囀新聲啼緑樹,燕尋舊壘認朱樓。百年驕豢吴兒跪,一味清談晉士休。千古興亡惟有淚,漫山花雨杜鵑愁。

明阮元聲《金華詩粹》卷九引胡之純《春日》

右吴善父先生哀辭,永康胡氏穆仲作。始予未識先生,得先生所爲詩而讀之,其氣盈而不肆,志伏而不折,言無緣飾而忠厚惻怛之意躍如也。心慕焉。元貞丙申秋,予遊仙華、寶掌間,因得拜先生浦陽江上。先生顧予喜曰:"吾二十年擇交,江南有友二人焉,曰方君韶父,曰謝君皋父。今皋父已矣,子乃能從吾遊乎?子其遂爲吾忘年交。"予謝不敢,先生蓋予大父行也。然自是間歲輒一再會,會則必歡欣交通,如果忘年者。先生間爲予上下今古人物,使審所擇而尚友焉。先生之心,其有望於予者哉!大德庚子秋,有越客道浦陽境上,謂予先生且死,已而知其妄也。厥明年某月,或又謂先生死矣。予不敢即哭,蓋猶幾其爲越人之傳也。既閱月,而韶父之子育以訃至,育,先生婿也。嗚呼!先生真死矣。先生之先處州人,由大父婿龍川陳氏,故又爲婺之永康人。先生嘗以父任入官,仕未顯,而所爲要以直遂其志。中歲頗慕管幼安、陶淵明之爲人,因自放山水間,時與畸人静者探幽發奇,以泄其羈孤感鬱之思。遇意所不釋,或望天末流涕。其所居室扁曰"愚隱",先生古冠服不妄笑言。樵兒牧竪或戲紿之,先生不疑欺我,不知者以先生誠愚也。晚乃取古所謂全而歸之者,自號"全歸子"云。先生死時,年六十有四。嗚呼！先生之壽不必滿於德，而其存遠矣；志不必究於物，而其行得矣！稽其存不可謂夭，徵其行不可謂窮，先生雖死何憾矣！顧天之所以佑善人者，君子恒若以爲歉焉，此哀辭之所爲作也。先生之死，予既哭之以詩，故弗復爲辭以相之，姑追叙疇昔以志予感愴之云爾。

元黄溍《金華黄先生文集》卷三《書〈吴善父哀辭後〉》

之純，字穆仲，咸淳甲戌進士，踐履如古獨行者，文尤明潔可誦。

明宋濂《宋文憲公全集》卷四十八《胡長孺傳》

之純公，字穆仲，有異才。自少無所好，惟嗜詩書。與兄與權同登進士第，仕正奏。所著有《尚書集解》、《尚書或問》、《戰國策》。

《可投胡氏宗譜》引《胡之純傳》

之純，字穆仲，咸淳甲戌進士。踐履如古獨行者，文尤明潔可誦，與仍仲①、汲仲同稱，時人謂之“三胡”。

明徐象梅《兩浙名賢録》卷三十九

江浙儒學提舉柯山齋，諱自牧，嘗過訪胡穆仲先生。時天大寒，日出已久，而胡先生尚未起。柯曰：“何爲？”先生曰：“天寒未挾纊，故尚卧耳。”於是，柯往宗陽宫語杜南谷尊師曰：“胡穆仲苦寒，無綿襖，尚僵卧在家。”杜即惻然，携十兩絮、兩縑絹往遺之。先生堅拒不肯受，杜强之，而先生怒。已而寒解，柯問先生曰：“何爲不受？”先生笑曰：“杜名道堅，嘗云某爲談朋炒也，要教他知得亦有不炒他的。”夫杜異教能賢，而先生清節若是，要皆難得云。柯之

---

① 底本二字脱，據《元史》補。

子字敬仲，諱九思，際遇文廟，官至儒林郎、奎章閣鑒書博士，卒於吳。

元鄭元祐《遂昌雜録》

止善弱冠遊錢唐，與浦城楊仲弘、鄜州劉師魯友善。論詩務取法古人之雄渾，而脱去近世萎靡之習，間挾其所爲文登諸大老之門，最爲牟隆山、胡汲仲、穆仲、趙子昂、鄧善之所賞識。

清顧嗣立編《元詩選》三集卷七

其所稱許者，惟錢唐仇仁近、永康胡汲仲、穆仲三人，於他詩人文士悉少許可，動加譏刺。

明王禕《王忠文公集》卷二十一《吾丘子行傳》

自陵陽牟公獻之、新安方公萬里而下，若淮陰龔聖予、剡源戴帥初、永康胡穆仲、南陽仇仁近、莆田劉聲之、吳興陳無咎，皆聯文字交。積其稿卷滿數十，便束歸山中，如有德色然。

元柳貫《柳待制文集》卷十《方先生墓碣銘并序》

公遍遊其門，無不折行輩與爲忘年交。而與紫陽方先生回，淮陰龔先生開，南陽仇先生遠，句章戴先生表元，隆山牟先生應龍，永康胡先生之純、長孺兄弟交尤密，往來咨叩無虚日。

元黃溍《金華黃先生文集》卷三十
續稿二十七《翰林待制柳公墓表》

胡之純《尚書或問》。字穆仲，金華人。

倪燦《補遼金元藝文志》卷一

出處嗟吾道，窮經獨暮年。凋零魯先哲，感激漢遺賢。青簡餘心在，金華客夢懸。寥寥想孤鶴，弔影白雲邊。

　　　　元吾衍《竹素山房詩集》卷二《胡穆仲挽歌詞》

我有三益友，對之如古人。布衣甘陋巷，書册老遺民。淚落黔婁被，神傷郭泰巾。請爲千字誄，書刻上堅瑉。

　　　　元趙孟頫《松雪齋文集》卷四《胡穆仲先生挽詩》

諸老俱塵土，令予雙淚流。幾年能再見，一氣故應休。江左衣冠盡，人間翰墨留。空山茅屋底，野史屬誰修。

　　　　元白珽《湛淵集》卷三《方萬里史敬輿陳孝先
　　　　龔聖予胡穆仲相繼淪没令人感愴》

二十六日，陰。客杭。湯北村同其子君白來。張德輝來。到省中。辛巳好晨，聚會禮房，見張德輝。德輝作書與工都目。見張菊存，會衢州鄭子寶山長。到儒司，不聚。結縛橋西前洋街，回謁湯北村。同出訪張晴川，次見崔進之。回。北村具酒，午麵。浼書數紙，屏褙高彦敬《古松》一株，可愛。窗外矮橘數樹，結子無數，壓枝欲折，若吾鄉則無此也。飲散，乃子君白由大街轉歸。張菊存來，晚見張德輝。吳茂之來，值出。今日見北村，説葛元白、曹梅南、戴祖禹、金子仁、胡穆仲皆爲古人，可惜！再到杭城，愈覺舊遊之落落也。客樓暄甚，衣襟流汗，借扇揮之。

　　　　元郭畀《雲山日記》卷上

（六）胡駒　胡褒　胡哀

孟蹟，字仲仁。本宋藝祖秦王宮諸孫，六世祖令藏守建昌，因家焉。曾祖師嶠，宣義郎、知英德府。祖希登，贈朝奉大夫。父與植，集

英殿修撰、兵部侍郎；妣徐氏，封安人。生前淳祐甲辰，登咸淳辛未
第，主真州揚子簿，階從事郎……女適金華胡駒……

　　　　　元胡元慶《養吾齋集》卷三十《前進士
　　　　真州揚子簿從事定宇趙君墓誌銘》

　　金華"三胡"先生：長誠仲、次穆仲、次汲仲。石塘人也，最知名。
誠仲子無咎，已歿；穆仲子孔章，今爲吳郡經師；汲仲子千里，家建昌。

　　　　　　　　　元鄭元祐《遂昌雜錄》

附録二：生平事迹

　　大成有殿,屢修屢圮。逮邇歲,圮益甚,薦修完,復蠹腐欲圮。適符離王侯至,暨教授永嘉張君夢桂謀新之,徵費於學,市材於山,募役於傭。期歲而殿成,堂閣門廊,因舊加葺焉。建昌郡博士胡君長孺記之,久矣! 推官孫侯來南豐,求余作後記云云。

元劉壎《水雲村稿》卷三《南安路學大成殿記》

　　僕家江西,君宦浙右,信風馬牛不相及也。然世好交情,則與君有甚舊者。孔李千載,猶叙通家,況親承尊翁之訓教,而忍自外於象賢乎? 請陳如左:昔景定壬戌、癸亥間,尊公雪澗先生之宰吾豐也,壎實受廛焉。邑士如雲,無一可其意者,獨壎以斯文受異知。其意氣孚協,形迹兩忘,蓋平生未有也。別四十年,隔二千里,嘗相思不相聞,輒爲之悽愴不自已。忽甲辰夏五,建昌教授胡汲仲轉示尊公癸卯歲所賜書。訪問死生,哀憐沉浮,不啻若骨肉然。壎讀而感,感而悲,即具箋幅托胡教轉附入杭,亦既久矣。一旦,忽以書還,具言尊公已仙,益爲之悽愴不自已。又久之,乃克奉書自通於執事,而就以郡志所刊尊公題名及政績呈納,蓋乙巳年事。今者,胡教報云其子至杭,已將所附書托劉聲之携至赤城。聲之報以足下已赴丹徒,新任囑之守舍者轉附。未知達聽覽否也? 適有朋友便舟過京口,念此良便,不可失敬。修此書重申鄙悃大概,俯叩前書之到否,乃若心所欲言已具前緘,不贅也。六十老客,光景寖頹,知此生機緣能獲與

執事一見，細論再世情好否？又重爲之悷愴也。有便寄書，餘惟珍
重。不宣。

元劉壎《水雲村稿》卷十一《與丹徒陳教諭書》

　　往景定、咸淳間，東浙之英有宰吾邑者，相知厚凡二人焉。其一
天台陳德可即思道張學士同產兄也，別四十年不相聞，心常思之。前
年忽蒙令代石塘公，爲轉致其書，念舊甚勤。甫具報而聞陳公仙去，
殊用悵惋。

元劉壎《水雲村稿》卷十一《與永嘉葉教授書》

　　寧海主簿胡汲仲博洽不群，史學尤僅今所罕見。夫史者，所以明
夫治天下之道，垂憲於後世。曾南豐嘗謂：“唐虞之世，豈特任政者皆
天成哲士？蓋執簡操筆亦聖人之徒也，史豈易言。”

元劉壎《水雲村稿》卷十一《內幅薦友》

　　宏齋先生包樞相嘗言，昔爲台州通判日，州連東海。遙望海洋中
有漩渦至數十，疑即所謂“尾閭”也。予每欲質其事，而無由。至大庚
戌、辛亥間，石塘胡汲仲長孺爲台州寧海主簿，縣正與海接。予與石
塘公厚，因以宏齋舊説叩之，今得其回書云：“寧海在台東境，距平陽
嶺海七百里，距鄞爲近。其又東境，即大海，舟人所不敢涉。惟冬則
釣船行二程輒止，相傳其東則鬼國，水勢流下，雖潮生時亦不可上，恐
是尾閭處也。宏齋謂見有十數渦，則某所未見也。”汲仲之所報如此。
予以嗜古好奇之故，博徵異聞於所親歷者，然猶不能究尾閭之實，則
據紙上而妄談者，何足道哉！

元劉壎《隱居通議》卷三十《尾閭》

　　通玄觀在吳興計籌山白石頂，尊師杜道堅所建也。師有道之士，

薊丘李衎、吳興趙孟頫、金華胡長孺實與之遊，執弟子禮余最晚。大德十年春正月，師與余禦風披雪，行白石洞天，由瓊秀上長真，登通玄觀。觀有老子祠，以辛文子鈃、葛真人玄配。東有宴坐堂，堂之南，東有師考妣祠，西有覽古樓。師坐樓中，予擊玉磬，賦《反招仙辭》，清風遠韻，飄然有出人間世、遊上古之意。師指余曰："子知所以名乎？初，漢真人玄之生也，自然道士支道記訪其父曰：'通玄真人生汝家。'玄既道成計籌山中，人未喻也。至唐開元時，徐靈府注《辛鈃書》十二篇，玄宗諡鈃'文子'，乃始封通玄真人，豈其徵乎？宋咸淳庚午，予遨遊其中，若有契，遂買山，力事畚築。越六年，應召北覲。又六年，被旨東遷。思報上恩，乃命其徒薛志亨執斧斤以從。薙蓬藋，剪荊棘，清泉發，嘉石出。蹲者踞者，窒者蘗者，頓置平理，班道就列，蔭以松杉，庇以棟宇，名曰'披雲庵'。山之上爲禮斗壇，下得煉丹穴，穴有葛真人之鼎，其容數十斗，其重數十百斤。又得石室，所藏《辛鈃》十二篇，與徐靈府所進者同。且庵之成既久，蔬有圃，飯有田。於是拓庵爲觀，觀成，遂即'通玄'名之。"於時夜半，雪淅淅入窗户。既罷而睡。雞初鳴，紅日東出，白雪在山，瓊林瑤樹，玉宇琨臺，宛然在目。師曰："此非渾玉境界乎？即之不可見，見之不可即，非幻乎？子方有妻子事，後三十年期子於此，吾司馬子微、陶貞白望子矣，然爲我記之。"余曰："譆！夫道爲天地之始，天地爲人之始。自有天地，即有山川，居山川之勝而有之，則人爲之始也。前乎辛鈃，山之始乎？始也。後乎杜堅，觀之始乎？始也。中乎葛玄，通玄之始乎？始也。"曰："吾師之弟子云者，又記之所由始也。"師相視而笑，於是乎記。

元任士林《松鄉集》卷一《通玄觀記》

陳氏有隱君子，讀書百丈溪上。没，門人私諡"文節先生"。其子斗龍，又以孝行著，胡君汲仲爲作傳。

元鄧文原《巴西集》卷上《萬松庵記》

德祐乙亥，微服歸鄉。或以宦進招之，賦《媒嫠問答詩》以見志。金華胡公長孺跋其詩曰："宋疆於淮，重兵在山陽、盱眙、合肥，池岸江城，惡渠臨淺，荷戈不滿千人，兵未及境，都統制張林已納款降附，與異意，輒收殺之。當是時，濟鼎爲附城縣尉，貴池羸尫弓手數十百人，勢不得獨嬰城。家寒，親耄無壯子弟供養。隙張，出迎托公事，過東流縣，作塚其道周，書木爲表識曰'貴池尉死葬此下'，用杜張猜疑，令不相尋迹。歸婺源以《易》教授鄉里，往來從學者常百許人。昔人稱：'慷慨殺身易，從容就義難。'濟鼎蓋從容就義者歟。"

明程敏政《新安文獻志》卷八十七
《行實》洪焱祖《胡主簿次焱傳》

中丞容齋徐公，人物魁岸，襟度寬洪。文學吏才，筆不停思。《題萊州海神廟》云"龍宮高拱六鼇頭，一合乾坤日夜浮。具殿走珠蛟構室，戟門烘霧蜃噴樓。中原右顧真孤島，外域東漸更九州。咫尺探航倭瀕近，好將風浪戒陽侯。"通之狼山僧舍，有墨蓮公肆筆成長篇，尤工緻。建臺揚州日，確齋荀公、雪樓程公、校官胡石塘唱和無虛日，亦一時之文會也。

元盛如梓《庶齋老學叢談》卷中之下

大德中，金華胡君長孺分教盱江，攝錄事。視其屋懍將壓，曰"是將病吾民矣"，不喻月新之。或曰："此非攝職也。"君笑而不言。嗟乎！惟君子爲能憂民之憂，樂民之樂，況馮君身居其任者乎？雖然，有二君之心、之才，則可；不然，均爲怨府矣，豈必廬陵哉！

元揭傒斯《文安集》卷十一《廬陵縣丞馮君修造記》

杭於宋爲故都，向之宿儒遺老猶有存者。公遍遊其門，無不折行輩與爲忘年交。而與紫陽方先生回，淮陰龔先生開，南陽仇先生遠，句章戴先生表元，隆山牟先生應龍，永康胡先生之純、長孺兄弟交尤密，往來咨叩無虛日。凡學問之本末，文獻之源流，歷歷如指諸掌。發於論議，言必有徵，不徒事浮藻以追世好也。諸公亦往往喜爲之延譽，由是名聞於一時。

元黄溍《金華黄先生文集》卷三十

續稿二十七《翰林待制柳公墓表》

先生既弱冠，博綜群籍。自經史至諸子百家，靡不極其津涯，究其根柢。而於近世儒先性理之説，尤深造其閫域。秉心制行，表裏如一，不徒馳騁於空言而已。婦翁國子監書庫官徐公天祐，號賢有德，與先生自爲師友，不敢待以尋常子婿之禮。永康胡之綱仍仲、之純穆仲、長孺汲仲並以學行相高，於先生爲内兄弟，而齒差長。間以微辭奧義相叩擊，三人咸自以爲它日當有所不及。前代遺老，若王尚書應麟、俞御史浙，文章大家若四明戴表元帥初，往往折行輩以先生爲忘年交。

元黄溍《金華黄先生文集》卷三十二

續稿二十九《安陽韓先生墓誌銘》

司農府君以列卿在遣中，行至莘縣，不食而卒。先生悲不自勝，暨成人，呼其弟理，語之曰："國亡家破，吾兄弟又少孤，不能以力振起門户，獨不可學爲儒，無辱先訓乎？"由是共刻意於學，日以微辭奧義自相叩擊。其文字交，視莫公崙、俞公德鄰爲丈人行，而與戴公表元、仇公遠、胡公長孺、盛公彪爲忘年友。聲譽籍甚，人稱其兄弟曰楚"兩龔"，以比漢之"兩龔"云。

元黄溍《金華黄先生文集》卷三十三續稿三十

《江浙儒學副提舉致仕龔先生墓誌銘》

（程端禮）其在建平，興舉廢墜，諸生之省者必周給之。縣尹工君起宗，日率僚友聽其論説，且築室亦嚴上，命其子楚鰲受業焉。楚鰲後出入臺閣，卒爲時之名人。繼王君爲其縣者，復倡好事之家爲買書萬卷，覆以傑閣，永康胡先生長孺記之。其在建德，壇學舍以居，其徒盡復民所占田。

元黄溍《金華黄先生文集》卷三十三續稿三十《將仕
佐郎台州路儒學教授致仕程先生墓誌銘》

永康胡先生長孺號廉介，休官而家益貧，寓杭之青蓮佛舍以殁。君夙爲所獎重，經紀其喪事甚力，哀輯其遺文，將刻梓以行，而未果也。

元黄溍《金華黄先生文集》卷三十四
續稿三十一《項可立墓誌銘》

君（吳福孫）既書再考，例當序進，絶口不自言。前代名流及時之雅望，若戴先生率初、仇先生仁近、胡先生汲仲、鄧先生善之，咸加愛重，莫不折行輩與之均禮，魏國趙文敏公待之尤親密。文敏以善書名天下，慕而效之者，往往逼真，然罕有能若君得其早年楷法之妙者。

元黄溍《金華黄先生文集》卷三十八
續稿三十五《上海縣主簿吳君墓誌銘》

周御史薦江浙士之博學通經，能古文，宜居館閣者七人。首胡石塘、方虚谷，而先生與焉。故侍御史劉公甫之，時爲臺郎，贈詩有曰："作者七人爾，君才十倍加。"士大夫欣豔之。

元胡助《純白齋類稿》卷十八《純白先生自傳》

至大元年戊申九月三十日，陰。客杭。早到省中禮房見張德輝、李叔義，是日改正擬劄。次訪朱敬齋。湯北村遣乃子同李兄來求字。

到儒司見二都目,催申狀,會王成之。同君白出遊宗陽宮,時裝塑未就。次遊新宮佑聖觀,看擁壁二十四堵,皆新畫也。路遇胡石塘主簿,煎魚沽酒,會尹子源、沈六郎。晚見德輝,約來日到省中計會選本。晚雨暄甚,夜雨生寒。

元郭畀《雲山日記》卷上

至大元年戊申十月初七日,雨。客杭。到省中見張、李二兄。李君德、湯君白來,携紙索書,就送紙一幅。訪吾子行,求篆字,閑話久之,惠印色方。路遇胡石塘。儲叔儀相招,五杯,午麵,坐客焦君用、尹子源、余及陳外郎。主人飯罷,焦公買紙求書。晚見張德輝,令來日見馬公。路遇范君用。

元郭畀《雲山日記》卷上

向金華胡公長孺判奉化州時,至則籍其善盜者。他日,召而詰之曰:"吾聞若不耕、若不藝、若不負販、不傭,若何以食父母妻子乎?"懼之以律,開之以善,或爲假貸富室,使生息之。復曰:"若不吾從,苟有失,吾必意若吾,先問若矣。"是蓋保全暗愚之義也。況今詐僞日滋,尉亦豈易能哉?彼固有怙終者、有劫脅者、有誘者、有饕且偷者、有飢寒者,彼死亡安所卹哉?士君子苟得位,宜盡心焉。善刑之,蓋不若善防之;善防之,又不若善導利之。

元李存《俟庵集》卷二十《送朱元善序》

篆隸相沿屬諸李,於今濮陽數吳子。斯冰籀法神授予,潮也八分奚足儗。昔年胡公汲仲父,爲子長歌書一紙。子今最藝何可忘,喻以識路行萬里。故廬隘巷屈長身,石經碑版相填委。祝融回禄端相子,空諸所有斯可已。朝廷甚大秦漢小,遲子銘鐘勒黃耳。

元張雨《句曲外史貞居先生詩集》卷三《贈吳孟思》

115

汲仲胡先生言:"終今之世,無善治之日。"

元陸友仁《研北雜志》卷下

胡汲仲謂:"趙子昂書,上下五百年,縱橫一萬里,舉無此書。"

元陸友仁《研北雜志》卷下

金華"三胡"先生:長誠仲、次穆仲、次汲仲。石塘人也,最知名。誠仲子無咎,已歿;穆仲子孔章,今爲吳郡經師;汲仲子千里,家建昌。石塘先生以崔中丞薦,世祖顧問,所答不稱旨,出爲揚州路儒學教授,師道甚嚴。繼除建昌教、權録事司。程雪樓學士家遺漏,先生捕其子,坐罪不貸,由是人憚之。後除台州臨海簿,愛縣民如子,上司誅求,身當之。素客於杭,居貧甚,以古文倡。人求記碣序贊,稍不順理,雖百金不作也。後以室人喪,居喪如禮,然所居湫隘甚,遷居青蓮寺,講道寺中。性矯亢,當時斯文顯者鄧巴西廉使故毁辱之,由是益下遷。後爲鹽場司丞,就養建昌。浙省以是年秋試,屈先生爲試官,復來青蓮寺,歿寺中。歿時當嚴冬,尚未挾纊,是日元祐往候之,項可立煮三建湯飲之,猶力疾答揚州盛恕齋書,語次又訓飭學者,以自樹立。氣益索,扶之上卧榻,即跏趺坐逝。比歿,顔貌如生時。殮後,天台周本心時爲浙省掾,率道徒私謚"修道先生"。發引還建昌,省憲官皆執紼以送。今三十年矣,先輩淪落,如先生抗直不撓,以斯文自任者,絕無之。穆仲先生,純德古君子,經學尤粹深,有《三書辨》、《尚書或問》行於世。

元鄭元祐《遂昌雜録》

江南内附,初,北方賢士大夫宦轍甫邁者,往往嗜古績學,考索研稽,惟恐弗逮。元祐恨生晚,無以參侍諸大老,若徐公子方父、暢公純父。劉公居敬父,號節軒先生,尚及以諸生拜之於諸老先生坐席間。

久之，金華胡汲仲先生講道虎林山之僧舍，疏檐古屋之下，中設一木榻。賓友終日相過從，其獲延致中坐，與先生劇談古今。北南士大夫不數人，而節軒先生則其一也。公疏秀而明潤，玉立而長身，時時與先生論先秦古書。以爲秦自用商鞅驅其民，不戰則畊，禁絕先王之學，固不待李斯建言之時也。然吕不韋乃能招延四方辨博之士，成《吕覽》一書。其書雖醇疵相參，至於奇聞異見，有裨世教。若《月令》爲書，小戴取之以記禮，先儒不謂其爲不可也。顧其書版本不復刊，而讀者亦甚寡。元祐聞先生此言也，時二十餘，今忽四十餘年矣。已而元祐饑驅東西漂，頗聞節軒先生不樂仕，僅以監察御史終。位不究德，而始發於其子嘉興公。嘉興公以文儒起家，歟歷朝箸，出爲嘉興路總管。念其家所藏書，皆節軒先生所手校。於是出其一二，俾以刊於嘉禾之學宫，與學者共，而《吕氏春秋》其一也。公念元祐嘗受學於胡先生之門，固以諸生拜御史公者矣。《吕覽》既刊版，乃俾元祐爲之序。御史公，海岱人，諱克誠，字居敬，累贈至禮部尚書。嘉興公，名貞，字庭幹，由嘉興擢授海道都漕運萬户云。遂昌鄭元祐序。

清陸心源《皕宋樓藏書志》卷五十五
《子部》鄭元祐《吕氏春秋序》

蒼頡四目通神明，制字以來幾變更。籀創大篆豈柱史，石鼓有刻非無徵。驪珠煌煌幾千顆，照燭萬世開章程。周平東遷帝紐解，甄鄷繼出加研精。秦斯學荀儒運阨，獨負小篆超焚坑。戈森劍列出華玉，百世是寶堪依憑。次仲忽挾八分起，喜動吕政消威稜。一朝檻車化鶴去，傳聞無乃非人情。政方鞭戮海宇日，程邈繼仲尤知名。六國滅姬旋自滅，人如亂麻死長城。神工異畫先後出，隸法變篆由邈興。十年覃思非不苦，習趨簡便令人輕。堂堂遠門許叔重，慎悱缺譌復著經。三才萬物總蒐討，一挈屋蔀瞻繁星。慎於六義功不細，朽骨逮今餘德馨。漢章變草本伯度，波磔與隸猶相仍。俗書姿媚相扇告，韓論

匪激毋深驚。千年陽冰紹斯迹,有茂其實蚩英聲。珪璧煌煌照衰世,
白馬記與庶子銘。兩徐識解更卓特,著書翼慎言庚庚。張侯豹姿編
復古,金薤琳琅垂九清。皇元篤生趙文敏,掃世糠粃開群盲。龍翔鳳
翥彩雲晚,夾以日馭揚雙旌。自公騎箕上天去,衆論悉與濮陽生。生
名吳睿孟思字,篆隸可寶如璜珩。周旋向背盡規矩,分布上下紛縱
橫。囊錐畫沙泯芒角,寶樹出網含光晶。研裂雲根劍就淬,射穿楊葉
弓開弙。刊題班班滿山石,姓名往往聞帝京。贈言無如胡汲仲,我乃
蚓竅蠅黽黽。闤闠城中每相見,愧我頭白君眼青。長歌哦成三月暮,
妒婦無能空拊膺。

元鄭元祐《僑吳集》卷二《古書行贈吳孟思》

遂昌鄭某向嘗學於金華胡汲仲先生之門,每以諸生拜御史公,得
聞緒論上下數千載,亹亹忘倦。而公不究德,故始發於嘉興公。公以
某嘗承教於御史公也,故授某識之卷末云。

元鄭元祐《僑吳集》卷七《大戴禮卷後跋》

(嚴侶)嘗遊錢唐,偕石塘胡公、山村仇公過孤山,酹林處士、岳鄂
王墓。卒有動於中,告二人曰:"某常時如此,親必不安。"嘔歸。及
門,遽有中天之別,擗踴氣絶者數四。

元楊維楨《東維子文集》卷二十六《高節先生墓銘》

易始於懷友軒得觀當代作者之詩。昌平何得之、浦城楊仲弘、臨
江范德幾、永康胡汲仲、蜀郡虞伯生、東陽柳道傳、臨川何太虛、金華
黃晉卿諸稿,典麗有則,誠可繼盛唐之絶響矣。自是有意收輯,十數
年間耳目所得者已若此。況夫館閣之所儲拔,聲教之所漸披,此蓋未
能十一耳。信乎一代之興,必有一代之人才。烏虖盛哉!

元蔣易《皇元風雅》卷前《總目》

吾鄉以學術稱者，在至元中，則金公吉甫、胡公汲仲爲之倡。汲仲之後，則許公益之、柳公道傳、黃公晉卿、吴公正傳、胡公古愚卓立並起，而張公子長、陳公君采、王公叔善，又皆彬彬和附於下。當南北混一，方地數萬里，人物不可億計，而言文獻之緒者，以婺爲稱首，則是數君子實表礪焉。

明胡翰《胡仲子集》卷五《華川集序》

守軒嘗學於東萊先生，與孔山喬壽朋爲同門，紹熙廷對又爲同年。其後壽朋當朝言事，與守軒所見大略亦同。壽朋言具《宋史》，而守軒行事世多不傳。此卷則其四世孫了庵所藏，以遺行之者。屢更兵火，行之護之如拱璧。凡了庵，一時諸老淮陰龔聖予、粤人謝皋羽、同郡胡汲仲往來詩簡，至今嗣守不墜。使予閲之，益知高山之可仰，而慨喬木之不存。識之末卷，以見人才之進退盛衰，世道之升降係焉。

明胡翰《胡仲子集》卷八《宋吏部侍郎朱仲文奏稿跋》

昔石塘先生胡汲仲好施與，而慎許可，風烈曒乎當世。學者尊而仰之，以言語文字借譽爲重。莫不彬彬可觀，然未有如古名節之士者。先生既殁，余發其遺書，得一人焉。若王君子智，何其見器之深哉！方子智署慶元郡吏，慶元趙誠之，先生故人子也，妻女流落。先生致書，貸子智之俸，以周其急。先生在吴門，豪富人有饋粟三百石者，叱而不受，其視一郡吏五斗粟爲何物？顧吾義所在，屬子智爲之。先生嘗謂子智廉潔勇鋭，流輩中絕無者也。天下不以其言爲過，而信其人之賢，余烏得而没諸。

明胡翰《胡仲子集》卷九《王子智墓誌銘》

君貌峻整，而心坦夷善，居室州閭，族人無不敬信。能與人交，時賢大夫如胡公汲仲、趙公子昂、李公仲賓皆相好。讀書務知大義，常曰："士生不獲罪於親戚鄉黨,使得自娛於一丘一壑,足矣!寵榮權利,非吾願也。"

明劉基《誠意伯文集》卷八《王子明墓誌銘》

異時吾婺文獻視他郡爲獨盛。自今觀之,以忠節行誼顯者,則有忠簡宗氏、節愍梅氏、默成潘氏、毅齋徐氏;以道學著者,則有東萊、大愚二吕氏,北山何氏,魯齋王氏,仁山金氏;以文章家名者,則有香溪范氏、所性時氏、香山喻氏;而龍川陳氏、悅齋唐氏則又以事功之學而致力焉。是數氏者,皆相望百載之内,相去百里之間,郴郴乎!郁郁乎!其鸞鳳之歧陽,驊騮之冀北歟?内附以來,故家喬木日就凋落,而百年耆舊無在者久之。白雲許氏稍以金氏之學鳴於時,而石塘胡氏伯仲亦以雄文俊行與許氏相先後。二氏之後,由文學入通朝籍者,是爲待制柳氏、學士黄氏、禮部吴氏、修撰張氏、太常胡氏、御史王氏,此蓋其早卓者也。余生也後,雖不及執弟子禮於許氏、胡氏之門,然自柳氏而下,皆得而師友之。十數年來,復將於此有所考問,而故老遺書多不存矣,不亦悲夫。

元戴良《九靈山房集》卷十二《送胡主簿詩序》

右鄧匪石、虞道園二司業,俞觀光先輩與澄湛堂、無極元濟、天岸若、季衡四法師及匪石子衍同遊龍井唱酬之什。後和者張晉公仲舉,時爲布衣未起,實出山村仇先生門;徐則芝石,虚谷方先生弟子也;劉師魯,則郿王後月心先生之子;顧仁甫、陳守中、王性存,並石塘胡先生之門人。予聞之前進士錢思復云,因附見焉。俾來者知當時朝野人物之盛,蓋不減蘇黄參辯諸公追從之樂也。夫湖山自吴越迨宋元,數百年形勝,今鞠爲墟莽,緇素文墨,淪棄何限?曦尚寶是卷哉!曦,湛堂曾孫裔。

元王逢《梧溪集》卷五《奉覽〈龍井倡和〉
什爲曦南仲上人題》序

　　永康可投胡氏，其上世皆居龍山。君之大父東華先生婿於應從事郎，因家焉。其學出於家庭，得石塘先生之傳。其義理薫陶有自來矣。東華生二子，長濬、次澤。君諱鼎，字正之。君雖生晚，不及親受石塘之教，而自幼敏慤，氣識異於常兒。六歲入小學，十二歲能屬文，從金華聞人夢吉受《春秋》，又從浦江吳萊遊。萊見而器之，授以《四書》經義暨秦漢而下諸大家文章。從容告之曰："文章一小技，於道未爲尊。汝家石塘之業，子知之乎？"君拱而作曰："某不敏，竊有志乎此，願有以昭之。"先生慶其志，樂以告語。君矻矻自力，潛思博考，至忘晝夜，由是所見日以開明。暇則與宋公濂、胡公翰輩講辨，反覆以求至當。但以平時學力之至，信筆成文，自成機軸。然其意趣清新，議論英爽，發於言辭者，自有過越於人。識者謂有秦漢風。其居家雍睦有制，閭門内外，無不敬服之。或諏以所以致此，則曰："家道之失和平，皆由小知自私害之，吾一以公心，惻怛居其間，故無事耳。"尤輕財好施，意氣豁然。鄉之子貧無所依，君收養之，終身族之。婚喪不能自振者，濟助之；子弟之不率訓者，切勵之紛爭不能自決者，平處之。小大畏服。其操心主於忠厚，爲學謹於人倫，貴實用而恥空言。行事之可見者，大抵如此。至正十二年，中浙江鄉試，已而丁内艱。免喪未數月，復丁憂。杜門不出，細繹舊學。至二十六年春，登博學宏詞科。時胡人赫德普化廷策第一，有旨中都進士待比次，除授有差。時大明兵取高郵，而淮、徐、灝、宿、泗、潁、安、豐等郡皆張士誠所據，朝野震恐，國勢危懘。君撫膺嘆曰："國家興衰繫乎天數，治進亂退，士之道也。"即日東歸，遊歷溪山，視世故泊如也。歲戊戌，高皇帝下婺城，駐蹕赤松宫。君詣行在見，條陳當世之務，首論修德爲至治之本，繼以正人心、養士氣爲言，上嘉獎納。留待俱行，君會疾作而歸。繼而定鼎金陵，纂修《元史》，起君，不赴。洪武十二年秋，病革，戒其家曰："喪事勿用異説。"以八月十三日歿於正寝，享年八十有六。娶應氏，本里提刑公孫女也。賢德懿範，爲閭門之表，先以壽終。令子二人,長曰臻,次曰輔。孫男六。君之歿,士之識君者,莫不爲德門惜。君之賢,至於所居鄉里之細民皆曰:"善人吾不得見之矣。"余與君交越二十年,志意相合。歲時曾遇與夫書尺往來,無非以講論切磋爲事,則余之痛君,又豈常情比哉!惟胡氏自朝議公開基龍山,以至於今,世系益遠,而甲科踵踵。君之兄弟,又克守家法,如此真所謂子孫保之者矣!是歲十二月癸酉,葬君於靈巖前山之麓,應氏祔焉。子臻來求余狀,余自念君之爲人,沉厚周密,其居家雖晏,必嚴不少懈。每端坐堂上,四顧終日,如無人。雖嬰兒女子,無一敢舉足發聲。其飲食衣服,少長貴賤,皆有常數。俯仰二十年間,風木之悲,遂成永訣。余不能送君於墓所,而於君之狀,有不得辭也。嗟夫!學者之病,固非一端,而觀於近世,大率有二焉:貪高慕遠,則不能循序以有進;負己自是,則不能降心以從善。二者,學者之所甚病也。數年以來,矚君熟矣!務實趨本,虛中求益,予是以知其所造不可量也,予因序君事。噫!君所嘗行者而喟然有發於斯夫。君平生所爲詩文尚衆,未倫以次,皆藏於家。十一月望日。義烏傅藻狀。

《可投胡氏宗譜》引明傅藻《進士梅林先生行狀》

永康文獻之傳,所從來遠矣。以予所聞,自石塘胡先生以道德文章爲元初名儒,其後,余從伯祖宗魯公甫從父子義三先生爲許文懿公高弟,實繼胡先生之後。三先生既歿,則有林准子章、方逢子遇兩君子者出焉。兩君子雖不及胡先生與三先生之盛,然其任斯文承傳之重,使不敢廢墮,則有足賴者矣。予爲邑校師,訓導其子弟,而余族子塈、里,方興祖實從予遊。塈,宗魯之曾孫,里爲從曾孫,而興祖則子遇之孫也。塈,沉鷙而銳敏;里,穎秀而善文;興祖,願愨而勤經,皆可教。自胡先生而下,子孫多不好學。而三子獨能踵其後,起家爲博士弟子,又其資質淳美,有進學入德之地,豈徒然不自振而已哉!胡先生至兩君子蓋遠,雖相續不絕,然其間豈能無衰微缺乏之時,其所以

絕於前而續於後者，賴其人耳。今去兩君子之時又遠矣，亦衰微之時
也，豈無所謂賴於三子者乎？三子者，誠不可不自重也。夫斯文之衰
盛，相承而無窮，故其將衰也，天必生其人以擬其盛。胡先生與兩君
子所以相繼是也。今三子者之生，適當兩君子之衰，而又質美而善
學，豈天之所擬否耶？三子誠不可不自重也。今年冬，詔起郡縣博士
弟子年二十已上者詣京師，而三子者與焉。於其行也，余爲之道吾鄉
文獻相傳之舊，與其盛衰之故，與生之所當勉者叙而送之，其亦有所
警勵而興起也夫。

明呂文燧《雙泉稿》卷五《送呂兩生方生序》

其修詞立論，皆識見超詣，人所弗及。故用是自負，藐視一世。
其所稱許者，惟錢唐仇仁近、永康胡汲仲、穆仲三人，於他詩人文士悉
少許可，動加譏刺。不顧人喜怒，不知者不堪其謔侮，知者以其類乎
滑稽，不郵也。

明王禕《王忠文公集》卷二十一《吾丘子行傳》

皇慶元年龍集壬子，大梁郭翁年七十。長子郁文卿適任浮梁知
州，奉翁就養，由杭往饒，固文卿爲都事處也。饒之寓士大夫嘉文卿
之禄及親，榮翁之有良子以養，故咸爲之壽，且爲詩序云。詩序者何？
序所以作詩之意也。序何始？《詩》之作必有其事，采者、藏者、賦者
本其情，探其志，以爲之辭，若魯太史克、楚史猗相子革是也。斯其未
刪時也。既刪，子夏以教西河之上，門人授業傳至後世，專門名家者
因其言，推其事，而箋傳，大小《序》作焉。若毛公、韓太傅嬰、衛宏又
其始也。《詩》六義，此《詩》於六何當？其殆風、頌、賦乎？《豳風》爲酒
介壽，《魯頌》頌魯侯以及其親，"如松柏之茂"，又直陳其事者也。上
壽一百二十，厚禄萬石。今兹翁七十，文卿五品，三弟仕未貴顯，然而
固未可以爲誚也。詩之序之者何？期翁與文卿及三弟也。翁，善人，

能迪子；文卿，良子，爲賢侯，篤師不廢學，用能養親揚名。予聞善人大所開，學禄在中，則翁壽叵上，文卿、二弟禄皆叵厚也。詩之序之叵也，非詡也。詩既著於篇爲一卷，士大夫爲詩者曰："永康胡長孺汲仲文宜爲序。"會有故，授筆弟子寧海舒叔獻、吳興張復亨，使書其辭以爲詩序。三月辛亥哉生魄序。

元鄧文原《郭公敏行録》收《壽老致政嘉議郭公序》

揚子雲有言："存則人，亡則書。"而近世胡汲仲又廣之曰："聖賢之道，由斯人而知之；後乎千古，亦將由斯文而知今之道。"夫上下千古，其人不相及矣，必於其書而知其道焉，則公之遺書何可以不傳也？淵圖重刻以嘉惠承學，不亦宜乎？抑豈不以學術之在一家一邦，不若公之天下也歟？此君子之用心也，伯衡既幸得見，少償素願。又重淵充承家學，無愧爲人後，忘其寡陋，識於篇末而翹翹望焉。

明蘇伯衡《蘇平仲集》卷十《書賢良王公遺書後》

胡汲仲先生長孺，號石塘，特立獨行，剛分有守。趙松雪嘗爲羅司徒奉鈔百錠，爲先生潤筆，請作乃父墓銘。先生怒曰："我豈爲宦官作墓銘邪？"是日，先生五絶糧，其子以情白，坐上諸客咸勸受之，先生却愈堅。觀此則一毫不苟取於人可知矣，故雖凍餒有所不顧也。先生《送蔡如愚歸東陽》詩有云："薄糜不繼襖不暖，謳吟猶是鐘球鳴。"語之曰："此余秘密藏中休糧方也。"

元陶宗儀《南村輟耕録》卷四

宋季年，群亡賴子相聚乘舟鈔掠海上。朱清、張瑄最爲雄長，陰部曲曹伍之，當時海濱沙民富家以爲苦，崇明鎮特甚。清嘗傭楊氏，夜殺楊氏，盜妻子貨財去。若捕急，輒引舟東行，三日夜得沙門島，又東北過高句麗水口，見文登、夷維諸山。又北見燕山與碣石。往來若風與鬼影，迹不可得。稍息則復來，亡慮十五六返。私念南北海道，此固徑，且不逢淺角識之。杭、吳、明、越、楊、楚，與幽、薊、萊、密、遼、鮮俱岸大海，固舟航可通。相傳胊山海門水中流積淮淤江沙，其長無際，浮海者以竿料淺深，此淺生角，故曰"料角"，明不可度越云。廷議兵方興，請事招懷，奏可。清、瑄即日來，以吏部侍郎左選七資最下一等授之，令部其徒屬爲防海民義隸提刑節制水軍。江南既內附，二人者從宰相入見，授金符千戶。時方輓漕東南供京師，運河隘淺不容，大舟不能百里，五十里輒爲堰潴水。又絕江、淮，遡泗水、呂梁、彭城，古稱險處。會通河未鑿，東阿、茌平道中車運三百里，轉輸艱而糜費重。二人者建言海漕事，試之良便，至元十九年也，上方注意嚮之。初，年不過百萬石，後乃至三百萬石。二人者，父子致位宰相，弟侄甥婿皆大官，田園宅館遍天下，庫藏倉庾相望。巨艘大船，帆交蕃夷中，輿騎塞隘門巷，左右僕從皆佩於菟金符，爲萬戶千戶，累爵積貨，氣意自得。二人者既滿盈，父子同時夷戮殆盡，没貲產縣官，黨與家破禁錮。大德六年冬也。見胡石塘先生所撰《何長者傳》。

元陶宗儀《南村輟耕録》卷五

吾子行先生衍，太末人。大父爲宋太學諸生，因家錢唐。先性曠放，高世不仕之節。其所厭棄者，或請謁，從樓上遙謂曰："吾出有間矣。"顧彈琴，吹洞簫，撫弄如意不輟。求室委巷，教小學常數十人，與客對笑談喧，樓上下群童一是肅安。其所著述有《尚書要略》、《聽玄集》、《造玄集》、《九歌譜》、《十二月樂譜辭》、《重正卦氣》、《楚史檮杌》、《晉文春秋》，兼通聲音律呂之學，工篆書。初，先生年四十未娶，所知宛丘趙君天錫，爲買酒家孤女爲妾。年饑，女嘗事人，後夫知妻在先生所，訟之。因逮妾父母，父母至，客先生家，又僞楮幣事覺。因言舍主人先生，固弗知因。邏捽辱先生，南出數百步，録事張君景亮識先生，叱邏曰："是不知情，攝之何爲。"即解縱遣歸。先生不勝慚，明日持玄絛緇笠詣仇山村先生別。值晨出，因留詩一章，詩"西泠橋外斷橋邊"之句，意將從靈均於斯。明日有得遺履於橋上者，後衛大隱以六壬筮之，得亥子丑順流象曰："是其骨朽淵泥九十日矣。"西湖多寶院僧可權從先生學，聞先生之死，哭甚哀。乃葬先生遺文於後山，與其師骨塔相對。曰："皆吾師。"仍乞銘於胡石塘先生，庶幾先生有後世名，銘曰："生弗瀆，死弗辱，貞哉白。"余習篆畫，極愛先生翰墨。得一紙半幅，如獲至珍，以故於書法頗有助。偶與鄭遂昌先生談先生之始末，就識之。"竹房"、"竹素"、"貞白"，皆先生號也。

元陶宗儀《南村輟耕錄》卷六

余幼時嘗見胡石塘先生《玄寶傳》，今不能記其全篇。有人出永嘉高則誠明《烏寶傳》相示，雖曰以文爲戲，要亦有關於世教。傳曰：烏寶者，其先出於會稽楮氏。世尚儒，務詞藻，然皆不甚顯。至寶厭祖父業，變姓名從墨氏遊，盡得其通神之術，由是知名。寶之先有錢氏者，亦以通神術顯，迨寶出而錢氏遂微。然其術亦頗相類，故不知者猶以爲錢云。寶輕薄柔默，外若方正，內實垢污。善隨時舒卷，常自得聖人一貫之道，故無入而不自得，流俗多惑之。凡有謀於寶，小大輕重，多寡精粗，無不曲隨人所求，自公卿以下莫不敬愛。其子姓蕃衍，散處郡國者，皆官給廬舍，而加守護焉。其有老死者，則官爲聚其屍而焚之，蓋知墨之末俗也。寶之所在，人爭迎取，邀致苟得至其家，則老稚婢隸無不忻悦。且重肩邃宇，敬事保愛，惟恐其它適也。然素趨勢利，其富室執人，每屈輒往，雖終身服役弗厭；其寠人貧岷，有傾心願見，終不肯一往。尤不喜儒，雖有轉相與往來者，亦終不能久留也。蓋儒墨之素不相合若此。寶好逸惡勞，愛儉素，疾華侈，常客於弘農田氏。田氏朴且嗇，寶竭誠與交。田氏没，其子好奢靡，日以聲色宴遊爲事，寶甚厭之。鄰有商氏者，亦若田氏父之爲也，遂挈其族往依焉。蓋墨之道，貴清净也故然。其爲人多詐，反覆不常。凡達宮執人，無不願交，而率皆不利敗事。故其廉外自持者，率不與寶交。自寶之術行，挾詐者往往僞爲寶術以售於時，後皆敗死，故寶之術益尊。是時崑崙抱璞公、南海玄珠子、永昌從革生皆能濟人，與世俯仰，曲隨人意。而三人者，亦願與寶交。苟得寶一往，則三人亦無不可致，故時譽咸歸於寶焉。寶族雖夥，然其狀貌技術亦頗相似，知與不知咸謂之"烏寶"云。論曰：烏氏見於《春秋》、《世本》、《姓苑》，若存餘技、烏獲皆爲顯仕。至唐，承恩重胤始盛，迨寶而益著。寶裔本楮而自謂烏氏，則變詐亦可知矣。寶之學雖出於墨，而其害道傷化尤甚，雖孟軻氏復生不能闢也。然使寶生於唐虞三代時，其術未必若是顯。然則寶之得行其志者，亦其時有以使之。嗚呼！豈獨寶之罪哉！

元陶宗儀《南村輟耕録》卷十三

胡石塘先生嘗應聘入京，世皇召見於便殿。趨進張皇，不覺笠子欹側。上問曰："秀才何學？"對曰："修身、齊家、治國、平天下之學。"上笑曰："自家一笠尚不端正，又能平天下耶？"然憐其貧，特授揚州路儒學教授。吁！以先生之學行，而不見遇於明君，是果命矣夫！

元陶宗儀《南村輟耕録》卷二十

右墓銘一通，永康胡先生所撰也。先生寓居杭城而先伯父溧水州判官往求此銘，其言府君醫術治行詳矣，然尚有未備者。府君没後十二年，廉始生。雖不逮事府君，及長，而先君子裕軒翁常訓廉以府君之德曰："府君受學於父沛郡伯，郡伯則後徐文清公僑以上沂徽國文公之學者也。府君資禀既高，又自幼涵濡家訓，故其執德制行遠過於人。其學雖不及大施於政，而仁厚之心藹然發見，常不可遏。自至元丙戌以來，歷尹定海、仙居二縣，同知黃巖、浮梁二州事。之官，家之田穀貯不敢用，俟秩滿歸，輒盡散之族人，而自糶以給食。族之貧乏者，周之不遺餘力，且曰：'吾受禄於官，祖宗之澤也。祖産所入，又當兼得乎？祖宗之視其子孫一也，彼不足而我有餘，以有餘而坐視其不足，祖宗其謂我何，且於我安乎?'其在官，獄囚有疾，必治善藥親臨飲之，戒其吏卒曰：'民陷於罪，長民者所宜哀矜，又使苦於疾，吾何忍？汝等善視之，亦自樹隱德也。'其在家，儲藥於室，扁曰'存恕'，以示及人之意。鄉里以疾告，必自爲治藥，又自視烹之，又自視飲之曰：'藥雖善矣，烹之不如法，弗驗也；飲之不以其時，亦弗驗也。疾者之望療如望拯溺，故吾不敢以任人嘗烹藥於器。'携一童晨往病家，馬驚墜於水，霜天甚寒，起立無慍色，亟索衣易之，上馬復往。時已老矣，其急於濟人如此。即此一二事觀之，府君之存心，其仁厚爲何如哉！府君歿時，吾年纔十有七，故其所見止此，汝其識之!"廉常思府君以仁厚爲政，而盤桓州縣垂三十年，其惠愛於民可勝計乎！惜其事遠不傳，無所考也。因讀胡先生所作墓銘，謹記先君子之遺訓於後，以補其不備，以見府君之小試於政治者，亦非此文所能盡，思繼先德者，當自其存心求之爾。

翰林院編修孫廉拜手重書。

義烏《赤岸朱氏宗譜》引明朱廉

《〈遜山先生墓誌銘〉書後》

徽竊聞先生嘗以文師承於金華石塘胡公、四明剡源戴公，此二公學群聖賢之道者也。其所以授於先生，泊先生所自得，有蘇、曾諸氏之文，而不失程、朱數賢之道。道未必不寓乎文，文未嘗不載夫道。文與道則一，而子遊之所以爲學者，亦在其中矣。奚必果僑於吳，而後有所得也哉！

明錢穀《吳都文粹續集》補遺卷下

雜文謝徽《僑吳集序》

右《靈隱寺碑》一卷，金華石塘胡先生撰，吳興趙文敏公書。夫藝者，士之末耳。然非其中有絶人者，則其緒餘亦不足以超出乎一時，而取重於後世。吳興公風流篤厚，庶幾西周《麟趾》之風，非特末世之佳公子而已。而石塘在元，清修苦節，最爲諸君子所推服。余嘗聞諸其邑人，有富人欲誌其父墓者，素聞先生名，漕粟三百石以請。先生以其人品非雅馴，笑謝曰：“吾弗能諛墓中朽骨以取貨也。”士論亦以是多之，則其所立固有過人者。況其文章簡而不刻，無季世苦窳之氣。而吳興用筆之妙，直與李北海相上下，蘇靈芝、張從申之流不論也。則文墨之藝，又曷可少耶？顧世之無得於内，而徒區區以盡力於外者，不足以語此也。廖生永年，葆愛此卷不啻拱璧，求余識之，故爲書此。公諱申，任太常寺少卿。

明練子寧《中丞集》卷下《識廖
永年所藏靈隱寺碑册葉》

天地間至堅固者莫如金玉木石，脆薄者莫如簡筆縑紙。礱石攻木，範金坏土，以成室。其成也難，其傳也宜其可久。操筆書紙，率然而成，文非假金石以刻之，宜其易毀滅也。然而世之爲堅固之具者，常托其傳於易毀之物，則豈不以其所托之人爲足恃耶？錢唐佛寺最鉅麗者，曰“靈隱”。當元皇慶壬子嘗改而新作之，距今洪武癸酉，僅越八十二春秋。求其一榱一瓦，皆已毀燎無遺，而金華石塘胡公及吳興趙文敏公所撰而書之文，述寺之創始與其山水之勝，棟宇之麗。僅盈尺之紙耳，誦而觀之，當時之事猶儼乎如在。則夫天下之可恃以永久者，果安屬哉？亦可以慨然而有感矣！石塘在元，位最不顯，而行最篤、文最奇。趙公名重宦高，每得其文，必欣然爲之書。於是又可見苟有足恃，固不以外物爲重輕。而二公之過乎人，必有出乎文辭翰墨之外者。而世之尊二公者，方拘拘然求之於此，而不知求之於彼，不亦重可感夫！翰林修撰練君子寧以此卷示余，子寧多學而甚文，必以余言爲然。

明方孝孺《遜志齋集》卷十八《題靈隱寺碑後》

此《玉枕蘭亭》唐人臨本，係臨江新刻。晉人之風度，居然可見。世傳《蘭亭》在辨才處，唐太宗令蕭翼以百計得之，而近代高公似孫、胡公石塘咸辨其誣。然自昭陵既出，《定武石刻》爲世所重，宋理宗周漢公主下嫁，以爲第四奩。後趙子固得之，嘗中流失船，諸物不問，獨喜《蘭亭》無恙。古人之寶法書者如是，若此刻者可不愛重矣哉！

明鄭真《滎陽外史集》卷四十《跋〈玉枕蘭亭〉》

（武宗皇帝至大元年）三月戊寅……以胡長孺爲寧海縣主簿。_{長孺博通經史儒律。宋季，倅福寧州。國亡，歸金華永康山中。世祖時，用有司舉召見，以爲集賢修撰，與時相議不合，改教授揚州。元貞初，攝建昌録事，時程文海方貴顯，其家勢凌鄉里，人莫敢呵問。樹外門侵官道，長孺命亟撤之，至是調主寧海簿。長孺爲人光明宏偉，得葉味道之傳，於學涵養主敬，默存静觀，超然自得，慨然以斯道自任。一時學者皆慕之。與從兄之綱、之紀齊名，人稱爲"三胡"云。}

明胡粹中《元史續編》卷七

若夫治邑之大夫，其有惠政及民，如陳長官、胡汲仲亦不可使其遺事日就亡失，今爲立《良吏篇》以處之。凡名姓稱於吏民之口者，皆得附見焉。然宋數百年，歷賢令丞多矣，世絕無所傳聞，往時紀土風者俱棄而不録，今亦無所徵而爲之立傳。使其人皆若洪忠宣者，由是而興，處顯位立名績於天下，固不待此而傳。若不幸官僅止此，疲其心思智力，蘄一聞於來世，而又不可得，豈非可恨哉！

明方孝孺《遜志齋集》卷九《與王修德》

胡長孺，字汲仲，永康人。曾祖槀，欽州司法參軍，脱略豪雋，輕貲急施，人以"鄭莊"稱之。祖巖起，嘉定甲戌進士，知福州閩縣事，尋遷江西幕府，平贛州之難，全活數十萬人。父居仁，淳祐丁未進士，知台州軍州事，文辭政事有稱於時。長孺性聰敏，九經諸史，下逮百家，靡不通貫。咸淳中，銓試第一，授迪功郎、監重慶府酒務，俄兼湖廣軍馬錢糧所僉廳，與高彭等號“南中八士”。後轉福寧州倅，會宋亡，歸隱。至元中，應求賢詔，擢集賢修撰。再轉建昌，攝録事。程文海方貴顯，其外門侵官道，長孺命撤之。至大元年，轉台州寧海縣主簿。尋遷兩浙都轉運鹽使司長山鹽場鹽司丞，謝病，隱杭之虎林山。晚得喘疾，正衣冠坐逝。所著有《瓦缶編》、《南昌集》、《顔樂齋稿》。從兄之綱、之純皆以文學馳名。之綱，字仍仲，嘗被薦書，其聲音字畫之説，自言獨造其妙。之純，字穆仲，咸淳甲戌進士，文尤明潔。人稱爲“三胡”云。

贊曰：史稱長孺師餘學古，上承朱熹之學，淵源既正，涵養自得。故其爲人光明俊偉，專務明本心之學，以誘引後學。爲辭章有精魄而發爲功業。其後鄉闈取士，屢司文衡，貴實賤華，文風爲之一變。而其祖父皆以文名，何胡氏之多賢也哉！

明鄭柏《金華賢達傳》卷十

曾祖疇，修德樂善，所交多名賢。石塘胡先生嘗賦其所居延桂樓，趙文敏公嘗記其所創太清宮、白雲庵，而皆文敏所書云。

明楊士奇《東里集》續集卷三十八《洪斌夫墓誌銘》

曰學而至化，固難得也。且言牆塹，誰能出焉？曰能出者，大儒也。未造此地者，恬然受其瞞昧而不知，爭能出也。曰曾有能出者乎？曰有。簡而言之，若屏山李公、石塘胡公、樂軒陳公、希逸林公、西山真公、海粟馮公、松雪趙公、須溪劉公、德機范公、曼石揭公、邵庵虞公、仲弘楊公、太僕危公、天錫薩公、兼善達公、潛卿黃公、廉夫楊公、季迪高公、歐陽玄公、斯道烏公、仲舉張公、景濂宋公、叔能戴公、伯溫周公、伯昂葉公、大章徐公、達善王公、君羽錢公、介山王公、性學李公、廣孝姚公、節庵高公、儀之王公、子啓曾公等是也。

明釋景隆《尚直編》卷上

長孺,字汲仲,號石塘,永康人。主寧海簿,晚寓武林,坐逝。嘗構齋曰"顏樂",與趙孟頫、韓明善、段吉甫、郭斯道諸公,論道齋中。汲仲嘗著《大同論》,有曰:"孟子没一千四百年,道潛統絕。子周子出,然後潛者復光,絕者復續。河南程氏二子得周子之傳,周子之傳出於北固竹林寺壽涯禪師。程子四傳而得朱氏文公,文公後得張欽夫講究此道,方覺脫然處。曰:前日所聞於竹林而未之契者,皆不我欺矣。元來此事與禪學十分相似,學不知禪,禪不知學,互相排擊,都不曾劄着病處,亦可笑也。"大同論。

明釋心泰《佛法金湯編》卷十六《胡長孺傳》

胡長孺,巖起孫。爲人光明宏偉,博學多文。海内購其辭章者如獲拱璧,非其人,雖一金易一字,毅然不與。仕至兩浙鹽運使,所著有《瓦缶編》《顏樂齋稿》等集。從兄之綱、之純皆以經術文學名,人稱爲"三胡"云。

明李賢《明一統志》卷四十二

元胡長孺,寧海主簿。浙東大侵,宣慰司議行振荒之令,斂富人錢給之,同知脫歡察以餘錢屬長孺藏去。長孺察其有乾没意,悉散於民。後脫歡察雖怒不敢問。

明李賢《明一統志》卷四十七

胡長孺,字汲仲,婺州永康人。少博學,九經諸史,下逮百氏,無不淹貫。宋咸淳中,以蔭入官,監重慶府酒税。至元初,以知者薦入翰林,爲修撰。出爲揚州教授,遷建昌録事,台州寧海簿。長孺本儒者,所至輒有神明之政。階將仕郎、長山場司鹽丞,以疾辭歸,寓武林城中。長孺爲人光明宏偉,明於本心之學,慨然以孟軻自許,誘引後學不倦。其文章有金舂玉撞之音,海内購求無虛日。鄉闈取士,屢司文衡,貴實賤華,文風爲之丕變。年七十五,一夕正衣冠危坐而逝。

所著書甚多,有《石塘文稿》五十卷行於世。洪武初,祀於杭學鄉賢祠。

明陳讓修,夏時正纂《(成化)杭州府志》卷四十三

胡汲仲先生_{長孺},號石塘。特立獨行,剛介有守。趙松雪嘗爲羅司徒奉鈔百定,爲潤筆,請作乃父墓銘。先生怒曰:"我豈爲近官作墓銘耶?"是日,先生正絕糧,其子以情白,坐上諸客咸勸受之,先生却愈堅。惟平生不苟取於人,故寧凍餒有所不顧。先生《送蔡如愚歸東陽》詩有云:"薄糜不繼襖不暖,謳吟猶是鐘球鳴。"語之曰:"此余秘密藏中休糧方也。"

明陳讓修,夏時正纂《(成化)杭州府志》卷五十九

范天錫,字壽朋,汉口人。府教一尚之子,可起震之孫。邃軒歧術,爲郡醫學提領,與永康胡長孺諸名公遊。

明程敏政纂修,歐陽旦增修《(弘治)休寧志》卷十八

陳長官祠,在大成殿西。祀吳越時陳長官,元主簿胡長孺建。以羅適、洪皓皆邑之先哲名宦,並祀於此。成化中,縣令張弘宜又增祀葉西澗、方正學二公,而並新其祠。

明陳相修,謝鐸纂《(弘治)赤城新志》卷二十

鄉賢祠,_{戟門東,爲屋三楹}。宋寶祐四年知縣方夢玉建。祀樓炤、林大中、陳亮。國朝成化間重建。_{增祀胡則、徐無黨、胡長孺。正德初,增祀應孟明。十五年,增祀吳思齊、吕皓。}

明吳宣濟修,陳泗纂《(正德)永康縣志》卷二

胡長孺,字汲仲。性剛毅,博學多文,海内購其詞,如獲拱璧。非其人,雖一金易一字,不與。咸淳中,銓試第一,授迪功郎,與高彭等

133

號"南中八士"。後轉福寧州倅,會宋亡,歸隱。至元中,應求賢詔,擢集賢修撰,再轉建昌,攝録事。程文海方貴顯,其外門侵官道,命撤之。至大元年,轉台州寧海主簿。其教士也,必曰嚴恭寅畏;其教民也,必曰孝弟忠信。尋遷兩浙都轉運鹽使司長,謝病,隱杭之虎林山。晚得喘疾,正衣冠而逝。所著有《瓦缶編》、《南昌集》、《顏樂齋稿》、《文鈔》等書。從兄之綱、之純,皆以文學名,人稱之曰"三胡"。○東陽胡翰云:"吾鄉以學術稱者,在至元中,則金公吉甫、胡公汲仲爲之倡。"又云:"汲仲好施與而慎許可,風烈激於當世,學者尊而仰之。"○汲仲官甚卑,而行甚高,識者以爲確論。

明吴宣濟修,陳泗纂《(正德)永康縣志》卷六

石塘先生胡長孺故居:龍山。

明吴宣濟修,陳泗纂《(正德)永康縣志》卷七

《瓦缶編》、《南昌集》、《顏樂齋稿》、《文鈔》,俱胡長孺著。

明吴宣濟修,陳泗纂《(正德)永康縣志》卷七

永康爲婺壯邑,素號多材。若陳同甫、胡汲仲諸賢,皆業聖道而有所得者。吾徒遊焉,息焉,而日孜孜焉。其亦講明體,驗知之必,求其精;行之必,求其至乎否也。苟徒漫衍華縛,以階利禄,不無負於聖學、負於諸賢哉? 爾諸生以爲何如?

明胡楷修,陳泗纂《(嘉靖)永康縣志》卷二鄺蕃《文廟記》

有百世之人,有一世之人,有一郡一邑之人。才節著於當時,文學傳於來世,卓爾不群,不必稽諸國史,而迄今聞其名、誦其言者,想見其人,此可以爲百世之人矣,陳文毅公是也。謨猷足以致主,惠澤足以及民,雖越世之下,而言行功德之著於信史者,弗可泯也,此可以

爲一世之人矣，林正惠、樓襄靖諸公是也。諸如胡汲仲之文學，其去吳全歸遠甚，下此固未敢概論，要其砥節礪行，不同流俗，亦不失爲一郡一邑之人也。夫百世之人，與一世之人，國史載之矣。一郡一邑之人，捨郡邑之志而弗録，將誰與録乎？第舊志以兩字標定品目，今但據世代先後，叙爲列傳，略以名賢、士行、耆壽、民德，第之以女貞附焉。且夫驪黄、牝牡，善相馬者猶將得諸形色之外，而欲以兩字品目鑒定人物，不亦拘乎？

明胡楷修，陳泗纂《（嘉靖）永康縣志》卷二《人物篇》

達公字承明。容貌偉然，把筆爲詩文，有不凡語，石塘公愛之。每以講明義理、真知實踐爲事，不習爲舉子業。及長，疏整奮勵，不依阿善惡事。孝天神，獻魚居鄉善神逐虎，舍己之金救人，得人之金不取。咸淳中，舉明經，自號"東華居士"。

《可投胡氏宗譜》引《胡達傳》

道德一條，題目最大，非純乎聖賢之學者，不足以當之。如吕東萊，及何、王、金、許四先生者，固無庸議；其次則徐毅齋僑、楊船山與立、葉通齋由庚三先生，可以亞之；若更入他人，則似乎泛濫而不純矣。至於范浚、潘墀、時瀾、應鏞、邵困、吳師道，雖深於經學，皆有著述，然道德恐有所未及。蓋亦漢儒之類，恐當以儒林目之。王炎澤、石一鰲、戚仲咸、吕浦，則又其下者也。此外，傅寅、馬之純、孫道子、胡長孺、柳貫、黄溍、張樞、胡助、陳樵、宋濂，皆不過文章之士，恐當以文學目之。如此分別，庶幾游夏文學不混於顏閔之科，使後人無得而議焉。不知尊見以爲何如？幸有以見教。

明章懋《楓山集》卷二《與韓知府燾》

揚子雲有言：存則人，亡則書。而近世胡汲仲又廣之曰："千古聖賢之道，由斯文而知之；後乎千古，亦將由斯文而知今之道。"夫上下千古，其人不相及矣，必於其書而知其道焉，則公之遺書何可以不傳也。淵圖重刻以嘉惠承學，不亦宜乎？

明王朝佐《東嘉録》卷一《先達》

六藝百氏之言，子上無不學，而以求道爲急。凡詩文未嘗苟作，要其歸，不當於理者蓋鮮矣。自爲舉子時，其所作已爲流輩推重。金華胡汲仲先生以古學名，嘗傲視一世人，於文章靳許可，獨敬愛子上，而稱之曰能其擢進士也。朝之名公鉅人，若翰林歐公、太常張公、禮部貢公、御史吳公、助教程公，僉謂子上之文宜用之朝廷，施之典册，相與論薦之。

明王朝佐《東嘉録》卷十七《忠臣》

右東萊先生《送張孟遠序稿》一通，舊藏於孟遠外孫潘日敏氏。元季，金華諸名士如胡汲仲、柳道傳、吳正傳皆有題識，知爲先生手筆無疑。但紙墨磨滅，前一行已不可句。每行下一字皆橫截以去，以意屬讀，僅可成篇。而汲仲乃稱孟遠爲孟陽，不知何據？按，孟遠名傑，於義爲近，意者有別字邪？抑其誤也。其前有朱宻者，自稱爲宋遺民，幸生於三四十年之前，得以講明諸老之學。因嘆後生者，視咸淳又隔一宇宙，且與日敏所識皆不書年號，而書甲申，元世祖二十一年也。是時，宋既改物，宿儒故老猶有感於文軌之遷革，衣冠之塗炭，而不忍自附於膚敏裸將之列。先生之遺風善俗，於此尚未泯也。及其既久，而並此失之，乃徒以前朝故物相夸耀，何哉！艾都憲德潤所藏古書畫甚富，近得此帖，獨寶重之，間以視予。予於此亦有感焉，若先生之文章道德，天下後世所共知，兹不敢贅也。

明李東陽《懷麓堂集》卷七十四《書東萊先生手稿後》

胡汲仲曰：孟子没千五百餘年，道潛統絶。周子出，然後潛者復光，絕者復續。程氏二子得周子之傳，周子之傳出於北固竹林寺壽涯禪師，而爲首倡。程子四傳而得朱文公，文公復得張敬夫講究此道，方得脫然處。乃云：前日所聞竹林遺語未之契者，皆不我欺。元來此事與禪學十分相似，學不知禪，禪不知學，互相排擊，都不曾劄着病處，亦可笑也。胡氏《大同論》。

明祝允明《祝子罪知録》卷七

宋宰相王淮，字季海；本朝黃閣老淮，字宗豫，皆温州人。元大德間，有王淮，字玉淵，博學美容儀，嘗受業於石塘胡先生。大德間授瀏陽州教授，歷松江路判官，處州人。

明陸深《儼山外集》卷二十八

元大德十一年，杭州大饑。官設粥仙林寺中，饑民殍死，不爲衰止。何長者敬德，以施民振乏爲事，乃請杭好善而有財智者五七人，即菩提寺作粥。夜鬻，置大甕中。明旦，饑民以至先後，列堂廡下，或溢出門外道上。相向坐，虛其前，以行粥。用二人舁，一人執杓，以注器中。食已，以次去。日鬻米七八石，至十石。始六月，至八月，凡七十日，饑民無死者。石塘胡先生長孺云："往歲湖州作糜食饑人，糜脫釜猶沸湧器中。人急得食，食已，輒仆死百步間。"長者夜作粥，貯大甕中，蓋懲湖州事也。有意哉！

明姜南《蓉塘詩話》卷十二《作粥救饑》

胡長孺，字汲仲，金華人，號石塘。官至寧海縣主簿。書師鍾元常，得其骨力。小楷《臨力命表》、《宣行表》、《憂虞帖》。

明豐坊《書訣》

昔人傳《筆訣》云"雙鈎、懸腕、讓左、側右、虛掌"，實指意前筆後；

137

論書勢云"如屋漏痕，如壁坼，如錐畫沙，如印印泥，如折釵股"，自鍾王以來知此秘者⋯⋯元則胡汲仲、趙子昂、仲穆、巙子山、宣柏綱、薛宗海、仇仁近、黃晉卿、傅汝礪、俞伯貞、曹世長、陳叔夏、饒介之、揭曼碩、陳象賢、葉敬常、吳主一、龍子高。本朝唯宋景濂、仲珩、楊孟載、王叔明、端木孝思、陶晉生、陳文東、曾子啓、先曾祖通奉府君、謝原功、陳繼善、袁德驤、李貞伯、陸子淵、文徵仲、祝希哲數公而已。雖所就不一，要之皆有師法，非孟浪者。古語云："取法乎上，僅得乎中；取法乎中，斯爲下矣。"

明豐坊《書訣》

胡長孺，字汲仲，永康人。宋知台州居仁子也。長孺性聰敏，九經諸史，下逮百家，靡不貫通。咸淳中，以任子入官，銓試第一，授迪功郎、監重慶府酒務，兼總領湖廣軍馬錢糧所僉廳，與高彭等號"南中八士"。後轉福寧州倅，會宋亡，歸隱。至元中，應求賢詔，擢集英殿修撰。因忤執政，改教授揚州。秩滿，遷建昌，橄攝錄事。時程文海方貴顯，其外門侵官道，亟撤而正之。轉台州路寧海縣主簿，其政善發摘奸伏，人稱神明。縣有銅巖，惡少狙伺其間，出鈔道，爲過客患。長孺僞衣商人服，令蒼頭負貨以從，陰戒驍卒十人躡其後。長孺至，巖中人出要之，長孺方遜辭謝，驍卒俄集，悉擒伏法。永嘉民有弟質珠步搖於兄者，兄妻愛之，紿以亡於盜。屢訟不獲，往告長孺，長孺曰："爾非吾民也。"斥去之。未幾，治盜，潛令盜誣其兄受步搖爲贓，逮問不伏，長孺呵曰："汝家信有是，何謂誣耶？"兄倉皇曰："有固有之，乃弟所質者。"趨持至，驗之，呼其弟示曰："得非爾家物乎？"弟曰："是矣。"遂歸焉。其他類此者甚多。浙東大祲，民死者相枕。宣慰同知脫歡察斂民錢一百五十萬賑之，至縣，以餘錢二十五萬屬長孺藏去，長孺覺其有乾没意，悉以散於民。閱月再至，索其錢，長孺抱成案進曰："錢在是矣。"脫歡察怒曰："汝膽如山耶？何所受命，而無忌若此?"長孺曰："民一日不食，將有死者，誠不及以聞，然官書具在，可徵也。"脫歡察默然而去。尋遷長山場鹽司丞，謝病歸，隱杭之虎林山。晚得喘疾，一日具酒食，與比鄰別，云"將返故鄉"，門人有識其意者，問曰："先生精神不衰，何爲遽欲觀化乎?"答曰："精神與死生，初無相涉也。"就寢，至夜半，喘忽止，子駒排户視之，則正衣冠坐逝矣。年七十五。長孺師青田余學古，學古師同邑王夢松，夢松師龍泉葉味道，則朱文公高第弟子也。淵源既正，涵養自得。故其爲人光明俊偉，專務發明本心之學，慨然以孟子自許。惟恐其道之失傳，晚年更慕陸九淵爲人，每取其"宇宙即吾心"之言，諄諄爲學者道之。爲文章有精魄，金春玉撞，一發其和平之音，海內購其天文者，如獲拱璧。鄉闈取士，屢司文衡，賤華貴實，士習爲之一變。在至元中，與金履祥並以學術爲郡人倡，其風流激於當世，學者尊而仰之。所著有《瓦缶編》《南昌集》《顏樂齋稿》，總之爲名《石塘文集》若干卷。其從兄之綱，字仍仲，嘗被薦書，其於聲音字畫之學，自謂獨造其妙；之純，字穆仲，咸淳甲戌進士，踐履如古獨行者，其文尤明潔可誦，人稱爲"三胡"云。用《宋潛溪文集》修。

明應廷育《金華先民傳》卷二

鄉賢祠：在儀門外。舊祀嚴子陵以下一十六人，皇明洪武中教授徐一夔增祀六人：漢處士富春嚴光、晉臨海太守錢唐范平、晉中尉錢唐褚陶、晉處士富春孫晷、齊處士鹽官顧歡、梁參軍錢唐褚修、梁處士錢唐范琰、唐右僕射錢唐褚遂良、唐禮部尚書鹽官褚無量、唐大都督鹽官許遠、唐諫議大夫給事中新城羅隱、宋侍中臨安錢惟演、宋和靖先生錢唐林逋、宋知制誥寓富陽謝絳本陳郡人、宋諫院臨安錢彥遠、宋八行先生仁和崔貢、宋府學教授錢唐吳師仁、宋贈太師鹽官張九成、宋工部侍郎臨安滕茂實、宋端明殿學士於潛洪咨夔、宋吏部侍郎臨安俞烈、宋知處州事昌化章樵、宋刑部尚書餘杭趙汝談、宋刑部侍郎寓鹽官楊由義本汴人、宋將作監丞富陽李鞅、宋右丞相富陽李宗勉、宋處士寓錢唐謝翶本閩人、宋處士富陽朱清、元尚書右丞富陽葉李、元石塘先生寓錢唐胡長孺本永康人、元湖南肅政廉訪使寓錢唐鄧文原本綿州人、元處士寓錢唐劉濩本莆田人、元處士錢唐劉汶、元江浙儒學副提舉錢唐白珽、元溧陽州儒學教授錢唐仇遠、元處士錢唐吾衍、元寧國路推官寓錢唐楊載本浦城人、皇明四川按察司僉事仁和王琦。

明田汝成《西湖遊覽志》卷十五

廣福廟：在鹽橋上。其神曰"蔣七郎崇仁"者，里人也。仗義樂施，仿常平法以家貲糴穀，賤糶以救貧者。其弟崇義、崇信亦承兄志，行之六七十年，規以爲常，里人德之。比卒，即其家立祠祀之，有禱輒應。咸淳初，京尹潛說友請於朝，賜廟額曰"廣福"，封崇仁"孚順侯"，崇義"孚惠侯"，崇信"孚佑侯"。淳熙間，京尹韓彥質將改作其祠，神忽憑老兵言願徙橋上，遂立廟焉。士女爭趨之，日擁隘橋東西十餘丈，至不得旋踵。兩街沽酒作粢餌，鬻象馬錢二三十家，供給不暇。至今父老言神異事甚多，而石塘胡長孺爲神作傳，述宋時劉宗申事獨著云：劉宗申者，暴戾士也。以縱橫說遊蜀、荊、江、淮間，客李曾伯。所怨曾伯子杓，誣以陰事，罪至死，曾伯納官以贖，猶除杓名。劉借七寶寺館焉，買妾置券，盛陳金銀器、飲食。妾父若牙儈夸示多藏，奴薛榮刺知藏所，夜懷刀入劉卧中，殺劉，擇取藏物逃去。捕急，臨安尹韓君矢侯曰："三日不獲榮，夷廟毀像。"榮卜往崇德利，韓君亦卜往崇德必見獲。已而往崇德，果獲榮。榮自言逃時，常仿佛見邏人從而後，以故不能去，其自疑若有攝者然也。胡長孺曰："前此四十四年，在虎林聞故老誦說趙忠惠公爲臨安尹，會城中見口日食文思院米三千石，民間又藉北關天宗水門米船入四千石，乃爲平糴倉二十八廠於鹽橋北，糴湖、秀、蘇、常州米，置碓房春治精善,歲六十萬石,輒取賤價糶與民。竟尹去十三年,米價不翔,民不食糒,惡駔儈不罹刑。今口籍除去乘來,與故時無懸殊,若牧守人效忠惠時規模,民亦效乎順侯昆季,饑歲尚使勿知,況平歲耶?"

明田汝成《西湖遊覽志》卷十六

胡長孺,字汲仲,婺州永康人。少博經史,下逮百氏。宋咸淳中,監重慶府酒稅。至元初,以知者薦入翰林修撰,出爲揚州教授,遷建昌錄事、台州寧海簿。所至輒有異政,以疾辭歸,寓武林城中。長孺爲人光朗宏偉,明於心學,慨然以孟軻自許。其文章有金春玉撞之音,海内購求無虛日。鄉閨取士,屢司文衡,貴實賤華,文風丕變。趙子昂嘗爲羅司徒奉鈔百錠爲潤筆,請作乃父墓銘。汲仲怒曰:"我豈爲近官作墓銘耶?"是日,汲仲絕糧,其子以情白,坐上諸客咸勸受之,汲仲却愈堅。惟平生不苟取於人,故寧凍餒有所不顧。汲仲《送蔡如愚歸東陽》詩有云:"薄糜不繼襖不暖,謳吟猶是鐘球鳴。"語之曰:"此余秘密藏中休糧方也。"年七十五,一夕正衣冠危坐而逝。所著有《石塘稿》五十卷。洪武初,祀於杭學鄉賢祠。楊仲弘贈汲仲詩云:"先生惟達道,久矣樂山林。致聘無雙璧,爲生過十金。身閑雲出岫,髮短雪盈簪。遁世猶吾志,同盟欲自今。"[1]

明田汝成《西湖遊覽志餘》卷八

胡長孺,至大初爲寧海主簿。浙東大侵,宣慰司同知脱歡察議行勸貸之令,斂富人錢百五十餘萬,以其半屬長孺藏之。長孺察其有乾没意,悉散於民,脱歡察雖怒不敢問。

明胡宗憲修,薛應旂纂《(嘉靖)浙江通志》卷三十三

---

[1] 按:此贈胡汲古詩,非汲仲。

胡長孺，字汲仲，婺人。博學而貧，耿介自命，趙文敏極重之 仕不顯，以長山鹽司丞卒。戴表元，字帥初，慶元人。以文行稱，爲信州教授歸，兩用翰林修撰、集賢博士，召不起。二君不忝文學隱逸者流，所題皆范文正《伯夷頌》，詩語平平，正得伯平而已。

明王世貞《弇州山人四部續稿》
卷一百六十二《元名人墨迹》

他如胡長孺、袁清容、饒介之、張貞居、王叔明，不無一二佳者，要亦偶然之合耳。

明王世貞《弇州四部稿》卷一百三十四

胡汲仲謂趙子昂："上下五百年，縱橫一萬里，舉無此書。"趙子固目姜堯章爲書家申韓。

明李贄《初潭集》卷十四《師友》四

趙抃知越州，兩浙旱蝗，米價湧貴，諸州皆禁增價。公榜衢路：有米者任增價糶之。於是商賈輻輳，米價更減，民無飢死者。胡汲仲在寧海日，偶出行，有群嫗聚庵誦經，一嫗失其衣，告訴於前。汲仲命以牟麥置群嫗掌中，令合掌繞佛誦經如故。汲仲閉目端坐，且曰："吾令神督之，若是盜衣者行數周，麥當芽。"中一嫗屢開視其掌，遂命縛之，還所竊衣。

明李贄《初潭集》卷二十八《君臣》八

胡長孺，字汲仲，婺州永康人。唐季自天台來徙，宋南渡後以進士科發身者十人，持節分符，先後相望。曾祖槀，欽州司法參軍；祖巖起，嘉定甲戌進士，知福州閩縣事；父居仁，淳祐丁未進士，知台州軍事，皆以文辭政事絕出四方。至長孺，學益大振，九經諸史，下逮百氏，名墨縱橫，律令章程，無不包羅撰序。咸淳中，從外舅徐道隆入蜀，銓試第一名，授迪功郎、監重慶府酒務。俄用制置使朱禩孫之辟，兼總領湖廣軍馬錢糧，與高彭、李湜、梅應春等號“南中八士”。已而復拜福寧州倅，會宋亡，退棲永康山中。至元二十五年，詔下求賢，有司強起。至京，待詔集賢院。既而召見内殿，拜集賢修撰，與宰相議不合，改教授揚州。至大元年，轉台州路寧海縣主簿。延祐元年，轉兩浙鹽司丞，以病辭，不復仕，隱杭之虎林山以終。長孺初師青田余學古，學古師王夢松，夢松傳龍泉葉味道之學，味道則朱熹弟子也。淵源既正，益遊四方，訪求旨趣，始信涵養用敬爲最切。爲人光明宏偉，專務心學，慨然以孟子自許。唯恐斯道之失其傳，誘引不倦，一時學者慕之有如飢渴。方嶽大臣與郡二千石聘致庠序，敷繹經義，環聽者數百人。爲辭章有精魄，金春玉撞，一發其和平之音，海内來求者如購拱璧。碑版焜煌，照耀四裔，苟非其人，雖一金易一字，毅然不與。鄉闈取士，屢司文衡，貴實賤華，文風一變。晚寓武林，病喘。一旦與北鄰別去，將返故鄉。門人有識其微意者問曰：“先生精神不衰。何爲遽欲觀化乎？”長孺曰：“精神與死生初無相涉也。”夜半，正衣冠坐而逝，年七十五。所著書有《瓦缶編》、《南昌集》、《寧海漫鈔》、《顏樂齋稿》行於世。

明王圻《續文獻通考》卷二百五《道統考》

三胡：元胡長孺與兄之綱、之紀以文學名永康，稱“三胡”。

明王圻《續文獻通考》卷二百十三《氏族考》

胡長孺，字汲仲，永康人。宋知台州居仁子也。長孺性聰敏，九經諸史，下逮百氏，靡不貫通。咸淳中，以任子入官，銓試第一，授迪功郎，後轉福寧州倅。會宋亡，歸隱。至正中，應求賢詔，擢集賢修撰。因忤執政，改教授揚州。秩滿，遷建昌，檄攝錄事。時程文海方貴顯，其外門侵官道，亟撤而正之。轉台州寧海縣主簿，善發摘奸伏，人稱神明。浙東大祲,民死者相枕。宣慰同知脫歡察斂民錢一百五十萬賑之,至縣,以餘錢二十五萬屬長孺藏去。長孺覺其有乾没意,悉以散於民,民賴以濟。尋遷長山場鹽司丞,謝病,歸隱杭之虎林山,晚得疾卒。長孺師青田余學古,學古師同邑王夢松,夢松師龍泉葉味道,則朱文公高第弟子也。晚年慕陸九淵之爲人,每取其"宇宙即吾心"之言,諄諄以告學者。在至元中,與金履祥並以學術爲郡人倡,學者尊而仰之。所著有《石塘文集》若干卷。從兄之綱、之純,亦皆以文學名。之綱,字仍仲,嘗被薦書,於聲音字畫之學,自謂獨得其妙。之純,字穆仲,咸淳甲戌進士,踐履如古獨行者,其文尤明潔可誦,人稱爲"三胡"云。

明王懋德修,陸鳳儀纂《(萬曆)金華府志》卷十六

鄉賢祠,在文廟西,祀:宋胡則、徐無黨、樓炤、林大中、應孟明、陳亮、吕皓、徐木、吳思齊,元胡長孺,明謝忱、徐讚、李滄、應典、程文德、應廷育、程梓、程正誼、周勳、朱方、徐可期、徐學顔、周鳳歧、吕文燨。

明王懋德修,陸鳳儀纂《(萬曆)金華府志》卷二十三

胡汲仲在寧海日,有群嫗聚佛庵誦經。一嫗失其衣,適汲仲出行,訟於前。汲仲命以牟麥置群嫗掌中,令合掌繞佛誦經如故。汲仲閉目端坐,且曰:"吾令神督之,盜衣者行數周,麥當芽。"中一嫗屢開視其掌,遂命縛之,還所竊衣。

明焦竑《焦氏類林》卷三

胡汲仲謂趙子昂書:"上下五百年,從橫一萬里,舉無此書。"趙子固目姜堯章爲書家申韓。

明焦竑《焦氏類林》卷六

婺中黄柳、同輩吴立夫、胡長孺、戴九靈、王子充、宋潛溪諸子,皆以文章顯而詩亦工,當時不在諸方下,元末國初之才吾君盛矣!

明胡應麟《詩藪》外編六

胡長孺,字汲仲,婺州永康人。祖巖起、父居仁俱宋進士,俱以文學政事知名。至長孺,其學益大振,九經諸史,下逮百氏,無不包羅而揆序之。咸淳中,外舅徐道隆官荆湖、四川,長孺從之入蜀,銓試第一名,授迪功郎、監重慶酒務。與高彭、李湜、梅應春等號"南州八士"。歷福寧州倅,會宋亡,退棲永康山中。元世祖至元間,詔下求賢,有司強起。至京,拜集賢修撰,與宰相議不合,改教授揚州,移建昌,轉寧海主簿。延祐初,轉兩浙運鹽使司丞。未上,以病辭,隱杭之虎林山以終。長孺初師青田余學古,學古師邑人王夢松,夢松受學朱門葉味道。長孺淵源既正,復行遊四方,訪求其旨趣,益信涵養用敬爲最切,默存静觀超然自得。故其爲人光明宏偉,專務明本心之學,慨然以孟子自許。唯恐斯道之失其傳,誘引不倦,一時學者爭慕之。方嶽大臣與郡二千石聘致説經,環聽者數百人。嘗言:"人雖最靈,與物同體,初無二本,此學之大原。"聽者躍然興起。海内求其辭章,如購拱璧,非其人,雖一金易一字,不與。鄉闈取士,屢司文衡,文風一變。七十五卒。所著有《瓦缶編》、《南昌集》、《寧海漫鈔》、《顔樂齋稿》行世。其從兄之綱、之純俱有名,人稱之爲"三胡"云。《元史》入《儒學傳》。

明馮從吾《元儒考略》卷二

胡長孺,字汲仲,永康人。少博淹,至元初,薦入爲修撰。以疾辭歸,寓虎林山下。慨然以孟軻自許,誘引後學不倦。其文章頗爲時所知,屢典文衡。七十五卒。所著有《石塘文稿》五十卷行世。

明聶心湯纂修《(萬曆)錢塘縣志》之《紀獻》

　　胡長孺，浙江永康人。至元間，爲集賢修撰，與宰相議不合，調揚州教授。長孺爲人光明雄偉，慨然以孟子自許，唯恐斯道失傳，誘引不倦，一時學者慕之。方嶽大臣與郡二千石聘致庠序，敷繹經義，環聽者常數百人。

明楊洵修，徐鑾纂《（萬曆）揚州府志》卷九

　　胡長孺，字汲仲，永康人。潛心理學，直窺性之微，事至照如懸鏡，儀居不動，而以誠意御之，雖紛糾無不立解。以銓試第一，授迪功郎，歷官福州倅。宋亡，退居永康山中。元初以賢才徵，拜集賢修撰，與宰相議不合，改教授揚州。尋轉台州路寧海主簿，時浙東大侵，明年復無麥，民相枕死。宣慰同知脫歡察議行振荒之令，歛富人錢一百五十萬給之，至縣，以餘錢二十五萬屬長孺藏去，乃行旁州。長孺察其有乾没意，悉散於民。閱月再至，索其錢，長孺抱成案進曰：“錢在是矣。”脫歡察怒曰：“汝膽如山耶？ 何所受命，而敢若此？”長孺曰：“民一日不食，當有死者，誠不及以聞。然官書具在，可徵也。”脫歡察雖怒不敢問。長孺雖儒者，所至輒以吏幹稱，然真心愛民，慈祥溢於法外。每曰：“一民失所，便非君子學道之實。”故所至發摘如神明，而善柔之民，無不樂業者。歷遷兩浙都轉鹽運使司丞，未上，以病辭，不復仕，隱杭之虎林山以終。長孺初師青田余學古，學古師王夢松，傳龍泉葉味道之學，味道則朱文公熹之弟子也。淵源既正，長孺益行四方，訪求其旨趣，始知涵養用敬爲最切，默證靜觀，超然自得。故其爲人光明宏偉，專務心學，以孟子自許。惟恐斯道之失其傳，誘引不倦，一時學者慕之，有如飢渴之於飲食。方嶽大臣與郡二千石聘至庠序，敷繹經義，環聽者數百人。長孺爲言：“人雖最靈，與物同產，初無二本。”皆躍躍興起，至有太息者。爲辭章有精魄，金春玉撞，壹發其和平之音。海内來求者，如購拱璧。碑版焜煌，照耀四裔。苟非其人，雖一金易一字，毅然不與。鄉闈取士，屢司文衡，貴實賤華，文風爲之

一變。晚寓武林，病喘上氣者頗久。一旦具酒食，與比鄰別，云："將返故鄉。"門人有識其微意者，問曰："先生精神不衰，何爲遽欲觀化？"長孺曰："精神與死生初無相涉也。"至夜半喘止，其子駒排户視之，則正衣冠坐逝矣。年七十五。所著書有《瓦缶編》、《南昌集》、《寧海漫鈔》、《顔樂齋稿》行於世。

明徐象梅《兩浙名賢録》卷四《理學》

謝暉，字彦實，先資陽人。識見通敏，受業胡長孺之門。以德業自勉，或勸習舉子業，答曰："學以博通古今，資文行耳，仕奚所急哉！"時趙文敏以書名天下，見而愛之，授以書法。一臨池，遂得文敏之神。爲詩文簡淡雋永，尤長尺牘，人得其片楮者，以爲拱璧。暉亦不自秘惜，求輒應之。有所不可，雖貴勢不能動也。與人交必以義，人有一義必揚之。藩帥郡將詣門請交，未嘗造謝，每相對清言終日，一語不及私。説者謂"隱不違親，貞不絶俗"，暉實有焉。

明徐象梅《兩浙名賢録》卷四十四《高隱》

前輩文字無爲宦官作者，觀名家諸集可知。韓退之《送俱文珍序》，編在外集，非李漢所録，豈公所棄之篇耶？春以此疑諸家作者有之，亦棄而不留稿耳。勝國趙松雪孟頫爲羅司徒致鈔百錠於胡石塘汲仲，請作乃父墓銘。汲仲怒曰："我豈爲宦官作墓銘者。"是日，汲仲正絶糧，其子以情白，坐上客咸勸之，却愈堅。石塘爲可尚矣！墓銘書善無貶法，與史異，昔人所謂諛墓之文。若爲宦官作，與獻諛權閹何異？而今人全不知擇其文，固不足名家有所重輕，區區筆硯間，不過爲受賕之具而已。

明張萱《西園聞見録》卷八

胡長孺任寧海縣主簿，歲大祲，民死相枕藉。宣尉同知脱歡察議行賑荒之令,斂富人錢一百五十萬給之。至縣,以餘錢二十五萬屬長孺藏之,乃行旁州。長孺察其有乾没意,悉散於民。閱月再至,索其錢,長孺抱成案進曰:"錢在是矣。"脱歡察怒曰:"汝膽如山邪?何所受命而敢無忌若此。"長孺曰:"民一日不食,當有死者。誠不及以聞,然官書具在可徵也。"脱歡察雖怒不敢問。(論曰):非置一官於度外不能爾,"然官書具在可徵",此舉亦理應如此。

明祁承爜《牧津》卷三十五《執持》

　　婺州胡汲仲清介有守。趙子昂嘗爲羅司徒奉鈔百錠爲潤筆,請作乃父墓銘。汲仲怒曰:"我豈爲近官作墓銘耶?"是日,汲仲絕糧,其子以情白,坐上諸客咸勸受之,汲仲却愈堅。嘗以詩送蔡如愚歸東陽,有"薄縻不繼襖不暖,謳吟猶是鐘球鳴"之句,語之曰:"此余秘密藏中休糧方也。"楊仲弘贈詩云:"先生惟達道,久矣樂山林。致聘無雙璧,爲生過十金。身閑雲出岫,髮短雪盈簪。遁世猶吾志,同盟欲自今。"汲仲名長孺,號石塘。嘗應聘入京,世皇召見於便殿,趨進張皇,不覺笠子敧側。上問曰:"秀才何學?"對曰:"修身、齊家、治國、平天下之學。"上笑曰:"自家一笠尚不端正,又能平天下耶?"然憐其貧,時授揚州路儒學教授。

明蔣一葵《堯山堂外紀》卷七十三

　　趙文敏公嘗云:"結字因時相傳,用筆千古不易。"書法雖以用筆爲上,而結字亦須用工。右公所書文賦,結字用筆無不精到,蓋得意書也。公書初學《孟法師碑》,晚學李北海,而皆過之。此賦雖無歲月,要爲中年書無疑。昔胡汲仲謂"子昂書上下三百年,縱橫一萬里,舉無此書",非過論也。嘉靖丙辰七月七日文徵明跋。

明李日華《味水軒日記》卷六

　　士之窮困,固自有命。事機齟齬,若有鬼神使之,徒令千古搤腕耳！孟浩然以詩名，明皇聞之有素，一旦遇於王維館中，誦詩乃以"不才明主棄"之語見擯終身。李泌薦薛勝知制誥，進其《拔河賦》，以"天子玉齒"對"金錢熒煌"，德宗不説，數薦皆不從。孟貫見周世宗，甚禮敬之，及誦所作，以"有巢無主"不蒙録用。宋甄龍友最有口才，孝宗召見，問曰："卿何以名龍友？"愕然不知置對，比退朝，始得之曰："陛下爲堯舜之君，故臣得與夔龍爲友。"竟以不稱旨罷歸。元胡石塘應聘入京，世祖召見，不覺戴笠傾側。及問所學，對曰："治國、平天下之學。"上笑曰："自家一笠尚不端正，又能平天下耶？"竟不用。國朝吳與弼，名重一時。朝廷聘至闕下，面詢時政所宜，與弼嗫不能對一語，但曰："容臣上疏而已。"出朝脱帽，則有雙蝎螫其頂，向不能對，以忍痛也，與弼名亦以此敗。至於張寶藏輦撥一方，官登三品車，"千秋白頭翁"一語遽陟相位，豈非天乎？

明謝肇淛《文海披沙》卷二《窮困有命》

學宮，治南二百步。舊在東一里郭門外，即今東觀。廟、學各奠一區，宋大中祥符四年，令蘇季成始合於一。嘉祐四年，徙縣驛側。紹興四年，提刑鄧祐甫徙治東南。六年，令錢埈徙今地。中建先聖廟，旁爲兩廡，廟後爲講堂，扁曰"四教"。傍爲齋舍，殿前爲戟門，又前爲欞星門，再前爲泮池，東偏立射圃。慶元三年，令趙笈夫建廟，又作"麗澤"、"棠憩"、"詠歸"三亭。紹興五年，令李知微於講堂前鑿新泉，守徐子寅、令方茂烈出俸錢五十萬，置田地山渡若干。元至元二十六年，毀於寇。路判張承直、縣丞孫天錫、教諭應同孫重建，易"四教堂"曰"明善"，增置八齋，主簿胡長孺鑄銅爲鐘。……先是，元主簿胡長孺於明善堂右立陳長官祠，郭令徙廟西，改景行堂。張令改建先賢祠，又益鄉賢三人。正德元年，令張羽別立長官祠於白鶴廟故址，而以此祠專祀鄉賢云。

明宋奎光纂修《(崇禎)寧海縣志》卷二

胡長孺，字汲仲，永康人。至大元年主簿。時浙東大侵，宣慰司議行賑荒之令，斂富人錢給之，中同知脫歡察以餘錢屬長孺藏去。長孺察其有乾没意，悉散於民，脫歡雖怒不敢問。爲人光明俊偉，化民以德。博學善文，海内購其文章如拱璧。官至兩浙運使。

明宋奎光纂修《（崇禎）寧海縣志》卷五

元胡石塘應聘入京，世祖召見，不覺戴笠傾側。及問所學，對曰："治國、平天下之學。"上笑曰："自家一笠尚不端正，又能平天下耶？"竟不用。（論曰）：陳蕃不掃一室，爲欲掃清天下；石塘不正笠，意者志不在一笠也。惜哉不以此對！袁裒公曰："爾時方温《大學》，想不到此。"

明馮夢龍《古今譚概》迂腐部卷一《治平之學》

胡汲仲在寧海日，有群嫗聚佛庵誦經。一嫗失其衣，適汲仲出行，訟於前。汲仲以牟麥置群嫗掌中，令合掌繞佛誦經如故。汲仲閉目端坐，且曰："吾令神督之，盜衣者行數周，麥當芽。"中一嫗屢開視其掌，遂命縛之，果竊衣者。

明馮夢龍《智囊補》察智部《詰奸》卷十《胡汲仲》

又如陳同父、唐説齋，俱人倫冠冕、文章壇坫，而此原同一理學、一經濟也。偶有矛盾，群起而抑其聲價，譬之墨守輸攻，不能相下。而獨抱成方以詫上池，即有語禁方靈藥斬關奪門者，亦閉户謝之也。此其絀者三。而抑且人文漫漶，縹緗浮沉，如諸蘇、諸杜、胡汲仲、張孟兼諸公，俱無從訪其遺編，則又絀。郡邑諸志，惟蘭溪出楓山先生手，號可傳，他不稱是。而《文統》、《文軌》篇帙寥寥，又止收宋元峨冠博帶語，毫不敢旁録一天心月肋之章，又奚稱曠覽鴻苞乎？則又絀。嗟乎！論世之難，則誦詩讀書難也。蓋杞宋之嘆，千秋同慨矣！

明阮元聲輯《金華文徵》卷首陳其仁序

公少學文於胡長孺，爲袁桷、張翥輩所推服。烏斯道少從公授文法，遂以名家。宋景濂序斯道之文，以爲經曩公之指授得其心印。

清錢謙益《列朝詩集》閏集卷二《夢堂曩公傳》

胡長孺，永康人。初師青田余學古，學古師邑人王夢松，夢松受學朱門葉味道。長孺學既有所受，行遊四方，旁求其旨趣，益信涵養用敬爲最切，默存静觀，超然自得。慨然以孟子自任，汲汲勸誘如不及，一時學士爭慕之。方嶽大臣及郡二千石聘致説經，環聽者數百人。長孺言：“人雖最靈，與物同體，初無二本。此學之大原，捨此而學，則學非其學。”聽者爲躍如，有興起也。又博學能文章，非其人，雖數金易一字，不聽。晚寓武林，病喘上氣者久。一日具酒食，召比鄰別，云：“將反故鄉。”門人曰：“先生精氣不衰，何云反耶？”長孺曰：“精神與死生無涉。”至夕，喘忽止，子駒排户視之，則正衣冠端坐逝。年七十五矣。公深有操行，平居雖暗室亦正冠危坐，手記所爲，質天地鬼神，不敢苟。門人謚“純節先生”。

清孫奇逢《理學宗傳》卷十九《元儒考》

忠文少學於黄公晉卿，晉卿學於金公吉甫、胡公汲仲。胡汲仲曰：“千古聖賢藉文而顯，人托於道如不相及，而道托於文如相語也。”晉卿以是淇於文章，其爲文明静淵粹，和順道德而理於義。

明黄道周《黄石齋先生文集》卷十一《王忠文公碑》

曇曩，字無夢，自號酉庵，慈溪王氏子。祖申，舉進士於宋。父禄，任於元，母周夫人。師生六歲而喪父，夫人命從鄉校師遊，氣岸高騫，有一日千里之意。無書不探，學文於胡長孺，藻思濬發，縱横逆順，隨意之所欲言，聲名頓出諸老生上。

明釋明河《補續高僧傳》卷十四《習禪篇》

　　楷法至晉人而聖，唐楷失之板，宋人無楷。即吳説以楷名，亦多帶行，惟子昂獨得晉人遺法。蓋其結構精嚴，丰神瀟灑。胡汲仲謂"上下五百年，縱橫一萬里，無此書"，非過也。余於江右李梅公寓，見小楷書姜白石《蘭亭考》，又於香河袁六完家見小楷書《九歌》，楷矣而不工，乃其少年書。惟所書《圓覺經》數萬字，後題："奉爲妻魏國夫人管氏道昇懺除業障，早證菩提，與法界有情同成《圓覺》。"字法精工，可與畫上小楷敵。然數萬字長卷尤希世珍也，此卷乃徐司寇石麒贈一大帥者。大帥不知重，留予齋中，經年還歸之，今已在秦中一士夫家矣。

　　　　　清孫承澤《庚子銷夏記》卷二《趙子昂書陶詩小楷》

　　金華戚雄紀亡宋遺老有名者，淮陰龔開、南陽仇遠、隆山牟應龍、紫陽方回、永康胡長孺、句章戴表元、錢唐鄧牧心。又謝翶、方鳳、吳思齊、鄭所南、林景熙皆有名，能詩。若忠義可稱、卓然不污左袵者，則翶、鳳、吳、鄭、龔、林爲無愧耳。諸公之外，尚有劉須溪、唐珏、鄧光薦、汪水雲、溫日觀，雄未之及。予欲取其大節奇偉如所南、翶輩者，爲作《南宋遺賢傳》，而苦於故老無傳，海內知交能出其笥藏以相助，亦幽魂之一快也。跂予望之。

　　　　　　　　　　　清陳弘緒《寒夜録》下卷

　　胡汲仲謂："子昂書，上下三百年，縱橫一萬里，舉無此書。"古人作書高空天界，不欲苟且詭隨，故爲世推重如此。余少壯時，亦曾臨摹趙書，未能神似。足下嘗留心於此，久爲許淮安所稱許，心中必有所得。若無心得，日臨百紙，形雖似，弗似也。後生小子，今日操觚搦管，明日便傲視儕輩，曰："我能書，我能書。"書可易言哉！

　　　　　清陳確《乾初先生遺集》外編引張次仲《與陳乾初書》

　　嗟乎！言之不文，不能行遠。夫無言則已，既已有言則未有不

雅馴者。彼佛經祖録，皆極文章之變化，即如《楞嚴》之叙十八天、五
受陰、五妄想，與莊子之《天下》、司馬談之《六家指要》同一機軸。蘇
子瞻之《温公神道碑》且學《華嚴》之隨地湧出，皎然學於韋蘇州，
覺範學於蘇子瞻，夢觀學於楊鐵崖，夢堂學於胡長孺。其以文名
於一代者，無不受學於當世之大儒。故學術雖異，其於文章無不
同也。

清黃宗羲《南雷文定》後集卷一《山翁禪師文集序》

余學古，青田人。胡汲仲初師先生，先生師邑人王夢松，夢松受
學龍泉葉味道，味道則朱文公弟子也。從黃氏補本録入。梓材謹案：先生著有
《大學辯問》，嘗爲國子正。

清黃宗羲《宋元學案》卷六十五《學正余先生學古》

清芬閣者，愚仲姑也。適姚前甫公，十七而寡，依廷尉太恭人居。
愚小子智，壬戌失母，仲姑撫而教之。曾定古今宮閨詩史，因有李龍
眠本，朝夕仿佛，嘗畫大士。甲戌，移居留都，屬求藏本。一日見陳旻
昭齋有錢舜舉《列女圖》，取鄧曼、許穆夫人、括母，是蘭葉描，有大德
四年金華胡長孺跋。丁雲鵬羅漢衣折，用重筆，以淡墨泊其綫路，而
細作錦紋於其中，鄭千里亦仿之。廬山石刻大士，筆分輕重，蓋有妙
於筆先者。近且望八，焚香作觀，出示毫端，非尋常可比也。烏龍潭
丁菡生曾以石摹其立海之像，推倒洛伽，乘流占步，自非析骨析肉，烏
能下此金剛手乎？紉蘭閣者，愚伯姑也。適張鍾陽公山左方伯，城破
殉難，亦善白描大士。嗟乎！世止知念捄苦捄難，誰知念捄安捄樂？
近年刀兵水火，霹靂之下，無不焦爛。生於憂患，到此拜立，誰謝指頭
供養也耶？

清方以智《浮山集》之《此藏軒別集》
卷一《題清芬閣〈白描大士像〉》

《許昌帖》，粉箋。胡長孺跋。

清顧復《平生壯觀》卷二

《伯夷頌》，黃素小楷，爲蘇才翁書。文彥博詩題，富弼詩題，蘇舜元詩題，晏殊、杜衍詩題，蔡襄題，薛嗣昌觀，邵亢觀，已上諸公題於本身絹上。陳執中觀，賈昌朝跋，韓絳題，伊川逸老再詩題，劉定、陳祐甫全觀，馮當世題，韓縝觀，楊傑、慎宗觀，郭彭年、陳昱同觀，李孝彥跋，純仁、純粹題，趙子琥、王孝迪、李開、胡唐老同觀，林种、賈公望觀，秦檜詩題，牟巘長跋，羅志仁、牟應龍、李衎、郭陘、盛彪跋，趙孟頫、龔璛同觀，董章跋，王簡、孟淳同觀，王亢宗、楊敬惪、曹鑑、柳貫、柯九思、杜本、泰不華、韓嶼、鄭禧、黃溍、王隲、篤列圖、馬詔、張伯淳、方回、柯謙、胡長孺、戴表元、仇遠、湯炳龍、龔璛、史孝祥、鄧文原、虞集、湯彌昌、胡助、偰玉立、干文傳、汪澤民詩跋，夏元吉、劉良、戴仁、楊澤、司馬垔、周京、周冕、程敏政、吳寬、徐賁、胡文靖、陳鳳梧、朱彥昌、王鼎、王世貞，又范惟一、朱勳、彭而述、王心一觀跋。前皇祐三年十一月戊申款，字頗文弱，絹久變白。

清顧復《平生壯觀》卷二

西門溪。源出石和尚頭下盧柴坑。其山有石和尚，故名。南流徑賢良胡長孺祖址，又南流過胡禄橋，穿橫山峽。因山平岡而並峙，橫列如屏，俗名東崐、西崐，東崐乃縣治之少祖山也。徑流過沈家橋，轉而南曲，東過西門橋，貼縣龍過和尚橋，今名金環橋，繞水攻山前，入於南溪。

清徐同倫修，俞有斐纂《（康熙）永康縣志》卷一

辟薦：古也，自科目行，而其選始輕矣。如胡長孺，在宋自以恩廕銓試授官，在元以文學名盛，被薦入仕，初非以其嘗爲宋進士也。其後裔苟欲以科目榮之，陬於舊志竄入咸淳甲戌王龍澤榜中。殊不知公之文

學，自足爲世宗尚，豈以科目之有無爲輕重哉？今據舊志更加審定，録爲名表，且欲因公爲辟薦重。其諸軍功人材及進途無考者，並綴於其後云。

清徐同倫修，俞有斐纂《（康熙）永康縣志》卷七

胡長孺，字汲仲。知台州居仁子也。性聰敏，九經諸史，下逮百家，靡不貫通。咸淳中，以任子入官，中銓試第一，授迪功郎、監重慶府酒務，兼湖廣總領所軍馬錢糧，與高彭等號“南中八士。”後轉福寧州倅，會宋亡，歸隱。至元中，應求賢詔，擢集賢修撰。因忤執政，改教授揚州。秩滿，遷建昌録事。時程文海方貴顯，其外門侵官道，亟撤而正之。轉台州路寧海縣主簿，善摘奸伏，人稱神明。縣有銅巖，惡少狙俟其間，出鈔道，爲過客患。長孺僞衣商人服，令商人負貨以從，戒驍卒數人躡其後。長孺至，巖中人突出邀之，長孺方遜辭謝，驍卒俄集，悉擒伏法。永嘉民有弟質珠步搖於兄者，兄妻愛之，紿以亡於盜。屢訟不獲，往告長孺，長孺曰：“爾非吾民也。”斥去之。未幾，治盜，潛令盜誣其兄受步搖爲贓。逮問不伏，長孺呵曰：“汝家信有是，何謂誣耶？”兄倉皇曰：“有固有之，乃弟所質者。”趣持至，驗之，呼其弟示曰：“此非前家物耶？”弟曰：“是矣！”遂歸焉。其他類此者甚多。浙東大侵，民死者相枕。宣慰脱歡察斂民錢一百五十萬賑之，以餘錢二十五萬屬長孺，長孺覺其有乾没意，悉以散於民。脱歡察怒，長孺曰：“民一日不食，當有死者，誠不及以聞，然官書具在，可徵也。”脱歡察默然而去。尋遷長山鹽司丞，謝病歸，隱杭之虎林山。晚得疾，正衣冠端坐而逝，年七十五。長孺師青田余學古，學古師同邑王夢松，夢松師龍泉葉味道，則朱文公高弟子也。爲人光明俊偉，專務發明本心之學，慨然以孟子自任。末年更慕陸九淵爲人，每取其“宇宙即吾心”之言，諄諄爲學者道之。爲文章有精魄，海内購之如獲珙璧。屢司文衡，賤華貴實，士習爲之一變。

清徐同倫修，俞有斐纂《（康熙）永康縣志》卷八

胡長孺,字汲仲,永康人。家世通顯,至長孺,其學益大振。九經諸史,下逮百氏,無不包羅而揆序之。宋咸淳間,從外舅宦蜀,舉蜀銓試第一名,授迪功郎。宋亡,退棲永康。至元二十五年,詔下求賢,有司強起之。拜集賢修撰,改教授揚州,移建昌,轉寧海主簿,擢兩浙都運鹽使司,階將仕郎。以病辭不赴,隱杭之武林山以終。長孺初師青田余學古,學古師王夢松,夢松亦青田人,傳龍泉葉味道之學,味道則朱元晦弟子也。其淵源極正,而涵養足以充之。卒年七十五。所著書有《瓦缶編》、《南昌集》、《寧海漫鈔》、《顏樂齋稿》行於世。

清陳焯編《宋元詩會》卷六十八

鄉賢祠,在府學欞星門西。祀漢處士嚴光、晉處士范平、中尉褚陶、處士孫晷、宋龍驤將軍益州刺史壯侯卜天與……兩浙長山鹽場司丞胡長孺……

清馬如龍、楊鼐等纂修,李鐸等增修《(康熙)杭州府志》卷十六

而元之何長者,至微末也。胡汲仲亦爲文,具述其事。此録所載賑荒、施藥、救災、助喪、施槥諸事,皆有良法可守。後人仿而行之,爲利無窮。

清姜宸英《姜先生全集》卷五《州泉積善録序》

胡長孺,字汲仲,婺州永康人。其先自天台來徙。祖巖起,宋嘉定進士,知閩縣事。父居仁,淳祐進士,知台州軍州事,文辭政事皆絕出一時。至長孺,而其學益振。咸淳中,外舅徐道隆爲四川宣撫參議官,長孺從之入蜀,銓試第一,與高彭、李湜、梅應春等號"南中八士"。歷任福寧州倅。宋亡,退棲永康山中。至元二十五年,世祖下詔求賢,有司強起,至京,待詔集賢院。既而召見內殿,改揚州路儒學教授。《輟耕録》云:"長孺應聘,入見便殿。趨進,不覺笠子欹側。上問曰:'秀才何學?'對曰:

'修身、齊家、治國、平天下之學。'上笑曰：'自家一笠尚不正，又能平天下？'然憐其貧，特授揚州教授。"尋移建昌，武宗至大元年，轉台州路寧海縣主簿。浙東大祲，宣慰同知脫歡察議行勸貸法，斂富民錢百五十餘萬給之，以二十五萬屬長孺藏之，長孺察其有乾沒意，悉散之民。既而果索錢，長孺抱牘進曰："錢在是。"脫歡察雖怒不敢問。縣有銅巖，群盜狙伺其間，恒出鈔，爲過客患。長孺僞衣商人服，一蒼頭負橐從，陰戒驍卒躡其後。比至巖中，盜果突出，皆成擒，盡捕其黨置之法。群嫗聚浮屠庵誦佛書，一嫗失衣，適長孺出，嫗訟之。命以麥置群嫗掌中，繞佛誦書如初。長孺閉目叩齒曰："吾使神監之矣，盜衣者行數周，麥當芽。"一嫗屢開掌竊視，長孺指縛之，還所失衣。永嘉民有弟質珠步搖於兄者，兄妻愛之，紿言亡於盜，屢訟不直，往告長孺。叱之去。未幾，長孺治它盜，令盜誣兄受步搖爲贓，逮至。辯甚力，詰曰："爾家故有是，何謂誣？"兄叩頭曰："誠有之，乃弟所質者。"趣持至，呼其弟示曰："非爾家物乎？"遂還之。仁宗延祐初，轉兩浙長山場鹽司丞，未上，以病辭，隱杭之虎林山以終。長孺初師青田余學古，學古師邑人王夢松，夢松受學龍泉葉味道，味道則朱熹弟子也，淵源既正。長孺行遊四方，旁求旨趣，益信涵養主敬爲最切，每曰："一民失所，便非君子學道之實。"故所至摘發如神，爲人光明宏偉，務明心學，慨然以孟子自許。惟恐斯道之失其傳，汲汲勸誘如不及，一時學者宗之。嘗言："人雖最靈，與物同産，初無二本。此學之大原，捨是而學，則學非其學。"聽者皆躍然興起，至有太息者。爲辭章精勁有氣，非其人，雖一金易一字，毅然不與。《書史會要》云："長孺耿介不同流俗，真書學鍾繇，剛勁骨立似其人。"《輟耕錄》云："趙孟頫嘗爲羅同徒奉鈔百錠，爲乃父求墓銘。長孺怒曰：'我豈爲宦官作墓銘者？'是日，長孺正絕糧，其子以情白，坐客咸勸受之，長孺却愈堅。"其《送蔡如愚歸東陽》詩有云"薄糜不繼襖不暖，謳吟猶是鐘球鳴"，語之曰："此余秘密藏中休糧方也。"晚寓武林病喘，一旦具酒食，召比鄰別，云："將返故鄉。"門人有識其意者，問曰："先生精神不衰，何爲遽欲觀化？"曰："精神與死生，初無相涉也。"俄正衣冠坐逝,年七十五。所著有《瓦缶編》、《建昌集》、《寧海漫鈔》、《顏樂齋稿》。門人謚曰"純節先生"。册曰:"儒者躬行,立誠毋僞。鈎距摘伏,施之在位。雖曰致用,明察可畏。揆之斯道,究非所貴。"

清邵遠平《元史類編》卷三十二

胡汲仲在寧海日,有群嫗聚佛庵誦經。一嫗失其衣,適汲仲出,訟於前。汲仲以牟麥置群嫗掌中,令合掌繞佛誦經如故。汲仲閉目端坐,且曰:"吾令神督之,盜衣者行數周,麥當芽。"中一嫗屢開視其掌,遂命縛之,果竊衣者。

清陳芳生《疑獄箋》卷二

元吳福孫,字子善,戴帥初、仇仁近、胡汲仲咸加愛重,趙文敏公待之尤親密。文敏以善書名天下,慕而效之者往往逼真,罕有若君得其早年楷法之妙者。兼工篆籀,文敏極稱許之。

清查慎行《得樹樓雜鈔》卷一

胡長孺,字汲仲,永康人。胡氏自宋南渡後,以進士利發身者十人,持節分符,先後相望。父居仁,淳祐丁未進士,朝散郎、知台州軍州事,文辭政事絶出於世。至長孺,其學益大振,九經諸史,下逮百氏,名墨縱横,旁行敷落,律令章程,無不包羅而揆序之。咸淳十年,以任子入官,監重慶府隔槽酒務,兼總領湖廣軍馬錢糧所僉廳,與高彭、李湜、梅應春等號"南中八士",聲聞赫然。會宋亡,退隱山林。至元中,詔下求賢,有司强起之。至京師集賢院,薦爲翰林修撰,言忤執政,改教授揚州。秩滿,遷建昌,適録事闕官,檄長孺攝之。時程楚公家氣焰熏灼,即違法,人不敢問。其樹外門,侵官道,長孺亟命撤之。轉台州路寧海縣主簿,歲丁未,浙江大祲。戊申復無麥,民相枕死。宣慰同知脱歡察議行賑荒之令,歛富人錢一百五十萬給之,至縣以餘錢二十五萬屬長孺藏去，乃行旁州。長孺察其有乾没意，悉散於民。閱月再至，索其錢，長孺抱成案進曰："錢在是矣。"脱歡察怒曰："汝膽如山耶？何所受命，而無忌若此？"長孺曰："民一日不食，當有死者，誠不及以聞，然官書具在，可徵也。"脱歡察雖怒，不敢問。縣有銅巖，惡少年狙伺其間，恒出鈔道，爲過客患，官不能禁。長孺爲衣商人服，令蒼頭負貨以從，陰戒驍卒十人躡其後。長孺至，巖中人突出要之。長孺方遜辭謝，驍卒俄集，皆成擒，俾盡逮其黨置於法，夜行無虞。民荷溺器糞田，偶觸軍卒衣，卒杖傷民，碎其器而去，竟不知主名。民來訴，長孺陽怒其誣，械於市，俾左右潛偵之。卒過焉，戟手稱快，執詣所隸，杖而償其器。群嫗聚浮屠庵，誦佛書祈福，一嫗失衣，適長孺出鄉，嫗訟之。長孺以牟麥置群嫗合掌中，命繞佛誦書如初。長孺閉目叩齒，作集神狀，且曰："吾使神監之，盗衣者行數周，麥當芽。"一嫗屢開掌視，長孺指縛之，還所竊衣。長孺白事帥府歸，吏言有奸事屢問弗伏者，長孺曰："此易易爾。"夜伏吏案下，黎明，出奸者訊之，辭愈堅。長孺佯謂令長曰："聞有詔旨，盍迎之。"叱吏卒縛奸者東西楹，空縣而出，庭無一人。奸者相謂曰："事至此，死亦勿承，行將自解矣。"語畢，吏唯而出，奸者驚，咸叩頭伏罪。永嘉民有弟質珠步摇於兄者，贖焉。兄妻愛之，紿以亡於盗，屢訟不獲直，往告長孺。長孺曰："爾非吾民也，去。"未幾，治盗，長孺嗾盗誣兄受步摇爲贓，逮兄赴官。力辭，數弗置。長孺曰："爾家信有是，何謂誣耶？"兄倉皇曰："固有之，乃弟所質者。"赴持至驗之，呼其弟示曰："是乎？"弟曰："然。"立命聽贖。轉兩浙都轉運鹽使司長山鹽場司，進階將仕郎。未上，以病辭，不復仕。長孺爲人光明宏偉，其學出於國子正青田余學古，學古師同邑王夢松，夢松師龍泉葉味道，味道則朱熹弟子也。長孺既獲聞伊洛正學，及行四方，益訪求其志，始信涵養用敬爲最切，默存静觀超然自得。晚年深慕陸九淵爲人"宇宙即吾心"之言，諄諄爲學者誦之。發明本心之學，慨然以孟子自許。唯恐斯道之失其傳，誘引不倦，一時學之,有如飢渴之於食飲。方嶽大臣與郡二千石聘致庠序,敷繹經義,環聽者數百人。長孺爲言:"人雖最靈,與物同産,初無二本。"皆躍然興起,至有太息者。爲辭章有精魄,金舂玉撞,一發其和平之音,海内來求者如購拱璧。碑榜焜煌,照耀四裔。鄉闈取士,屢司文衡,貴實賤華,文風爲之一變。晚寓武林,病喘上氣者頗久。一日具酒食,與朋友弟子別,云"將返故鄉",門人有識其意者曰:"先生精神不衰,何爲遽欲觀化乎?"答曰:"精神與死生,初無相涉也。"就寢,至夜半,喘忽止,正衣冠坐逝。年七十五。所著有《瓦缶編》、《南昌集》、《顏樂齋稿》,多亡逸。唯《石塘文稿》五十卷行世,今亦亡。其書法精出,間見於文氏"停雲館石刻"中。其從兄之綱、之純皆以經術文章名。之綱,字仍仲,嘗作薦書,其於聲音字畫之説,自言獨造其妙,惜其書不傳。之純,字穆仲,咸淳甲戌進士。踐履如古獨行者,文尤明潔可誦。號之爲"三胡"云。

論曰:吳立夫云:"予初見汲仲先生,先生嘗語予:'面膚黑而多黶,脣齶掀而不閉。黶則無澤,不閉將失氣。無澤而又失氣,非壽徵也。爾曷不閉汝氣而後瞑,且爾獨不見爾家甕之盛酒者乎?夜甕或不覆,則酒且失味而不中飲。汝之失氣,亦猶是也。'予固疑先生或得於攝生養氣之道者。⋯⋯曾不數年,而先生竟以衣冠沐浴端坐,嗒然而遽化。予方無以終事,則徒識其遺言,撫其墜藁繼之以涕泣而已。"按,汲仲先生好談金溪之學,立夫雖極尊稱,別有微辭見於他説。童廷式《金華文獻》亦不登載。宋景濂作《元史》,金華之士列《儒學傳》者五人,金、許之外,一則永康胡汲仲,一曰東陽陳君采,一曰蘭溪吳正傳。正傳之學,爲金、許佐輔,君采則自命孟子後一人,汲仲則象山苗裔也。辱在桑梓,表彰先賢當憑國史,矧出於大賢之手乎?故仍列之儒學,至所載折獄諸案,多雜出於他書。景濂先生去汲仲不遠,言必有據,故照本傳錄之。

清王崇炳《金華徵獻略》卷五《儒學傳·胡長孺》

胡汲仲,宋之廩生而仕於元,其列於《儒學》奈何？曰："仍宋文憲《元史》之舊也。文憲與汲仲相先後,其言論行事必有得之真者。"

清王崇炳《金華徵獻略》卷前《引例》

璹,字子敬,宋司農卿溁之子。自高郵再徙平江,家焉。宋亡,例遣北上。溁行至莘縣,不食卒。璹悲不自勝,嘆曰："國亡家破,吾兄弟不能力振門户,獨不可爲儒以自奮邪？"與其弟理刻苦於學,戴帥初、仇仁近、胡汲仲皆與爲忘年交。聲譽藉甚,人稱曰"兩龔",以比漢"兩龔"云。

清顧嗣立《元詩選》二集卷二《龔提舉璹》

祖銘,字古鼎,奉化應氏子。年十八,從金峨橫山錫公學出世法。二十五,得度。竺西坦公主天童,使掌書記,後遍參諸尊宿。聞元叟在靈隱,往謁焉,言下豁然開悟。元統元年,始自徑山出,住昌國之隆教,遷普陀,復遷中天竺。至正七年,還主徑山,錫號"慧性文敏宏學普濟禪師"。十七年,退居妙明庵。十九年,書偈而逝。有《四會語錄》暨外集若干卷。古鼎洞徹玄微,踔厲縱橫,袁伯長、胡汲仲、黃晉卿、虞伯生、歐陽原功皆稱慕之。

清顧嗣立《元詩選》二集卷二十六《古鼎禪師祖銘》

止善弱冠遊錢唐,與浦城楊仲弘、鄜州劉師魯友善。論詩務取法古人之雄渾,而脱去近世萎靡之習,間挾其所爲文,登諸大老之門,最爲牟隆山、胡汲仲、穆仲、趙子昂、鄧善之所賞識。拂衣歸田後,家食者五年,扁所居曰"止止齋",仍自號鷗遊子,以見其志云。

清顧嗣立《元詩選》三集卷七《王艮止》

松雪翁十八帖,皆一時意興所到爲之。故用筆精妙,姿態橫逸,如玉樹珊瑚，光采照映，蓋以韻勝者也。昔胡汲仲謂公"上卜五百年，縱横一萬里，舉無此書"，信哉！雜卉數種亦隨意點染，大具爛然，又在牝牡、驪黄之外。叔野博雅有文，此帖得所歸矣。隆慶元年春三月，雲間董宜陽書。

清倪濤《六藝之一録》卷三百五十五《歷朝書譜》四十五

趙彦徵、周景遠、吳興之優孟；揭曼碩、伯防、陳敬初之魯衛。他如胡長孺、袁清容、饒介之、張貞居、王叔明，不無一二佳者，要亦偶然之合耳。

清倪濤《六藝之一録》卷一百四十五

趙萬户墓，在清水潭。胡長孺撰銘，趙子昂書。

清張德盛修，王曾禄纂《(雍正)高郵州志》卷六

朱子没於寧宗慶元六年，斯琴之歸於仁山，當在厓山以後。國破家亡，天盲地否，朱子在天之靈，視焦尾如一塵，即碎紫瓊，爇藍脇，何惜哉！乃其時，吳澄、陳櫟、胡長孺等非不誦法紫陽爲標榜，皆傅脂匀粉抱琵琶過別船，作塞外腔娛客。而獨有老死不失節之處子，日彈單鵠寡鳧，寶而傅之子孫，則山川之英爽，實呵護之。今雖式微而易其主，然閲明三百年至於今，不爲有力者所奪而藏之非人，則仁山之遺澤亦遠矣！金華山水，石樓、龍門秀甲東南。鄉前輩四先生而外，宗公將略、吕公史學皆可師法。倘不幸僅爲道傳、晉卿，雖文章名世，非朱子所期於後學，而況其下哉！然則欲爲守琴之學者，必先爲守身之孝子。湯子或不河漢，斯言即叔夜"我將覤顏額之矣"。不然，琴通神明，試登金焦作《霹靂引》，安知中不有黑蛟破徽飛去。

清陳梓《刪後文集》卷五《仁山先生所藏朱子琴記》

澄心堂紙本。行草書。前杜詩一首,計七行;後自題,十二行。凡見蘇文忠公書,用墨太豐。此卷字畫沉着,用墨濃淡中,校豐墨者別有生動之趣,亦紙之使然耳。卷首押"叡思東閣"朱文大印,下角有"東海郡圖書記"白文印,接縫處鈐"遼海王氏"朱文印,下押"賈洵"朱文印,尾有"紹興連珠"小璽。後跋:"金華胡長孺、淮陰湯炳龍、鄜川劉鉉、眉山程郁、龍泉陳象祖、廬山連璧、富春潘夢得,大德辛丑立冬日,同觀於胡氏顏樂齋。"又王執謙、黃玼、張翥、吳叡、鄭元祐、危素、金冕志、姚廣孝、謝理等題。

清安歧《墨緣彙觀録》卷一法書上《書杜工部楷木詩卷》

牙色印花紙本。行草書。十二行。前書:"秀夫拜覆義山尊兄長坐前。"後書:"蠲糨紙就覓一幅,欲作籤題,干煩皇恐。秀夫。"帖有"京口郭景星"白文印,"義山父"、"曹氏寶藏"朱文印。後胡長孺、仇山村二跋。

清安歧《墨緣彙觀録》卷二法書下《陸秀夫義山帖》

武宗時,民饑者四十六萬户,即詔每户月給米六斗。浙東宣慰同知脱歡察議行勸貸之令,斂富民錢一百五十餘萬,以二十五萬屬海寧縣簿胡長孺藏之。長孺察其有乾没意,悉散於民。既而,果索其錢,長孺抱成案進曰:"錢在此。"脱歡察怒而不敢問。

謹案:饑民之得賑濟,猶田苗之得時雨。點滴不到,根荄失鮮。業已雲興澤沛,則時刻不可需遲,何況雲霓之轉易乎? 廉史識破貪夫之意,發其積聚補散民間,爲蒼生救饑,實則爲脱歡消愆。仁智兼盡,一舉而兩得之矣。

清倪國璉《康濟録》卷三上

王雲起,字霖仲。安上八世孫。治《春秋》學,爲元澧州路儒學教授。嘗爲湖廣行省考試官,士論服其鑒裁。後改旌德簿,不赴。所著

163

有《定林漫稿》，吳徵、胡長孺序之，稱其文有荊國平甫之風。

清袁枚纂修《（乾隆）江寧新志》卷十九

　　胡長孺，金華人。大德初，以建昌教授攝縣事。問學宏博，爲政得體，民安其業，風俗丕變。

清范安治修，梅廷對纂《（乾隆）南城縣志》卷六

　　兩浙饑民，饑者四十六萬户，死者甚衆。詔户月給米六斗，以没入朱清、張瑄財産賑之。時浙東宣慰同知托歡徹爾議行勸貸令，斂富民錢百五十餘萬，以二十五萬屬寧海縣_{晉縣，今屬台州府}簿胡長孺_{字汲仲，}_{婺州永康人}藏之。長孺察其有乾没意，悉散於民。既而果索其錢，長孺抱成案進曰："錢在是。"托歡徹爾雖怒不敢問。

清傅恒《通鑑輯覽》卷九十七

　　有元之代，民間究以何市易？案：至元中江淮頒行鈔法，廢宋銅錢。後又敕拘歷代錢餘銅，聽民自用。然《胡長孺傳》"台州歲饑，宣慰司脱歡斂富民錢一百五十萬備賑"，是朝廷雖禁錢，而民間自用錢也。《盧世榮傳》："立平準庫，禁民間以金銀私相買賣。世祖詔：'金銀乃民間通用之物，今後聽民從便交易。'"是朝廷原未禁金銀也。既造交鈔欲其流通，則賦税不得不收鈔。而民間自用金銀，則實者常在下，而虚者常在上，於國計亦何補哉？

清趙翼《廿二史札記》卷三十

　　《元史·胡長孺傳》"長孺本永康人，宋咸淳中從外舅徐道隆入蜀，銓試第一"，則宋鄉試又有不拘本籍者，蓋仍用本籍鄉貫，而就試於他府耳。

清趙翼《陔餘叢考》卷二十九《寄籍》

胡長孺,字汲仲,婺州永康人。至元二十五年,拜集賢修撰,與宰相語不合,改教授揚州。元貞元年,移建昌,適録事闕官,檄長孺攝之。爲政有體,民安其業。郡人程文海方貴顯,其樹外門,侵官道,長孺呕命撤之,風采大振。

清孟炤修,黄祐纂《(乾隆)建昌府志》卷三十五

南豐吳雲衣森,余同年進士,詩文書法並名於時。初仕建始令,再起遷滇南,未及赴,以舊案罣誤歸。或勸之出,雲衣傲然曰:"胡長孺詩云:'二毛已非折腰具,況與志願常參差。'吾讀書課徒聊足自給,尚能郎當作舞耶?"遂絶意仕進。著述甚富,手自删存古近體詩十二卷行世。哲嗣禹門中秘孝廉掌教芝山,亦名士也。

清湯大奎《炙硯瑣談》卷中

元吳雄,字一飛。性易直,從金華胡長孺遊,以古人自期。有地理、卜筮諸書,考歷詳盡。嘗辟本州儒學正,不就,時人稱爲"碧崖先生"。

清沈椿齡修,樓卜瀍纂《(乾隆)諸暨縣志》卷三十

三場試士昉延祐,條目紛綸省垣奏。元文矜式排八比,坊本流傳袒從右。次場試賦用古體,要與唐賢破窠臼。押韻猶遵禮部頒,命題先禁考官漏。其年即繫皇慶三,八月克期典加懋。江西相府書幣殷,六十五翁道斯就。石家都事國器楊郎中士允,簾影茶香伴清晝。額當發解廿二人,雜犯者多吏爭嗾。時吏以雜犯違制,有所除。草廬爭之不得,於是貢十六人。見《蕭立夫墓志》。人緣選俊似仙瀛,題以搜奇逮史籀。通古善辭差別精,初場在通經明理,次場在通古善辭,末場在通今知務。草廬《題吳文正程文語》。一一科文憑勘究。蘇生作賦得賦心,十二幅中堆墨繡元試卷十二幅。奪標姓氏喜聯翩,同舉詞章妙結構。復濡散卓伸側釐,七首名程字如

豆。咕嘩應憐伏案勤,摩挲却笑填金陋。厥後三年公再來,扶蹇還將性根叩。丁巳,草廬再校鄉試,以堯舜與人同耳性相近也發問。貢闈聘校凡七賢,雅許張仲美道濟胡石塘長孺訂蘭臭。宮詹寶此摹一通,爲愛青袍鮮匣秀。觀公所舉轉憶公,年譜雖成待糾繆。危太樸《草廬年譜》:延祐元年,江西貢院請校試,以疾辭。四年,江西省請校試,時足瘡堅臥,不得已始行。考官七員。公以"孟子道性善,性相近"發問,考公集,如饒抃、蕭立夫,皆元年所舉。又《回劉參政書》:延祐初科、再科,相府見誘,閱卷皆不敢避。深盟香火幻搏沙,盛事衣冠矜入彀。勉旃分派追西江,昔之視今今視後。小序云:"宏道,永豐人。所書己作《石鼓賦》及李丙奎、徐汝士、王興玉、陳祖義、李路、羅曾、吳舜凱諸作。蓋延祐元年甲寅江西鄉闈作,主文者吳文正萊也。"

清吳省欽《白華前稿》卷四十《集蘀石齋觀元蘇宏道所書賦卷》

宋文憲公生於呂成公及何、王、金、許、四先生倡明道學之後,金華人才爲極盛,涵濡浸灌,彬彬然後先輩出。元初,魁儒葉通齋、方巖南、胡汲仲、穆仲、仍仲、吳子善、石一鼇、劉山南諸先生,爲公所不及見。同時巋然並峙者,公之鄉前哲,金華有張公子長、聞人公應之,蘭溪有吳公正傳,東陽有陳公君采、胡公古愚,義烏有黃公晉卿、朱公彥修,浦江有吳公立夫、柳公道傳。公早從聞人受業,長而遊於立夫、黃、柳之門。

清朱興悌《宋文憲公年譜》自序

僧英,字寶存,錢唐人。唐詩人屬元之後也。素有能詩名,歷走閩海江淮燕汴。一日登徑山,聞鐘有省,遂棄官爲浮屠,結茅天目山中。數年遍參諸方有道尊宿,皆印可之故。其詩有超然出世間趣,別號"白雲",即以名其詩集。牟巘翁、趙松雪、胡長孺、林石田、趙青州皆爲序。

清張吉安修,朱文藻纂《(嘉慶)餘杭縣志》卷二十九文章：唐臨海丞義烏駱賓王、檢校工部尚書蘭溪徐安貞、金華元真子張志和，宋尚書屯田員外郎浦江于房、進士永康徐無黨、知台州金華唐悦齋仲友、太常丞義烏喻叔奇良能、知臨安縣武義鞏仲至豐、知貴州金華章俊卿如愚、容州文學浦江方韶卿鳳，元臨海主簿永康胡汲仲長孺、侍講學士義烏黃文獻公溍、翰林待制浦江柳文肅公貫、浦江吳淵穎先生萊、浦江黃清遠景昌、國子編修東陽胡古愚助、國子博士蘭溪吳師道正傳、東陽張子長樞、東陽陳君采樵、泉州教授金華聞人應之夢吉、儒學提舉浦江戴九靈良，明翰林學士知制誥浦江宋文憲公濂、翰林待制義烏王忠文公禕、衢州府教授金華胡仲申翰、國史院編修金華蘇平仲伯衡、翰林待制蘭溪吳濬仲沈、河南按察使義烏傅伯長藻、山東按察副使浦江張孟兼丁。

清戴殿泗《風希堂詩集》文集卷四《金華三擔錄》

公字汲仲，永康人。咸淳中，隨外舅徐道隆入蜀，銓試第一，官福寧州倅。宋亡，退棲永康山。至元中，召授集賢修撰。至大初，主寧海簿，發奸摘伏，權譎捭闔，殊類趙廣漢。轉兩浙都轉運鹽使，歸隱虎林山卒。爲文章金舂玉撞，碑板焜煌，照耀四裔。著《瓦缶編》、《南昌集》、《寧海漫鈔》、《顏樂齋稿》，書法多鑴入《停雲》，體不復綴。

清吳升《大觀錄》元賢詩翰姓氏卷十《運使胡長孺》

《簡明目錄》評曰："《待制集》二十卷，附錄一卷。元柳貫撰。貫經學受於金履祥，史學受於牟應龍，文章則得於方鳳、謝翺、吳思齊、方回、龔開、仇遠、戴表元、胡長孺，授受相承，皆遠有端緒。故其文根柢深厚，閎肆而精嚴，與黃溍齊名而駸駸乎欲爭先路。"

清戴殿江《金華理學粹編》卷七《理傳正傳》

汲仲，諱長孺，永康人。宋知台州居仁之子，幼好學九經諸史，下逮百氏,名墨縱橫,旁行敷落,律令章程,無不包羅而揆序之。咸淳十年,以廕補入官,銓試第一,監重慶府隔槽酒務、兼總領湖廣軍馬錢糧所僉廳,與高朋、李湜、梅應春等號"南中八士"。宋亡,退隱山林。至元中,薦爲翰林院修撰,忤執政,改授揚州教授,遷建昌録事,轉台州路寧海主簿,有政聲。遷兩浙都轉運鹽使司長山場鹽司,進階將仕郎。未上,以病辭,不復仕。長孺爲人光明宏偉,務爲本心之學,慨然以孟子自許。聘致庠序,敷衍經義,環聽者數百人。爲辭章有精魄,金春玉撞,一發其和平之氣。碑版焜煌,照耀四裔。鄉闈取士,屢司文衡,貴實賤華,文風一變。晚寓武林,病喘。一日具酒食,與比鄰別。門人曰:"先生精神不衰,何遽觀化乎?"曰:"精神與死生,固無相涉也。"卒年七十五。所著有《瓦缶集》、《南昌集》、《顏樂齋稿》,惟《石塘行稿》五十卷存,今亦亡。吳淵穎《石塘文鈔序》曰:"周、邵、二程,始推聖賢理數之學,以淑諸人。説者乃稱濂溪之授受,本於壽涯禪者之徒。石塘先生至爲論辨以著明之。是乃士君子之所深感者也!夫以周程理學之盛,而邵之數學,且不能以並傳於是。朱子乃以東都文獻之餘,一傳於閩之延平,而又兼講於楚之嶽麓,誠可謂集濂洛諸儒之大成矣。當是時也,二陸復自奮於撫之金溪,欲踵孟子,曾不以循序漸進爲階梯,而特以一超頓悟爲究竟。今則至謂朱爲支離,陸爲簡易,必使其直見人心之妙,而義理自明,然後爲學。自謂爲陸,實即禪也。故曰'世之學者,知禪不知學,知學不知禪'。是豈深溺乎異端外學之故,而遂誣其祖。乃舉堯舜以來七聖相授,洙泗以後四子所傳之道,而悉謂之禪耶?惜乎!予年甚少,僅得一再見石塘先生,而不得親叩其詳也。"又曰:"自近年科舉行,朱學盛矣,而陸學遂絶。世之學者玩常襲故,尋行摘墨,益見其爲學術之弊。意者石塘先生其少發抒金溪之故櫝,而少濯其心耶?"曾不數年,而先生衣冠沐浴,端坐而遷化。予方無以終事,則徒識其遺言,撫其墜稿,繼之以涕泣而已。

宋景濂曰：長孺之學，出於青田余學古，學古師同邑王夢松，夢松事龍泉葉味道，味道則朱子弟子也。長孺默存静觀，超然自得。晚年慕陸九淵爲人，每取其“宇宙即吾心”之言，諄諄爲學者誦之。今其説猶在，安得豪傑者興而正其異同哉？

羅整庵曰：象山之學，大抵皆明心之説。其自謂所學得於孟子，然孟子之先立乎大者，以能思也。象山則謂當惻隱處，自能惻隱；當羞惡處，自能羞惡；當辭讓處，自能辭讓，是非在前，自能辨之。則無所用其思，而非孟子之本指。霍□王介甫借周禮以行富强，陸子静借孟子以行禪學，先後學術其揆一而已。

江案：朱子謂：“渡江以來，惟我與子静八字著脚，做著己工夫。”玩其微意，正與孟子之論告子“先我不動心者”同，詞雖美之，而實則不相爲謀也。故其竭力與辨，一則曰“禪”，再則曰“告子”，皆有以洞見肺腑，而盡發其膏肓之疾，而初非出於揣摩臆度之私矣。故雖未能盡絶其説，而正氣常伸，卒有以遏其燎原之勢，而後儒正可據之，以收廓清摧陷之功。當是時，守先待後之任，直與孟子之息邪説，正人心者，後先一轍。此朱子所以有功萬世，而吾婺正學由之以開也。以朱景雲之正直不阿，而不免援朱以入陸，胡汲仲之師承有自，而晚年即陸以爲禪。何與其後永樂《性理綜要》一書，纂輯諸儒以象山承吕成公後，而歷采朱子指摘之言以明之，使明心見性之教，人人知其爲禪學者，其時正學之昌明何如哉！

清戴殿江《金華理學粹編》卷十《學術分塗》

朱景雲、胡汲仲之宗陸，程松溪、應石門諸人之宗王，皆於朱子之外，自闢井疆。則於婺學之正，别開途徑。今備采諸人行述，並著先儒辨論之詳，以發明之。庶知理學所由分，愈歧而愈遠，而惟恪遵朱子者，爲至正而無弊也。

清戴殿江《金華理學粹編》卷十《學術分塗》

《珊瑚木難》:"胡長孺以寧海主簿如府計事,舍上蔡書院,士人周仁榮造焉。"今東湖左畔有"小瀛洲"三字石坊,即書院之門額。

清洪頤煊《台州札紀》卷四

《隱居通議》:宏齋先生包樞相嘗言,昔爲台州通判日,州連東海。遙望海洋中有漩渦至數十,疑即所謂"尾閭"也。予每欲質其事,而無由。至大庚戌、辛亥間,石塘胡汲仲長孺爲台州寧海主簿,縣正與海接。予與石塘公厚,因以宏齋舊説叩之。今得其回書云:"寧海在台東境,距平陽嶺海七百里,距鄞爲近。其又東境,即大海,舟人所不敢涉。惟冬則釣船行二程輒止,相傳其東則鬼國,水勢流下,雖潮生時亦不可上,恐是尾閭處也。宏齋謂見有十數渦,則某所未見也。"

清洪頤煊《台州札紀》卷五《尾閭》

《遂昌雜録》:金華胡石塘先生以崔中丞薦,見世祖。顧問,所答不稱旨,出爲揚州路儒學教授,除台州寧海簿。愛縣民如子,上司誅,求身當之。素客於杭,以古文倡,人求記碣序贊,稍不順理難,雖百金不作也。居青蓮寺。後爲鹽場司丞,浙省以是年秋試,屈先生爲試官。復來青蓮寺,歿寺中。歿時當嚴冬,尚未挾纊。是日,元祐往候之,項可立煮三建湯飲之,猶力疾答揚州盛恕齋書,語次又訓飭學者以自樹立。氣益索,扶之上卧榻,即趺跏坐逝。歛後,天台周本心時爲浙省掾,率學徒私謚"修道先生"。

《宋景濂集・胡長孺傳》:轉台州路寧海縣主簿,邑有銅巖,惡少年狙伺其間,恒出鈔道,爲過客患,官不能禁。長孺僞衣商人服,令蒼頭負貨以從,陰戒驍卒十人躡其後。長孺至,巖中人突出要之,長孺方遜辭謝,驍卒俄集,皆成擒,俾盡逮其黨置於法,行者無虞。民荷溺器糞田,偶觸軍卒衣,卒杖傷民,且碎器而去,竟不知主名。民來訴,陽怒其誣,械於市,俾左右潛偵之。向杖者過焉,戟手稱快,執詣所隸,杖而還其器。群嫗聚浮屠庵,誦佛書爲禳祈,一嫗失其衣,適長孺出鄉,嫗訟之。長孺以牟麥置群嫗合掌中,命繞佛誦書如初。長孺閉目叩齒,作集神狀,且曰:"吾使神監之矣,盜衣者行數周,麥當芽。"一嫗屢開掌視,長孺指縛之,還所竊衣。

清洪頤煊《台州札紀》卷十一《胡石塘》

《梧溪集·讀僧惇樸庵〈松石稿〉詩序》云:惇,黃巖人。趙宋宗室裔,胡石塘之門生也。性介潔,不樂茹腥血,因祝髮爲沙門。壯遊金陵,與五峰李孝光並受知梁王。一日,公引柯九思見,柯以寫竹遂親幸。王即位,獨召用柯。李後送公詩云:"月行天中央,天高如屋極。中有雪色兔,下土人不識。我曾摩其鬚,仙吏睨我側。世人乞毫光,密如霧雨塞。蹴踏河漢搖,洶湧若秋汐。是誰知此奇,南有彌天釋。去去不復念,令人淚橫臆。"若不能無慨者。公《松石稿》於金陵時事,則無一及之,榮念蓋灰如也。

清洪頤煊《台州札紀》卷十一

揭曼碩在元時以詩名,與虞道園、楊仲弘、范德機稱"四家",而其文亦嚴整有法度,一時碑版巨製多屬撰著。雖未克與道園抗衡,要當在黃文獻、歐陽圭齋之間。其《全集》爲燮理普化所編,共十四卷。茲《文粹》五十七篇,不分卷帙,明楊士奇所選定。黃蕘圃家藏有刻本,卷首有《文安傳》。此抄本係張子和家所藏,予從子和孫伯元借讀,並錄其副。其中如《上李秦公書》、《與胡汲仲書》、《富州學記》、《涿州孔子廟禮器記》、《雙節廟碑》、《題昔刺使宋圖後》諸篇,皆淹雅閎肆,足以發揮至理,上窺韓歐。按:公文見於蘇伯修《元文類》者,茲數篇皆未入選,而伯修所錄《桂陽縣尹范君墓誌銘》、《李節婦傳》,又茲編所未及也。

清孫原湘《天真閣集》卷四十四《跋揭文安集後》

171

朱斐瞻曰:"古來豪傑,血氣稟受,耳目濡染,父子祖孫繼美者多矣。至於甥舅之間,焜燿史册者,如楊惲,太史公之甥也;杜鄴,張敞之甥也;杜林,張伯松之甥也;羊祜,蔡中郎之甥也;卞壼,張華之甥也;何無忌,劉牢之之甥也;尉遲迥,宇文泰之甥也;李衛公靖,韓禽虎之甥也;韋丹,顏魯公之甥也;韓持國兄弟、蘇才翁子美,皆王魏公之甥也;徐師川、洪駒父,皆黃山谷之甥也;曾文清,孔毅父之甥;而吕成公兄弟,又文清之甥也;吳思齊,陳同甫之甥也;吳萊,方韶卿之甥也;王保保,察罕帖木兒之甥也;胡長孺,徐道隆之甥也;祝允明,徐武功之甥也。其他未及記憶者尚夥。"

清凌揚藻《蠡勺編》卷三十九《甥舅知名》

無卷次,無撰人名氏,前有古候黃文仲及三山林興祖兩序,疑出二人所編。按:郁有《言行録》一卷,已鈔録。此特其宦遊所至,與當日賢士大夫,一時投贈之作。江西《饒州府志》稱"郁知浮梁縣,聘吳仲迂爲後進師,士風丕變,政爲江南諸邑最"。集中《壽老致政嘉議郭公序》乃胡長孺汲仲作,按鄭元祐《遂昌雜録》言:"汲仲爲金華'三胡'先生之一,罷官後客杭。貧甚,以古文倡,人求記碣序贊,稍不順理,雖百金不作也。"又陶宗儀《輟耕録》載:"汲仲特立獨行,剛介有守。趙松雪嘗爲羅司徒奉鈔百錠,爲先生潤筆,請作乃父墓銘。先生怒曰:'我豈爲宦官作墓銘邪?'是日,先生正絕糧,其子以情白,坐上諸客咸勸受之,先生却愈堅。"汲仲耿介絕俗,而乃肯爲郁父作序,可以知郁之爲政矣。《饒州府志》又言:"郁爲浮梁時,風謠云:'桃李陰陰六萬家,下車民不識州衙。甘棠喜有千年政,美玉終無一點瑕。'"今集中有《民謠》十首,而《昌江百詠》祇存四十五首,不録。此詩當日之流風善政,遺佚不少,且一時之士與郁相贈答者,如仇遠、汪澤民、鄧文原皆不輕與人周旋者,則郁之賢益可知矣。

清阮元《揅經室集》外集卷四《編類
運使復齋郭公敏行録》提要

　　趙松雪爲羅司徒致鈔百錠於胡汲仲，請作乃父墓銘。汲仲怒曰：
"我豈爲宦官作墓銘者？"是日，汲仲正絶糧，其子以情白，坐客咸勸
之，却愈堅。如此風節，豈在韋貫之、楊萬里之下哉？

　　　　清賀長齡《清經世文編》卷五引侯七乘《文章不可苟作》

　　尊經閣。元大德元年，判官李希賢即宸奎閣爲尊經閣，胡長孺
有記。

　　　　清喬溎修，賀熙齡纂《(道光)浮梁縣志》卷六

　　鄉先正永康胡汲仲先生，由揚州教授主簿寧海，政績詳《元史·
儒林傳》。其撰述有《漫鈔》一編，想係緱城事迹，詮次前聞，用資考
鑒。今其書不可見矣！僕忝職有年，青氈一榻，輒以課士之暇，稍稍
爬羅，得如干條。謬襲其名，付之剞劂。淺見罕聞，恐無補於緱城萬
一也。

　　　　清盧標《緱城漫鈔》序

　　南宗又分兩派：在江右者，始於熊與可、吳幼清，而其後虞伯生、
揭曼碩、歐陽原功卓然大家；浙東之在鄞者，戴帥初、任叔實、袁伯長，
在婺者則有金吉甫、胡汲仲、許益之、吳立夫、張子長、黃晉卿、柳道
傳、吳正傳、胡古愚。洎乎末造，北學久衰，江右之人材亦不振，惟浙
東一派英英輩出，鬱爲後勁。

　　　　清蔣光煦《東湖叢記》卷二《元文選》序

　　右元詩八首，俱胡長孺作，見顧秀野《草堂元詩選》。長孺詩已見
於《正集》，今復得此，錄板久成，故另爲補遺一卷。

　　　　清陳鳳巢《永康詩録》卷十八

往歲宗祠祀事修，去冬歸里，始與祭龍山總祠。新年追報又杭州。虎林敢繼石塘寓，遠祖石塘公，元時寓居虎林山，今之祖山寺前也。與丹新寓不甚遠。龍井非關山水遊。時越百年疏麥飯，客先三載訪松楸。張漱珊丈偕家楠生於丙子秋，先訪得墓地所落。從來興廢皆天意，千里何期合不謀。

依山越澗度封筌，擷藻牽蘋禮墓堂。豈僅孫曾供俎豆，更欣賓從拜冠裳。應敏齋、丁松生二公同往與祭。雨鳩聲止新天霽，風馬神來特地翔。送神之際，天風忽來。位業真靈參不昧，始知公亦戀餘杭。

橋危石豁券臺敧，竪撲封崇又一時。竹柏蕭森逃浩劫，梓桑恭敬表新碑。敏齋修墓後新勒碑石。峨峨文正題銘筆，惓惓清明展墓詩。宋范文正公作誌銘，元黃文獻公於清明日約同鄉四十餘人兩次謁墓有詩。漫說方巖多顯應，南山祠廟尚餘基。宋時方圓庵在墓前，遺址尚存，敏齋、松生擬募資復舊。

彌勒同龕畫象連，兩開士伴五先賢。蘇長公、趙清獻、胡佑順侯、蘇穎濱、秦淮海爲五賢；參寥、辨才爲二開士。欲修故事西山下，追溯清風南渡前。《武林舊事》云："廟在墓前。"一木安能支廣厦，千金何幸出廉泉。重修方圓庵，秦澹如都轉允捐千金爲倡。從茲墓祭年年集，更結千秋香火緣。

序云：正月十七日，從兄纉三祖繩約亮軒夢庚、恒山鎮朔、覲宸逢年、鳴和鳳鏘、懷芬蘭馨、月垣炳星，來杭寓居敝廬，因雨阻，小住旬日。二十七日，同往龍井掃墓，賦此誌感。

清胡鳳丹《退補齋詩文存二編》詩存二編

卷九《戊寅造詣龍井謁上伯祖佑順侯墓》

長孺，字汲仲，號石塘，婺州永康人。咸淳中，授迪功郎。至元中，世祖召見，官至寧海主簿。有《石塘稿》。句："薄糜不繼襖不裏，謳吟猶是鐘球鳴。"《東園友聞》："汲仲先生《送蔡如愚歸東陽》云云，語惟善曰：此余秘密藏中休糧方也。"

清陳衍《元詩紀事》卷四《胡長孺》

　　胡長孺,字汲仲,婺州永康人也。父居仁,宋淳祐進士,知台州有聲。長孺初從外舅徐道隆入蜀,銓試第一,授迪功郎、監重慶酒税,遷福寧通判。會宋亡,退棲永康山中。至元二十五年,以薦入朝。世祖召見,拜集賢修撰,以與宰相議不合,改教授揚州。久之,遷寧海主簿。延祐初,轉長山場鹽司丞,以病辭,遂不復仕,隱杭州虎林山,以壽終。長孺專務明本心之學,嘗言“人雖至靈,與物同産,初無二本”,其論頗涉二氏。而文則有精魄,碑版焜煌,照耀四裔。惟不妄與人,有宋内監司徒羅知悌,以醫知名士大夫間,嘗奉鈔百錠求爲父銘墓。長孺怒曰：“我豈爲宦官執筆耶?”是日,正絶糧,其子以情白,坐客或勸受之,長孺却益堅。嘗舉其詩以告人曰：“薄糜不繼襖不暖,謳吟猶是鐘球鳴,此余秘密藏中休糧方也。”人多其操。方爲吏,亦善治訟,以“神君”稱,事多不具載。從兄之綱,字仍仲;之純,字穆仲。當時號爲“三胡”,皆篤行能文。

清曾廉《元書》卷八十九

　　舊志云：元趙惇,字樸庵,宋宗室裔,居黃巖。少從胡石塘先生遊,性介潔,不樂茹腥血,遂祝髮爲沙門。壯遊金陵,與五峰李孝光並受梁王知遇。一日,惇引柯九思見,柯以寫竹遂得親幸。王即位,獨召用柯。李後送惇還山云：“月行天中央,天高如屋極。中有雪色兔,下土人不識。我曾摩其鬚,仙吏睨我側。世人乞毫光,密如霧雨塞。蹴踏河漢搖,洶湧若秋汐。是誰知此奇,南有彌天釋。去去不復念,令人淚橫臆。”蓋李亦不能無慨也。惇以壽終,其徒智升以所遺《松石稿》示王逢,逢稱惇：“兩主名剎,退老雲間。心易筆史,有山林宿儒氣,習佛業師,行稱於名。緇稿若干篇,於金陵時事無一及者,榮念蓋灰如也。”爲述大略,並和李韻云：“世殊老復至,懷賢思彌極。静觀惇公詩,巖姿怳曾識。蓋茅白雲奧,結軫彤邸側。酥酪味殊珍,蒪茹飢可塞。翛翛隻履邁,古渡幾潮汐。松偃石泐泉,對月卷忍釋。大鵬世

175

亦無,山雞銜文臆。"

清陳寶善修,王詠霓纂《(光緒)黃巖縣志》
卷二十八《松石稿》提要

　　《金華雜識》:宋濂師聞人夢吉,又師吳萊,萊師方韶父;永康胡長孺師青田余學古,學古師同邑王夢松,夢松師葉味道,味道則晦翁弟子也。淵源之有自如此。

清雷銑修,王棻纂《(光緒)青田縣志》卷十七

　　胡長孺,字汲仲,婺州永康人。元貞元年,自揚州教授移建昌,適錄事闕官,以長孺攝之。程文海方貴顯,其家氣焰薰灼,即違法,人不敢呵問。其樹外門,侵官道,長孺亟命撤之。至大元年,轉台州路寧海縣主簿。

清曾國藩修,劉繹纂《(光緒)江西通志》卷一百三十一

　　儒學……至大間,主簿胡長孺鑄爲鐘,明永樂元年癸未毀於火,令顧諲、丞李誠相繼修葺。

清王瑞成修,張濬纂《(光緒)寧海縣志》卷四

　　名宦祠。在戟門左,祀後唐令陳長官,明令唐愈賢、曹學程、王演疇、張紹謙,宋簿洪皓,元簿胡長孺,丞黃潛,明丞周公輔、尉魏澤。

清王瑞成修,張濬纂《(光緒)寧海縣志》卷四

　　景行堂。元至大間,主簿胡長孺於明善堂右立陳長官祠。明成化十五年己亥,郭令紳徙祠於聖廟西,改爲景行堂。十八年壬寅,張令宏宜改堂爲先賢祠,又益鄉賢三人。正德元年丙寅,張令羽別立陳長官祠於白鶴廟。

清王瑞成修,張濬纂《(光緒)寧海縣志》卷四

大成殿銅鐘四。懸重檐四隅,元至大間主簿胡長孺鑄。

　　　清王瑞成修,張濬纂《(光緒)寧海縣志》卷二十一

元鄉賢胡長孺墓。

　　　清李汝爲修,潘樹棠纂《(光緒)永康縣志》卷二

　　胡長孺,字汲仲。知台州居仁子也。性聰敏,九經諸史,下逮百家,靡不貫通。咸淳中,以任子入官,銓試第一,授迪功郎、監重慶府酒務、兼湖廣總領所軍馬錢糧,與高彭等號"南中八士"。後轉福寧州倅,會宋亡,歸隱。至元中,應求賢詔,擢集賢修撰。因忤執政,改教授揚州。秩滿,遷建昌録事。時程文海方貴顯,其外門侵官道,亟撤而正之。轉台州路寧海縣主簿,善摘奸伏,人稱神明。縣有銅巖,惡少狙伺其間,出鈔道,爲過客患。長孺僞衣商人服,令商人負貨以從,戒驍卒數人躡其後。長孺至,巖中人突出邀之,長孺方遜辭謝,驍卒俄集,悉擒伏法。永嘉民有弟質珠步搖於兄者,兄妻愛之,紿以亡於盜。屢訟不獲,往告長孺,長孺曰:"爾非吾民也。"斥去之。未幾,治盜,潛令盜誣其兄受步搖爲賍,逮問不伏,長孺呵曰:"汝家信有是,何謂誣耶?"兄倉皇曰:"有固有之,乃弟所質者。"趨持至,驗之,呼其弟示曰:"此非爾家物耶?"弟曰:"是矣。"遂歸焉。其他類此者甚多。浙東大祲,民死者相枕。宣慰脱歡察斂民錢一百五十萬賑之,以餘錢二十五萬屬長孺,長孺覺其有乾没意,悉以散於民。脱歡察怒,長孺曰:"民一日不食,當有死者,誠不及以聞,然官書具在,可徵也。"脱歡察默然而去。尋遷長山鹽司丞,謝病歸,隱杭之虎林山。晚得疾,正衣冠端坐而逝,年七十五。長孺師青田余學古,學古師同邑王夢松,夢松師龍泉葉味道,則朱晦庵高第弟子也。爲人光明俊偉,專務發明本心之學,慨然以孟子自任。末年更慕陸九淵爲人,每取其"宇宙即吾心"之言,諄諄爲學者道之。爲文章有精魄,海内購之如獲琪璧。屢

司文衡,賤華貴實,士習爲之一變。在至元中,與金履祥並以學術爲郡人倡,學者尊而仰之。所著有《瓦缶編》、《建昌集》、《寧海漫鈔》、《顔樂齋稿》。從兄之綱、之純亦皆以文學名。之綱,字仍仲,嘗被薦書,於聲音字畫之説,自謂獨造其妙;之純,字穆仲,咸淳甲戌進士,踐履如古獨行者,其文尤明潔可誦,人稱爲"三胡"云。

清李汝爲修,潘樹棠纂《(光緒)永康縣志》卷七

陳剛,字公潛,慕賢西鄉臘田人。弱冠遊杭州,從永康胡長孺問業。時長孺爲西湖書院山長,見剛勤敏,留館於家,盡以所學授之。剛累試不第,遂棄去,專業經史。通曆學,著有《五經問難》、《四書通辯》、《歷代帝王正閏圖説》、《官制説》、《渾天儀説》若干卷,手鈔《禹貢》、《洪範説》各一卷,纂《性理會元》四十六卷,書俱不傳。史伯璿《論語管窺》稱《通辯》説《子路篇》衛君章曰:《左氏傳》雖難盡信,觀"子見南子,子路不説"、"子貢以夷齊問夫子,知其爲衛君"、"蒯瞶之出奔,與輒之據國",信如《左氏》所載者。《四書管窺》。其言於《公》、《穀》兩傳,及何休、范寧諸家注説,頗有斟酌。吳纂。文規撫兩漢,詩亦不屑六朝以下。晚年病目,有求者,猶口授以應,州人稱爲"潛齋先生"。永嘉洪鑄、林溫、章瑤、陳善、李時可、王清俱從剛受經説。舊志《宋元學案》參。

符璋纂修《(民國)平陽縣志》卷三十六

孔文栩,字周卿。父淇孫,宋咸淳中釋褐進士,官淮東制置司幹辦公事。文栩少受經於同里林景熙,學詩於瑞安張龍澤。及長,遍遊歙方回、淮陰龔開、錢唐仇遠、奉化戴表元、永康胡長孺之門,名聞於時。延祐初,署義烏縣學教諭。秩滿,改池州路學正、貴池縣學。與豪民爭漁陂,府久不能決,肅政廉訪司檄文栩與主簿按視。豪民倚重簿,文栩詰之曰:"據文界淺水,爾烏得梁中流?"奪所侵地歸諸學。路

同知與府不相能，詆府並及學，文枡曰："立於争地，豈得爲知機？"拂袖竟歸。時郭貫在吏部，趙孟頫在兵部，知文枡，相與推挽。會衍聖公思晦以薦牘上，置前資，特授吳江州教授，階將仕郎。至治元年之任，值霖雨害稼，贍學田租無徵者三頃。州尹必欲取盈，文枡争，不聽。徑請於省府，得免。州銜之甚，日夜躡尋過誤，兩歲無所得。平章政事黑驢聞文枡名，辟爲提控案牘。未行，以疾卒。文枡性矜嚴，士行或不檢，絶弗與往來，人咸敬憚焉。

符璋纂修《（民國）平陽縣志》卷三十六

胡長孺，字汲仲，永康人。居仁之子。師事青田余學古，淵源出於朱子。至大元年，官台州路寧海縣主簿，階將仕佐郎。大德丁未，浙東大祲。戊申，復無麥，民相枕死。宣慰同知托歡徹爾議行荒政，斂富人錢一百五十萬給之。至縣，以餘錢二十五萬屬長孺藏之，乃行旁州。長孺察其有乾没意，悉散於民。閲月再至，索其錢，長孺抱案進曰："錢在是矣。"托歡徹爾怒曰："汝膽如山邪？何所受命，而敢無忌若此？"長孺曰："民一日不食，當有死者，誠不及以聞，然官書具在，可徵也。"托歡徹爾雖怒不敢問。縣有銅巖，惡少年狙伺其間，恒出鈔道，爲過客患，官不能禁。長孺僞衣商人服，令蒼頭負貨以從，陰戒驍卒十人躡其後。長孺至，巖中人突出要之，長孺方遜辭謝，驍卒俄集，皆成擒。俾盡捕其黨，置於法，夜行無虞。民荷溺器糞田，偶觸軍卒衣，卒抶傷民，且碎器而去，竟不知主名。民來訴，長孺陽怒其誣，械於市，俾左右潛偵之。向抶者過焉，戟手稱快，執詣所隸，杖而償其器。群嫗聚浮屠庵，誦佛書爲禳祈。一嫗失衣，適長孺出其鄉，嫗訟之。長孺以牟麥置群嫗合掌中，命繞佛誦書如初。長孺閉目叩齒，作集神狀，且曰："吾使神監之矣，盜衣者行數周，麥當芽。"一嫗屢開掌視，長孺指縛之，還所竊衣。長孺白事帥府歸，吏言有奸事，屢問弗伏者。長孺曰："此易易爾。"夜伏吏案下，黎明，出奸者訊之，辭愈堅。

長孺佯謂令長曰："頗聞國家有詔，盍迎之。"叱隸卒縛奸者東西楹，空縣而出，庭無一人。奸者相謂曰："事至此，死亦無承，行將自解矣。"語畢，案下吏囉而出，奸者驚，咸叩頭服罪。永嘉民有弟質珠步摇於兄者，贖焉。兄妻愛之，紿以亡於盜。屢訟不獲直，往告長孺，長孺曰："爾非吾民也。"叱之去。未幾，治盜，長孺嗾盜誣兄受步摇爲贓，逮兄赴官。力辨，數弗置。長孺曰："爾家信有是，何謂誣耶?"兄倉皇曰："有固有之，乃弟所質者。"趣持至，驗之，呼其弟示曰："得非爾家物乎?"弟曰："然。"遂歸焉。其行事多類此，不能盡載。延祐元年，轉兩浙都轉運鹽使司長山場鹽司丞。未上，以病辭，不復仕，隱杭之虎林山以終。著有《瓦缶編》、《南昌集》、《寧海漫鈔》、《顔樂齋稿》。

喻長霖修，柯華威纂《(民國)台州府志》卷九十六

胡長孺，字汲仲，其先來自台州。宋南渡後，舉進士科者十人，纓緌相望。父居仁知台州，以政治文學稱。長孺學益擴大，九經諸史，下逮百氏，名墨縱横，旁行敷落，律令章程，咸甄綜淹貫。初師余學古，學古師王夢松，夢松師葉味道，得朱子真傳。專務明本心之學，慨然以孟子自許。敷繹經義，聽者常數百人。咸淳中入蜀，銓試第一名，授迪功郎、監重慶府酒務，兼總領湖廣軍馬錢糧所僉廳，與高彭等號"南中八士"。尋轉福寧州倅。宋亡，退棲永康山中。元至元二十五年，詔下求賢，强起爲集賢修撰，坐忤宰相，改教授揚州。元貞元年，移建昌，攝録事。程文海方貴顯，其家外門侵官道，無敢詰，長孺至，命撤之。至大元年，轉寧海主簿。浙東大祲，宣慰同知脱歡察斂富人賑錢一百五十萬，至縣，以盈餘二十五萬屬長孺鐍藏之。長孺察其有乾没意，悉散於民。閲月再至，索其錢，長孺抱牘進曰："錢在是矣。"脱歡察雖怒無如何。縣有銅巖，黠猾狙伺其間，爲行旅患。長孺僞爲商人服過之，陰戒騶卒躡後，盡擒置諸法。民荷溺器以耕，污軍卒衣，卒抶傷民，且碎器而去，不知主名。民來訴，長孺陽怒其誣，械

於市，抉者雜人叢來視，戟手稱快，執詣所隸，杖而償其器。群嫗聚誦佛經，一嫗失其衣，訟之。長孺以牟麥置群嫗合掌中，命誦經如初。長孺閉目叩齒，作集神狀，且曰：“吾使神監之，盜衣者行數周，麥當芽。”一嫗屢開掌視，長孺指縛之，還所竊衣。有奸事屢問弗伏，長孺夜伏吏案下，黎明，出奸者訊之，辭愈堅。長孺佯謂令長曰：“頗聞國家有詔，盍迎之。”叱隸卒縛奸者東西楹，空縣而出，庭無一人。奸者相謂曰：“事至此，死亦無承，行將自解矣。”語畢，吏自案下出，奸者懾服。永嘉民有弟質珠步搖於兄者，贖焉。兄妻紿以亡於盜，屢訟不獲直，往告長孺。長孺曰：“爾非吾治下。”叱之去。未幾，治盜，長孺嗾盜誣兄受步搖為贓，逮兄問弗服。長孺曰：“爾家信有是，何謂誣耶？”兄倉皇曰：“固有之，乃弟所質者。”趣持至驗之，呼其弟示曰：“得非爾家物乎？”弟曰：“然。”遂歸焉。其行事多類此。延祐元年，轉兩浙都轉運鹽使司長山場鹽司丞，升將仕郎。未上，以病辭，隱杭之虎林山。晚歲病喘，一旦具酒食，與比鄰別，云“將返故鄉”，門人有識其微意者，問曰：“先生精神不衰，何為遽欲觀化乎？”長孺曰：“精神與死生，初無相涉也。”就寢，至夜半，喘忽止，其子駒排戶視之，則正衣冠坐逝矣。年七十五。所著書有《瓦缶編》、《南昌集》、《寧海漫鈔》、《顏樂齋稿》，皆刊行。世重其文，求者如購拱璧。碑版焜煌，照耀四裔。苟非其人，雖一金易一字，毅然不與。屢司文衡，文風為之丕變。從兄之綱、之純，皆以經術文學知名於時，人稱為“三胡”。據《元史》、《潛溪文集》修。

論曰：長孺文章學術，誠不在衆人下。仕元以後，監酒榷鹽，史載其折獄事甚詳。嗟乎！簿書期會之間，謂足盡長孺之能事哉！

清胡宗懋《永康人物記》卷一

附録三：著述書目

《顏樂漫鈔》、《顏樂原鈔》。

    明朱存理《珊瑚木難》卷四胡長孺《〈顏樂齋原鈔〉引》

《石塘先生胡氏文鈔》，佚名輯。

    元吳萊《淵穎集》卷十一《石塘先生胡氏文鈔後序》引

胡長孺《瓦缶編》、《南昌集》、《寧海漫鈔》、《顏樂齋稿》。

    明宋濂《元史》卷一百九十《列傳》第七十七《胡長孺傳》

《瓦缶編》、《南昌集》、《顏樂齋稿》、《文鈔》，俱胡長孺著。

    明吳宣濟修，陳泗纂《（正德）永康縣志》卷七

《瓦缶編》、《顏樂齋稿》、《石塘文集》，胡長孺著。長孺，永康人。爲人光明宏偉，博學多文。海內購其辭章者，如獲拱璧。

    明王圻《續文獻通考》卷一百八十一

胡長孺《瓦缶編》。字汲仲，永康人。官寧海縣簿。

又《南昌集》，又《寧海漫草》，又《顏樂齋稿》，又《石塘文集》五十卷。

    清黃虞稷《千頃堂書目》卷二十九

胡長孺《石塘文集》五十卷、《瓦缶編》、《南昌集》、《寧海漫鈔》、《顔樂齋稿》。字汲仲，永康人。

清倪燦《補遼金元藝文志》

《胡石塘先生文集》，清程夔初輯。夔初，永康人。

永康《大後胡氏宗譜》卷十四《文集》

引程夔初《胡石塘先生文集述》

《石塘稿》，胡長孺撰，清顧嗣立輯。

《元詩選》二集卷二

《石塘文集》五十卷。元永康胡長孺汲仲撰。官長山鹽場司丞，見《佩文齋書畫譜》。存。宗懋按：汲仲有《瓦缶編》、《南昌集》、《顔樂齋稿》、《寧海漫草》，皆《石塘文集》單行本。

清胡宗懋《金華經籍志》卷十七

小楷《臨力命表》、《宣示表》、《憂虞帖》。胡長孺，字汲仲，金華人，號石塘。官至寧海縣主簿，書師鍾元常，得其骨力。

明豐坊《書訣》

附録四：師門淵源　門人弟子考

胡石塘爲人光明宏偉，智勇剛方，其學兼得心學與事功學之要，爲元中期大儒，宋濂列於《元史・儒林傳》卷首。然明末黃宗羲父子將其附於永嘉朱子學陳埴《木鐘學案》之後，有悖於宋濂"務爲明本心之學，慨然以孟子自許"的評價，實是皮相之見。石塘自幼從父、祖得聞陳龍川史學之縱橫，並由胡侃、王夢松與余學古而得心學之妙諦，尤有契於趙與籌寓心體於事功的開物成務之説，自成一格。其説融合史學與心學，是元代永康事功學的新形態，於元末明初思想界有深遠影響。今掇拾史料，考得胡長孺有師承淵源者七人，門人四十一人，再傳門人二十九人，詮叙如次：

師門淵源

一、石塘家學

1. 胡巖起

胡巖起，字伯巖，號雲穀。永康人。胡長孺祖父。嘉定甲戌進士，朝奉郎、知福州閩縣事。卓行危論，奇文瑰句，端平、嘉定士大夫皆以爲不可及。真德秀雅敬重之。爲江西提刑司幹辦公事，平贛州之難於指顧之頃，全活數十萬人。贛人作《平贛錄》記之。巖起及呂東萊之門，嘗序《少儀外傳》曰："與我同志者，盍深省焉。"又序永嘉鄭伯熊《敷文鄭氏書説》，其中云："心本同然，理不終泯。自伊洛諸先生力尋墮緒，遠紹正學，而敷文鄭公得其傳焉，探聖賢之心於千古之上。”議論趨向在東萊、同甫之間，重視心學甚於性體。

2. 胡居仁

胡居仁，字孟傳，號靜齋，永康人。胡長孺之父。淳祐丁未進士。朝散郎、知台州軍州事。文辭政事絶出於四方。師東陽馬光祖，光祖師“心學大儒”真德秀。嘗撰《沿江制置司諸軍寨記》，稱：“仁隱之，勇不能赴之，則或閼於艱；勇赴之，智不能周之，則或慁於素。君子謂是役也，居約而施溥，時絀而舉贏，工堅而事速，建一營，三物成矣。”思想不偏廢性理與事功，措置講求智巧膽略。師友淵源亦出於東萊、龍川一派。

3. 胡侃

胡侃，字子仁。初應賢良方正直言極諫科，科廢，遂退處西湖，築雪江講堂於三賢堂側，求古人之學。學問專以治心爲本，學者宗之。嘗移書質問楊文元，公隨答書印可。所著有《西湖集》。

二、石塘師門

1. 王夢松

王夢松，字曼卿，號順齋，青田人。少穎悟，通六經、諸子、天文、地理、稗官、雜説，以至於遷、固、曄、壽之史學。嘗謂孟子“四端”即舜禹“道心”之微。每於此心始動處下功夫，體認其本然者，主敬而涵養之。贊座右曰：“常行細務無非學；把住初心便是仁。”旁搜互發，靜照澄思。拜西山葉味道，味道以友處之，得考亭宗旨而返。咸淳八年，卒於家。有《論語解》、《孟子解》、《中庸》、《大學解》、《易解》等著作。

2. 余學古

余學古，青田人。國子正。從學於王夢松，嘗狀其師之生平，求銘於永嘉劉黻。

3. 杜道堅

杜道堅，字處逸，號“南穀子”。當塗人。生於宋理宗嘉熙元年，卒於元仁宗延祐五年，壽八十一。十四歲研習《老子》，十七歲學道於本郡天慶觀，師石山耿。又入茅山，從蔣玉海學，爲茅山宗嫡傳弟子。宋度宗賜號“輔教大師”，賜紫衣。宋末，親見伯顔於戰爭前綫，爲民請命，頗得賞識。又隨返大都，覲見元世祖，談論玄言要義。授杭州道錄，長期主持宗陽宫。元仁宗皇慶元年，賜號隆道冲真崇正真人，主持宗陽宫、吳興計籌山升玄報德宫及白石通玄宫。道行高深，主張三教融一，生平喜“探易、老之頤，合儒道之説”，認爲：“‘易有太極’，得不謂‘無極而太極’乎？太極，乃物初混屯之一氣；無極，即太極未形之太虛。”將老子虛無之道融貫於自然無極之道，並與易道相溝通。著作有《道德玄經原旨》、《玄經原旨發揮》、《通玄真經纘義》等，暢言老子五千言幽玄之義。弟子有薛志亨、林德芳、姚志恭、周德方、趙孟頫、胡長孺等人，在宋明道教史上的地位僅次於張三豐。

三、石塘私淑

1. 趙與籌

趙與籌，字德淵，青田人。楊簡門人，象山再傳。嘉定十三年進士，累官至觀文殿學士，歷知七府。景定元年卒。贈少師，謐“忠惠”。嘗見慈湖而問曰：“某於日用應酬都無一事，只未知歸宿之地。”慈湖曰：“心之精神是謂聖。人皆有是心，心未嘗不聖，何必更求歸宿？求歸宿乃起意，反害道。”德淵奉教終身。

門人弟子考

1. 陳剛

陳剛，字公潛，平陽人也。弱冠遊杭州，從永康胡長孺問業。時長孺爲西湖書院山長，見剛勤敏，晝夜研索不倦，留館於家，與同寢食，遂盡以所學授之。剛累試不第，遂棄去，專業經史，通曆學。著有《五經問難》、《四書通辯》、《歷代帝王正閏圖説》、《官制説》、《渾天儀說》若干卷,手鈔《禹貢》、《洪範說》各一卷,纂《性理會元》四十六卷。文規撫兩漢,詩亦不屑六朝以下。晚年病目,有求者猶口授以應,州人稱爲"潛齋先生"。永嘉洪濤、林溫、章瑶、陳善、李時可、王清,俱從剛受經說。

2. 鄭元祐

鄭元祐,字明德,遂昌人。父石門高士,元初,徙家錢塘。幼穎悟,入鄉校日,能盡記諸生所授書。十五作詩賦,往往出奇語。咸淳諸老皆折節下交,出入胡長孺之門,所得爲多。父卒,移姑蘇,從之遊者甚眾。省臺宣閫憲府交章以潛德薦,以臂疾辭。生平見人患難,拯拔如救水火。友或貧不能自存,則遍告賙之。至正丁酉,薦授本路儒學教授,欣然不辭,曰:"講學,我素志也。"又升浙江儒學提舉,歲餘卒。嘗以集示吳之謝徽曰:"吾在杭亦嘗有作,兹僑吳久而作之爲多,故名焉。子實見而知之者,宜爲序之。"徽序稱其文章:"抑揚頓挫,反復開闔,一至乎理而氣以攄之。若長江大河,汩汩數千裏而終歸之溟渤,綽有古作者風。"

3. 謝暉

謝暉,字彥實,資陽人。自其曾祖爲沿海參議官,始家於鄞。先生識見通敏,聞永康胡汲仲以道學淑後進,往受業其門。或勸習舉子業,答曰:"學以博通古今,資文行耳,仕奚所急哉?"趙文敏孟頫授以書法。比家居,藩帥郡守詣門請交,一無所求。爲詩文簡澹雋永,作字亦有法。人得其尺牘片楮爲珍,暉亦不自秘惜,求輒應之。有所不可,雖貴勢不能動也。與人交一以義,人有一善必揚之,足未嘗入城府。卒年六十有六。

4. 項詷

項詷,字可立,其先自台之仙居徙溫之永嘉,後復自永嘉徙台之臨海。曾祖馳,當宋南渡初,遭時多故,隱弗仕。大父良材,鄉貢進士。詷通群經大義,端行績學,晦迹不仕。金華黃溍、晉寧張翥皆重

之。居吳中甫里書院,與玉山顧瑛唱和。楊維楨序郭翼詩云:"今之
詩合吾之論者,斤斤三四人,虞公集、李公孝光、陳公樵也;竊繼其緒
餘者,亦斤斤三四人,天台項詷、姑胥陳謙、永嘉鄭東、昆山郭翼也。"
又序郯韶詩云:"我元之詩,虞爲宗,趙、范、楊、馬、陳、揭副之,繼者疊
出而未止。吾求之東南,永嘉李孝光,錢唐張天雨,天台丁復、項詷,
毗陵吳恭、倪瓚,蓋亦有本者也。"其古樂府《吳宮怨》、《公莫舞》、《空
井詞》、《江南弄》等作,時論以爲不減長吉。

5. 孔文栩

孔文栩,字周卿,平陽人。文栩少受經於同里林景熙,學詩於瑞
安張龍澤。及長,遍遊歙方回、淮陰龔開、錢塘仇遠、奉化戴表元、永
康胡長孺之門,名聞於時。延祐初,署義烏縣學教諭,秩滿,改池州路
學正。貴池縣學與豪民爭漁陂,府久不能決,肅政廉訪司檄文栩與主
簿按視。豪民倚重簿,文栩詰之曰:"據文界淺水,爾烏得梁中流?"奪
所侵地歸諸學。路同知與府不相能,詆府並及學,文栩曰:"立於爭
地,豈得爲知機?"拂袖竟歸。時郭貫在吏部,趙孟頫在兵部,知文栩,
相與推挽。會衍聖公思晦以薦牘上,置前資,特授吳江州教授、階將
仕郎。至治元年之任,值霖雨害稼,贍學田租無徵者三頃。州尹必欲
取盈,文栩爭,不聽。徑請於省府,得免。州銜之甚,日夜躡尋過誤,
兩歲無所得。平章政事黑驢聞文栩名,辟爲提控案牘。未行,以疾
卒。文栩性矜嚴,士行或不檢,絶弗與往來,人咸敬憚焉。

6. 吳雄

吳雄,字一飛,諸暨人也。性易直,從金華胡長孺遊,以古人自
期。有地理、卜筮諸書,考證詳盡。嘗辟本州儒學正,不就。時人稱
爲"碧崖先生"。

7. 覺隱本誠

本誠,初名文誠,字道元。後名道元,字覺隱。自稱輔成山人、大
同山翁、凝始子。嘉興人。住興聖寺,嗣法虚谷陵禪師。又主本覺

寺,寓吳下山水佳絕處。工詩善畫,與天隱至公,笑隱訢公,呼爲"詩禪三隱"。少從胡石塘遊,著《性學指要》十卷,其中多排朱子之說,蓋石塘晚年緒論也。至正中,嘉禾人雕其書,淮張建國、鄭明德、陳敬初言而毀之。有《凝始子集》。

8. 夢堂曇噩

曇噩,字無夢,又曰夢堂,號酉庵,慈溪王氏子。業儒,從釋依元叟端,咨叩得法。延祐初,詔建水陸大會於金山,二浙名僧及賢士大夫畢集。噩佐元叟敷陳法要,與群公辯論英發,莫不推敬。至元五年,出世鄞之保慶,再遷開壽,三轉國清,賜號曰"佛真文懿"。噩初學文於胡長孺,故其爲詩賦皆有淵源,若袁清容桷、張河東壽極其稱頌。晚歲重修歷代高僧傳,筆力遒勁,逝年八十有九。

9. 僧惇樸庵

僧惇,號樸庵,宋宗室裔,居黃巖。少從胡石塘先生遊,性介潔,不樂茹腥血,遂祝髮爲沙門。壯遊金陵,與五峰李孝光並受梁王知遇。一日惇引柯九思見,柯以寫竹遂得親幸。王即位,獨召用柯。李後送惇還山云:"月行天中央,天高如屋極。中有雪色兔,下土人不識。我曾摩其鬐,仙吏睨我側。世人乞毫光,密如霧雨塞。蹴踏河漢搖,洶湧若秋汐。是誰知此奇,南有彌天釋。去去不復念,令人淚橫臆。"蓋李亦不能無慨也。惇以壽終,其徒智升以所遺《松石稿》示王逢,逢稱惇:"兩主名刹,退老雲間,心易筆史,有山林宿儒氣。習佛業師,行稱於名。緇稿若干篇,於金陵時事無一及者,榮念蓋灰如也。"

10. 李康

李康,字寧之,桐廬人。永康胡汲仲之徒也,累徵不起,所著有《桐川詩派》等書。

11. 范天錫

范天錫,字壽朋,休寧人。府教一卨之子,可起震之孫。邃軒歧術,爲郡醫學提領,與永康胡長孺諸名公遊。

12. 王艮

王艮，字止善。弱冠遊錢唐，與浦城楊仲宏、鄜州劉師魯友善，論詩務取法古人之雄渾，而脱去近世萎薾之習，間挾其所爲文登諸大老之門，最爲牟隆山、胡汲仲、穆仲、趙子昂、鄧善之所賞識。拂衣歸田後，家食者五年，扁所居曰“止止齋”，仍自號“鷃遊子”。

13. 吴福孫

吴福孫，字子善，杭州人。生而俊爽，稍長强學好修。元貞元年，猶未冠，用浙西憲使徐公察舉，補嘉興路儒學録，遷寧國路儒學正。江東憲司治寧國，涿郡盧公按臨之暇，略其勢分而與之遊，數以詩篇相倡答。既書再考，例當序進，絶口不自言。前代名流及時之雅望，若戴率初、仇仁近、胡汲仲、鄧善之咸加愛重，莫不折行輩與之均禮。趙文敏待之尤親密，文敏以善書名天下，慕效之者往往逼真，然罕有若福孫能得其早年楷法之妙者。尤兼工於篆籀，文敏極稱許之。皇慶二年，詔起文敏入侍講於集賢，挽之俱行，中朝賢士大夫禮遇甚至，泊然未嘗有所造請。至治二年，乃以教官借授潮州路潮陽縣青洋山巡檢。遐荒之地，移疾歸。至順二年，赴選集於京師。天子坐奎章閣，阿榮大學士以其所作小楷書上進，因得召見。巎巎學士方侍書於閣中，前奏曰：“臣濫得能書名，如吴福孫所書，雖臣亦所不及。”上頷之，命侍臣引金鍾，酌酒以賜。至元元年，調常州路儒學教授。福孫氣岸素高，又在師儒之位，不肯爲諂曲以事上官，竟坐是去。改調嘉興路澉浦務税課大使，承命欣然就職，殊不以爲歉也。晚益務恬退，足迹不涉達官貴人之門，日與方外大老徜徉湖山間，不復以仕禄爲意。至正六年，銓曹考其資歷，當升授將仕佐郎、松江府上海縣主簿。到官之始歲，適大旱，有禱立應。理民田爲豪强所據久而不歸者，諭止婚姻之訟積數歲不决者，他利害有當興除，方次第舉行。俄奉省檄，詣温、台兩郡臨給鹽場工本。七年秋，執事於鄉闈。甫畢，復俾馳傳督閩中税賦，以疾還上海，卒於所居之廨舍。

14. 黃溍

黃溍，字晉卿，義烏人。幼俊穎，學於金公吉甫、胡公汲仲。胡汲
仲曰：“千古聖賢藉文而顯，人托於道；如不相及，而道托於文，如相語
也。”以是湛於文章。登延祐二年進士第，累官江浙等處儒學提舉，仍
納祿請侍養，以秘書少監致仕。未幾，召除翰林學士、知制誥、同修國
史，尋兼經筵講官，升侍講學士。上章求歸，不待報而行。帝聞之，遣
使追還，復爲前官。久之，謝歸。七年卒，年八十一。贈中奉大夫、江
西等處行中書省參知政事、護軍，追封江夏郡公，謚文獻。溍爲人寬
厚博洽，文行爲一代楷模，而性精敏，習知吏事，疑難之獄一詢即決，
多所全活。在成均，平易近人，經其指授，業成而仕，皆有聞於時。在
禁林，經筵進講非有關於治道之大，不敢上陳，啓沃之功爲多。累主
文衡，所甄拔盡知名士。溍爲人清廉寡欲，貴而能貧，雖位至法從，蕭
然不異布衣。年甫強，仕即獨榻，以蒼頭給侍，聲色之事一無所好。
遇佳山水，則觴詠其間，終日忘反。沖曠簡遠之情，使人挹之，鄙吝頓
消。與人交，誠意懇至，不事矯飾。然剛中少容，觸物或弦急霆震，不
旋踵即釋，不留滯於中。其爲學，博極群書，歸於至精，剖析同異，讞
決是非，多先儒所未發見。諸論著一本六經，而以羽翼聖道爲主。其
爲文，布置謹嚴，援據精切，俯仰雍容，不大聲色。譬之澄湖不波，一
碧萬頃，魚鱉蛟龍，潛伏而不動，淵然之色，自不可犯。中統、至元以
來，如溍者二三人而已。凡國家典冊詔令，及勳賢碑銘，多出其手。
海内之士以文爲請者，日至於門。一篇之出，家傳而人誦之，雖絶徼
殊邦，皆知寶愛。善真草書，得其片幅必藏之，以爲榮。門人多一時
名士，而宋濂、王褘爲冠。

15. 吳萊

吳萊，字立夫，浦江人。四歲，母授以《孝經》、《論語》，隨口成誦。
七歲能屬文，鄉先進方鳳見而奇之，曰：“此邦家材也。”取《南山有臺》
詩中語，更名曰“萊”。博極群書，至於制度沿革、陰陽律曆、兵謀術

數、山經地志、字學族譜之屬，無所不通。延祐間，貢舉法行，時主文者爲豫章熊朋來、巴西鄧文原、永康胡長孺，此三數公皆鉅儒，學士咸懼不得當，而萊與焉。於是東經齊魯梁楚之郊，北抵燕都，遇中原奇絕處，輒瞠目長視，平岡灌莽，一望千里。與當塗李翼、餘姚方九思、臨川傅斯正，置酒高歌。尋以議論不合於世，退歸田里。嘗曰："胸中無數萬卷書，眼中無天下奇山水，下筆即兒女子語耳。"於是取《春秋傳》五十餘家，以意折之，皆有論著。復謂"古今樂府不同，郭茂倩但取標題，無時世先後"，乃就其所次，辨其時代，爲《樂府類編》；"古之詞賦，專尚音節，必使宮商相生，徵羽迭變。屈宋而下，唯司馬相如、揚雄，降而柳宗元能調協之"，因集四家所著爲《楚漢正聲》。他《文稿》六十卷，《尚書標説》六卷，《春秋世變圖》二卷，《春秋傳授譜》一卷，《古職方録》一卷，《唐律删》若干卷。其所爲文，逸宕不羈，尤長叙事，俯仰顧盼，雖久遠至，纖悉皆婉然若見，有漢人之風。身雖羸弱，若不勝衣，雙瞳碧色，爛若雷電，數步之內，見者爲之改容。而裁鑒精絕，人或以詩古文試之，察其辭氣，即能辨其時代。當其賦詠，捷如風雨，數十紙頃刻而就，而屬對嚴巧，文彩縟麗，觀者驚以爲神。有司以茂才薦，署饒州路長鄉書院山長，未行而卒。年四十四。門人宋濂等謚曰"淵穎"。萊同世有黃溍、柳貫，皆以文章著稱，言論風旨暨禄位皆過於萊。考其文詞，或什一不逮也。胡汲仲嘗謂立夫曰："子面膚黑而多點，唇齵掀而不閉。點則無澤，不閉則失氣，無澤而又失氣，匪壽徵也。"卒如其言。

16. 柳貫

柳貫，字道傳，浦江人。少受經於金履祥，學文於方鳳、謝翱、吳思齊，又往謁紫陽方回、淮陰龔開、南陽仇遠、勾章戴表元、永康胡長孺、隆山牟應龍，悉受其説。貫少有異質，穎悟過人，好讀書善記。自經史、百氏、兵刑、律曆，以至方技、術數、道佛藏，靡所不通。其爲文涵肆演迤，春容紆徐，每一篇出，人皆傳誦之。年三十一，始用察舉爲江山縣儒學教諭,遷昌國。滿考遊燕京,吳文正澄見其文而奇之曰：
"婺州柳君卿雲甘雨也,天下士行被其澤矣。"程文獻鉅夫以墨一丸授
之曰："文章正印,今屬吾子。"貫爲文絕出於時,館閣之士相與傳道之
甚厚。銓曹以士論所歸,特除湖廣儒學提舉。未上,改國子助教。前
後在列弟子千餘人,業成而仕,皆有名於時。遷太常博士,時方承平,
稽古禮文之事,次第並舉,有所規劃設施,必俟貫論定。時柄國大臣
欲以其祖配食孔子廟,衆莫敢忤,貫毅然撓之。有神降於洛,長史列
上禮部,乞加封號。貫以神奸鼓民,不治將亂,宜下所部禁之。監察
御史馬祖常薦其才堪風憲,章再上不報。泰定三年,出提舉江西等處
儒學。貫典學甚有聲,所至必延名士以教學者,凡興復學官事不遺餘
力。葺徐孺子墓,又立祠祀宋高士蘇雲卿。古碑碣有殘缺者,必訪而
重鐫,務振起雅道,弦誦如林。諸生敬若神明,其後出爲名臣良吏者
甚衆。秩滿歸,杜門不出者十餘年,屢空不繼,而人愈向往之。使者
行部,必詣門承問而去無虛月。至正元年,復召爲翰林侍制、充國史
編修官。未幾卒,時年七十三。逾數歲而元亡,學者私諡曰"文肅"。
貫局度凝定,燕居默坐,端嚴若神。而色莊氣和,即之如被春風,與之
處未嘗見其疾言遽色。雖至桀驁,瞻其德容,莫不氣奪意消。居家孝
友,生平以獎進人才爲己任。人有一善,諄諄稱道,唯恐不聞。天曆
以來,與崇仁虞集、豐城揭傒斯、義烏黃溍齊名,天下高之,號之曰"四
先生"。善楷法,工篆籀,京兆杜本謂其妙處不減李陽冰。兼能鑒別
古彝器,書畫識其真贗。所著《文集》二十卷、《字系》二卷、《近思錄廣
輯》三卷、《金石遺文》若干卷。

17. 陳高

陳高,字子上,永嘉平陽人。幼讀書,日記千言,所請問即出人意
表。擢至正十四年進士第,授慶元路錄事。明敏剛決,吏不敢易,民
不敢欺,聲名方赫赫。一旦忽移去,及方氏至,欲招致之而無從得矣。
平陽陷,棄妻子,往來閩浙間,蓋欲人不知其所在。二十六年冬,東西

浙陷。明年春,先生浮海,過山東,謁河南王、太傅、中書右丞相於懷慶,論江南之虛實,陳天下之安危,當何以弭已至之禍,何以消未來之憂。適關陝多故,未之用。士大夫聞其至,皆願與友。丞相亦喜,即欲官之,知其非志,亦不强。數月疾卒於邸,葬於懷慶城南,四方之士凡自南而來者,皆會哭。先生爲文,上本遷、固,下及諸子,六藝百氏之言無不學,而以求道爲要。凡詩文未嘗苟作,要其歸不當於理者,蓋鮮矣。自爲舉子時,其所作已爲流輩推重。金華胡汲仲先生以古學名,嘗傲視一世,人於文章矜許可,獨敬愛子上而稱之曰“能”。爲詩上遡漢魏,而齊梁以下弗論也。先生爲行,潔己而不同於俗,抗節而不屈於物。意所與,惓惓焉不能舍,赴其急,水火不避;所不與,欲其一語一字,不可得。所至合則留,不合則去。自號“不繫舟漁者”。

18. 錫都

錫都,一作忻都,字顯中,回回人,寄籍杭州。延祐元年,江浙行省鄉試舉首。延祐二年,護都遝兒榜進士。至治二年,任定海縣尹。元統二年,慶元府市舶提舉。重紀至元元年,卒於任。嘗受經永康胡長孺。

19. 朱嶸

朱嶸,字山甫。其先吉安人,祖宋進士,父力修嘗館甥烏程王氏,因徙烏程。篤志苦學,嘗受經永康胡長孺。延祐元年,浙江鄉試第九。次年,登張起康榜進士,仕浙東總管知事、長洲縣丞。

20. 盧可繼

盧可繼,延祐元年,浙江鄉試第第二十一,奉化州儒學教授。嘗受經永康胡長孺。

21. 饒抃

饒抃,字仕悦,建昌新城人。延祐元年,江西鄉試第七。明年,試科禮部報罷,以特恩厠儒學教授。文工行淳,以吳澄薦,充國子助教。嘗受經永康胡長孺。

22. 陳斗龍

陳斗龍,字南仲,臨安縣眉川人。宋監察御史陳成五世孫。父天澤娶盛氏,無子。求宜子者於錢唐清湖王氏,生斗龍。未一歲,盛不能容,遣還。至元丁丑,天澤病,斗龍年十三,能奉粥藥,禱於神,乞減年以延父壽,弗效,母盛亦病卒。斗龍居喪極哀感,群鳥集舍,飛鳴三日夜。儒學提舉孫朝瑞疏其孝行,薦爲宗晦書院山長。將之官,或告曰:"汝王氏出也,生數月而主母遣之去。"斗龍大驚,哭。即日與妻訣,誓欲見母。凡六年,於永豐禮賢鎮得之。母爲施氏婦,老矣。徽寇犯邑,斗龍負母走百丈山,遇賊告以故,衆皆咨嗟捨去,且戒其徒勿更至。石塘胡長孺爲立傳。

23. 王臨

王臨,字子智,號紫芝,處州麗水人。以易經舉進士,再試有司不中。爲人正直,執法如山。雖有志於時,然諰諰於刀筆間。既冠,授慶元象山教諭。石塘先生胡汲仲致書,貸其俸以周故人趙誠之妻女之急。終生爲汲仲所知,言語文字間時揚其譽。

24. 李翼

李翼,字仲羽,當塗人。幼與兄李習師事舅氏姚和中,與浦江吳萊、餘姚方九思、臨川傅斯正吊古醅歌,自謂有司馬子長遺風。以議論不合禮部,退歸田里。益肆力問學,經史靡不該洽。爲熊朋來、鄧文原、胡長孺諸名碩所知,從遊每數百人。後至元元年,試江浙行省,考官得其《龍馬圖賦》,有一唱三嘆之音,取爲賦魁。明年,罷科舉,以例兩舉者得諸路教授,不赴卒。

25. 王淮

王淮,字玉淵,麗水人。博學美容儀,嘗受業於石塘胡先生。大德間,授瀏陽州教授,歷松江路判官。

26. 張復亨

張復亨,字剛父,烏程人。力學博聞,仕至泰州同知。時與趙子昂、牟應龍、蕭子中、陳無逸、陳仲信、姚式、錢選皆能詩,號"吳興八俊"。虞邵庵嘗稱:"唐人之後,惟吳興八俊可繼其音。"

27. 舒叔獻

舒叔獻,寧海人,閬風先生舒岳祥子。工書善文章,新昌教諭。

28. 黃繼善

黃繼善,字成性,南城人。著《史學提要》。以四言韻語編貫諸史,始上古,終於宋,條理井井。又善詩,奇崛峭厲,挺然拔俗。潤以曾南豐之經,原以陸象山之道,磨礱浸潤,光瑩透徹。吳澄嘗序其詩,胡長孺序其文章。

29. 王守德

王守德,字性存,古滕人。善詩。廬陵劉岳申贈其《性存說》,稱"聖人者,其心所存即爲道,所欲即爲義",此即孟子道"性善"意。

30. 顧復

顧復,字仁甫。

31. 陳守中

陳守中,湖州路長興州三真觀道士。號明遠清逸法師。貢師泰《三真觀碑》稱"神完氣和,議論洒然"。

32. 劉汝

劉汝,字師魯,錢塘人。鄘王劉錡六世孫,瀏陽州儒學教授劉月心之子。由國子學擢高科,登進士第。歷端本堂司經、陝西行臺監察御史,糾彈不避權貴,累官至户部尚書。至正二十三年,命以東南漕事,浮海而出。以詩鳴,豪邁激越。有《師魯集》。

33. 董仲可

董仲可,德興人。至治辛酉,江浙行省鄉試解元。官湖南路照磨。善詩,《次廉訪使梁彥韻》懷古傷今,有云:"消磨今古山河魄,感嘆英雄鐵石腸。"

34. 方九思

方九思，餘姚人。博思善文，有司馬子長遺風。天曆二年四月，撰《慶善寺環翠樓記》。

35. 高驥生

高驥生，侯官人。延祐四年，江浙鄉試舉人。

36. 虞光祖

虞光祖，字善繼，崇安人。延祐四年，鄉試舉人。幼受學於熊勿軒，博綜經史，爲文跌宕不羈。官邵武儒學教授。嘗與熊勿軒泛舟，有《東陽懷古》詩云："東陽酒味香千古，雲谷書聲歇幾年。"

37. 傅斯正

傅斯正，字適道，金溪人。陸象山高弟，傅夢泉裔孫。延祐四年，鄉試舉人。建昌軍學教授。

38. 朱仲弘

朱仲弘，胡長孺門人。長孺嘗爲述佛之言：行能流傳千年數萬里，皆因高明正大之故。仲弘聞之默然。

39. 方君玉

方君玉，字則大，浮梁人。延祐七年，江西行省鄉試舉人。至治辛酉進士。仕紹興路餘姚州判官，終縣尹。

40. 何顗

何顗，永康人。從遊於胡石塘。

41. 孔濤

孔濤，字世平，先聖之裔。南渡初，徒衢州。濤舉泰定元年進士，授吳江判官。歲饑，民多事剽掠。濤設計捕數十人，謂此皆迫於饑餒而然，不可以盜論，杖而遣之。州瀕太湖，故築埭以禦水，繕修無時，病民特甚。濤爲改作，使可支久。鄰州饑，憲府俾往賑之，全活甚衆。舉治績爲諸州最，調桂陽州判官。天大旱，濤探獄有冤，出其無罪者三人。兩廣寇竊發，濤獨任軍旅供應，民不擾而軍食無乏絶。除湖州路總管府知事歸。

石塘再傳

陳剛門人

1. 洪濤

洪濤,字元質,永嘉人。至正間,浙省右丞相李朵兒只奉旨命儒士陶凱、韓大禮、瞿宗奎與濤等,同校勘《大元一統志》一千三百卷,並奏授教授。

2. 林溫

林溫,字伯恭,永嘉人。元季以《春秋》魁鄉薦,文名海內。洪武初,授秦王府長史,後典閩浙文衡。宋景濂稱其詩"本於氣之所養,與世之學詩者自異"。有《栗齋文集》藏於家。

3. 李時可

李時可,樂清人。元季,嘗與潘伯修避兵柔川。洪武初,舉教官。三年,入覲奉天門,會太史奏文星見,上親擢十八人俱爲監察御史,時可與焉。出知偃師縣,治聲甚著。布政使趙新、饒陽令郭檟皆其所汲引,時稱知人。

4. 章瑶

5. 陳善

6. 王清

以上三人,皆永嘉人。俱陳剛門人。

鄭元祐門人

1. 趙期孫

生平事迹不詳。

2. 高遜志

高遜志,字士敏,徐州蕭縣人。元季僑居嘉興,從鄭元祐、高啓諸人遊,爲世儒宗。年二十五,爲鄮山書院長。洪武二年,以續修《元史》徵入翰林，爲編修，累遷侍講學士。建文朝，兼太常少卿，庚戌會試，副禮部右侍郎。

3. 徐元度

徐元度，毗陵人。方弱冠時，學於吳中鄭元祐，文藝穎出，識者有望焉。後從事師垣出掾浙省。雍容以文進退，以度識大體，不汨於流俗，慎言敏行名，實孚於上下。

謝暉門人

1. 謝仲貞

謝仲貞，鄞縣人。謝暉子，富藏法帖，嘗得宋太宗所書《急就篇》。

孔文栩門人

1. 孔克熙

2. 孔克烈

3. 孔克㤘

4. 孔克勳

5. 孔克然

以上五人，俱孔文栩子。克熙，長林教諭。克烈，字顯夫。兩舉校官不就，年三十四，得瞶疾廢於時，乃隱居南雁碭以詩自遣，得八百首，名曰《雁山樵唱》。又有《考槃集》若干卷。克㤘，亦不仕。克勳，字成夫。入明爲侍禮郎、清河知縣。勸農興學，修廢舉墜，吏民悅服。遷隴州知州。克然，興化學正。

6. 孔克表

孔克表，字正夫，平陽人。至正進士。洪武間，薦舉爲翰林修撰。博學篤行，尤精史學。上命釋《四書》、《五經》，賜御製《論語解》。官至禮部尚書。宋濂序之，以比孔穎達。

黃溍門人

1. 王禕

王禕，字子充，義烏人。幼秀爽奇敏，師事黃晉卿。元政亂，先生爲書數千言上時宰，危素、張起巖並薦，不報。隱青巖山著書。明洪武初，授江西儒學提舉司校理，遷起居注，同知南康府事。召修《元史》，爲總裁官。書成，擢翰林侍制，兼國史編修。奉使雲南，爲梁王把都所害。其遺文有《華川集》、《玉堂雜著》諸書。嘗引胡長孺文以勵風俗。

2. 陳基

陳基，字敬初，臨海人。黃晉卿高弟，學者稱“夷白先生”。

3. 蔣允升

蔣允升，字季高，東陽人。蔣元之子。幼穎異，長益自力於學。父性嚴毅，教訓甚篤，延方先生麟、李先生亦於家，爲之師。凡天人性命之奧，禮樂名物度數之詳，悉得於耳提面命而會其指歸。後束書入懷歸山中，博考而精思之。所有既富，發爲文章，動合法度。會黃侍講致政家居，先生爰登其門。嘗試有司不合，遂棄其業弗爲，部使者舉其茂材，當得官，未報而卒。年二十九。所著有《時敏齋稿》。

4. 高明

高明，字則誠，永嘉人。自少以博學稱，一日嘆曰：“人不專一經取第，雖博奚爲？”乃自奮讀《春秋》，識聖人大義，屬文操筆立就。登至正乙酉第，授處州錄事，數忤權貴，謝病去。除福建行省都事，道經慶元，方氏竊據，強留幕下，力辭不從，臥病卒。所著有《柔克齋集》二十卷。

吳萊門人

1. 宋濂

宋濂，字景濂。自金華徙居浦江青蘿山。少師聞人夢吉，復從吳萊、柳貫、黃溍遊，多所指授。遂以文章名海內。元至正中，用大臣言，以翰林院國史編修召，濂爲黃冠，逃隱小龍門，作屋三間，讀書自娛，竟不出。洪武庚子，舉遺逸，特徵濂，除江南儒學提舉，授太子經，累官至翰林學士、亞中大夫、知制誥。修《元史》。時編纂之士皆山林宿學,而濂總其成。明太祖問帝王之學何書最要,對以真德秀《大學衍義》。致仕既歸,居青蘿山,杜門著述,人不見其面。布衣疏食,無異貧士。洪武十三年冬,濂孫宋慎以胡惟庸株累,論棄市,濂當坐。以皇后皇太子言,特赦安置茂州,至夔而卒。年七十三。正統中賜謚"文憲"。濂於書無所不窺,於文無所不工,兼通二氏學,深入閫奧。嘗論古者士見師以菜爲贄,故始入學必釋菜,其學官時祭皆釋奠。今專用《春秋》,非也。所著有《潛溪》、《龍門》、《鑾坡》、《芝園》、《歸田》諸集一百三十卷行於世。其學源本金、許而張之以文,時出於少林之宗旨。故明太祖目以文人,後人譏以佞佛,然讀其文,考其所爲人,與同時名輩之所稱許,則文行兼優,卓然聞道之大儒無疑也。嘗撰《胡長孺傳》云:"長孺既於學古獲聞伊洛正學,及行四方,益訪求其旨,始信涵養用敬爲最切。默存静觀,超然自得。晚年深慕陸九淵爲人'宇宙即吾心'之言,諄諄爲學者誦之,今其説猶在,安得豪傑者興而正其異同哉!"纂修《元史》,置胡長孺於《儒林傳二》卷首。

2. 胡鼎

胡鼎,字正之,永康人。胡石塘族孫。自幼穎敏異於常兒,六歲入小學,十二能屬文。從聞人夢吉受《春秋》,又從浦江吴萊遊。萊見而器之,授以《四書》經義暨秦漢而下諸大家文章,並示以石塘先生道德經史之學。由是,所見日以開闊,暇則與宋濂、胡翰講辯,反復以求至當。但以平日學力之至,信筆成文,自成機杼。然其意趣清新,議論英爽,發於言辭者,自有過越於人。識者謂有秦漢風。至正十二年,中江浙行省鄉試,旋以兵亂閉門家居。明太祖下婺州,詣行在條陳當世之務,首論修德爲致治之本,繼以正人心養士氣,上嘉獎納之。後以纂《元史》召,不赴。洪武十二年卒,享壽八十有六。

柳貫門人

1. 鄭濤

鄭濤,字仲舒,浦江人。受業柳貫,工於詞翰。爲丞相脱脱所知,授經筵檢討,轉國史院編修、翰林應奉,遷太常博士而罷。

2. 戴良

戴良,字叔能,浦江人。所居在九靈山下,因以爲號。好讀書,天文、地理、醫卜、佛老之書,皆精究其旨。棄舉子業,學於柳貫。貫死,心喪三年。時以潛溪、華川、長山與叔能,稱"四先生"。起爲月泉書院山長,避兵山中者久之。張士誠用至正年號開藩於吳,東南之名士多往依之。先生受中順大夫、淮南行省儒學提舉。明伐吳,先生從海道求救於山東擴廓帖木兒。洪武元年,山東降附,先生附海舟還定海,與東南失職之徒謝肅、揭汯、丁鶴年,歌哭於四明山中。其子挽之還家,不得也。十五年,徵至金陵。明年,欲授以官,不可而自裁。年六十七。有《九靈山房集》。

3. 楊璲

楊璲,字元度,餘姚人。師事柳貫,與海內博洽者辯説,數困之。注《詩傳名物類考》,侍御史姚黻刻文上之。後以鄉貢歷寧海、縉雲及本州學官。與兄琰、弟瑀稱"三楊"。

李翼門人

1. 劉允

劉允,字子允,當塗人。師事李翼。洪武四年,以進士及第,授懷慶通判。三年,以直見忤,謫瑞安縣丞。在官興學勸農,均徭理訟,克當人心,超拜北平按察司副使。考績,留教授親王於內。後請老,卒於家。允不獨政事之才綽有餘地,尤侃侃善持論,每召對多稱旨。博學喜吟詠,實而不俚,蓋似其爲人也。

劉汶門人

1. 陸宗亮

陸宗亮,字孔昭,錢塘人。從遊劉汶,隱於市廛,能勤生以事其親,而心誠好學,雖處賈肆,常持書觀之。暇日則從縉紳先生質其所疑,見其文辭之善者,輒録而識之。陳旅爲撰《菊逸齋序》、《遜敏齋記》。

陳高門人

1. 婁鎬

婁鎬,字鼎周。温州人,築清芬閣於郡城西南闇市,“閣之爲間者五,衡廣六尋,縱二尋有半,中可坐數十人。南北各列牖,望見遠山壁立。其左右兩間設茵榻,蓄圖籍”,請陳高縱談古今其間,執弟子禮。

2. 婁觀

婁觀,與父婁鎬請陳高縱談古今於家,執弟子禮。

附録五：文誠《性學指要》輯録

段天祐《序》

是編發明心性，至爲詳密。

吾儒欲爲極本窮源之學，此書不可以不觀也。

明南石文琇《增集續傳燈録》卷六引《性學指要》

真性篇

心性本一故曰"真如"。"真如"者，一真心源也。一真即性，心性一源。心性皆如如者，不變也。故曰"真如性"，又曰"真如心"。性無形，心有質。心以性爲體，性以心爲主。是故體則俱體，故曰"性體"。"心體"用則俱用，心爲能用，性爲所用。能用者智，所用者理。謂之理智圓融。能用非所用，則真智無以顯；所用非能用，則實體無以彰。所以心非性不立，性無心不行。故云："理智交徹，體用一源也。"言真如，則心與性不可相離。真是真實，如是如常。以實故不變不異，無毫髮私妄；以常故自然而然，無纖微作爲。又謂之"真如法界"。此言體用一源。法界者，一真之體，萬化之本。真如凝然，本之一也；真如隨緣，化之萬也。一即萬，無不從此法界流；萬即一，無不還歸此法界。理事交徹，皆一心之妙用。理事相即，物物一法界，法界即性。妙用即心之用，心之用即是情。亦言心之全體。然心之與性，其靜則一，其用則殊。所以或一或異者，以心之有生滅也。故云"心生則種種法生，心滅則種種法滅"。心有真妄，性體惟一。心有真心、妄心之名，性則無私妄之目。妄心者，心違性而動也，

204

故謂之無明心。無明妄心，倏起倏滅，如天忽雲，如鏡忽塵。然雲昏塵翳，黯蔽其外，天鏡之體，本無增損。雲塵聚散，妄心之生滅。天鏡常如，性真不動。蓋心能隨物而轉，性則無有變遷。心則可善可惡，性則純一無雜。主一身萬事皆是心，性體常静。心隨性是循理上來，故善心隨情是附氣上去，有不善心主發用。情有善惡，性體常静。又謂之"法性"。法以軌持爲義，至正無私方堪軌範，略有偏頗則非法矣。所以此真性體從無始來，湛湛真如，净無纖翳。故云："實際理地，不受一塵，是所謂大覺之真體，生靈之大本也。"

明南石文琇《增集續傳燈録》卷六引《性學指要》

周惇頤

濂論學者曰："吾此妙心，實得啓迪於南老，發明於佛印。易道義理，廓達之説，若不得東林開遮拂拭，斷不能表裏洞然，該貫弘博矣！"

明釋景隆《尚直編》卷下引《性學指要》

程　顥

公每見釋子讀佛書，端莊整肅，乃語學者曰："凡看經書，必當如此。今之讀書者，形容先惰了，如何存主得？"

明釋心泰《佛法金湯編》卷十二引《性學指要》

陳　瓘

有問曰："性理之説，古書皆不言。千五百載後，獨周子言之，得非古無今有乎？"曰："否。特論者弗知考耳。性理之説，東林禪師授之濂溪，東林已前各專己教，未能融會。皇宋已來，涯禪師倡之，始以其詞意，發明《易》、《中庸》之旨，非古無今有也。"

明釋景隆《尚直編》卷下引《性學指要》

　　陳忠肅公曰："性理之説，東林授之濂溪，濂溪廣之，其言遍於佛書。"

明釋景隆《尚直編》卷下引《性學指要》

胡　宏

　　五峰胡先生序《通書》，謂濂得《太極圖》於穆修，修得於种放，放得於陳搏。此其學之一師也，明説《太極圖》非濂所作。陳搏之學得於麻衣，衣得於壽涯禪師。

明釋景隆《尚直編》卷下引《性學指要》

韓　性

　　性，字明善，山陰人。魏忠獻公韓琦八世孫，隱居不仕，謚"莊節"。公淹貫經史，精通内典，嘗曰："佛居西土，風教有異，然極能勸化得人。我觀今人，凡修佛事，未有不端心正念者。雖愚夫愚婦，欲聞經禮像，必預齋戒持敬去欲，然後從事。雖吾聖人復生，勸人爲善，不過如此。正恐未能也。"嘗謂顏樂齋門人朱仲弘曰："佛去世已久，後人如此恭敬他，誦他的言語。你道佛要人如此耶？教人如此耶？若强人從己，誰人肯從？如今人一句言語要行於一鄉，亦不可得，且佛之言語奚翅數百萬里，凡日月光照所及處，無不信服。"仲弘聞之默然。

明釋心泰《佛法金湯編》卷十二引《性學指要》

附録六：陳剛《性理會元》輯録

《中庸之道可久》：所謂中者，言其道則無時而不中，言其事則當其可之謂也。故《易》曰："聖人久於其道，而天下化成。"《繫辭》曰："於是始作八卦，以通神明之德，以類萬物之情。"自《離》以下十三卦，千有餘年，更六七聖人，至夫而少備。若不待時，一聖人之事爾，何其久且遠也？此君子之中庸也。若小人則反道敗德，滅天理、亂人倫，何有於中庸哉？故曰："小人反中庸。"侯氏。

明解縉《永樂大典》卷五百五十一

《至誠足以爲中庸》：致中和，天地位焉，萬物育焉，何謂也？曰：此明其所以爲誠也。未發之前，非無物也，而得其所謂中焉。是其本也，枝葉悉備。既發之後，非有物也，而得其所謂和焉。是其道也，幽顯感格。未發而不中，既發而不和，則天地萬物，吾見其錯陳而已矣。古之人使中和爲我用，則天地自位，萬物自育，而吾順之者也，堯、舜、禹、湯、文、武之君臣是也。夫如是，則偽不起矣。故中和者，所以養其誠也。中和足以養誠，誠足以爲中庸，中庸足以濟物之兩而明道之一。此孔子之所謂至也。中庸曰："道之不行也，我知之矣，知者過之，愚者不及也；道之不明也，我知之矣，賢者過之，不肖者不及也。"何謂也？曰："此中庸之失也。"由周而後，天下之賢者、智者常過之，愚者、不肖者常不及也。過者以不及爲陋，不及者以過爲遠。二者不相合，而小人之無忌憚行焉。於是知愚並困，而賢不肖俱禍。嗚呼！

孰知君子之中庸耶？

明解縉《永樂大典》卷五百五十一

伊川云："中庸之爲德，民不可須臾離，鮮有久行其道者也。"晦庵謂此解出於門人之繆記。後說見《論語解》，實先生親筆也，當以後爲正。或問孔子曰："中庸之爲德也，其至矣乎何也?"曰："至，所謂極也。極，猶屋之極。所處則至矣，下是爲不及，上焉則爲過。"或者曰："高明所以處己，中庸所以處人。如此，則是聖賢所以自待者常過，而以其所賤者事君親也，而可乎? 然則如之何?"曰："高明則中庸也。高明者，中庸之體；中庸者，高明之用爾。高明，亦猶所謂至也。"龜山。

明解縉《永樂大典》卷五百五十二

昔吾夫子嘗發"中庸至矣"之嘆，而謂民鮮能久矣。故原其道之不行，則以爲智者之過，愚者之不及；原其道之不明，則以爲賢者之過，不肖者之不及也。且論道之不行，不歸之賢不肖，而歸之於智與愚者，何耶? 蓋智者知之過，以爲不足行；愚者不及知，又不求其所以不行也。至論道之不明，不曰智之與愚，而曰賢不肖者，何耶? 蓋賢者行之過，以爲不足知；不肖者不及行，又不求所以知。斯道之所以不明也。中庸者，無過與不及而可常也。人之行不爲過，則爲不及。惟過與不及，是以不可常，此道之所以不明不行也。明乎中庸之道，則人皆可以爲堯舜矣。

明解縉《永樂大典》卷五百五十二

晦庵云："均、平、治也，三者難而易；中庸易而難。蓋天命精微之極，不容一毫人欲之私。故用意者過之，少懈者不及，非如他事可以智力而能也。"又云："中庸則宜若無難知難行之事矣。然天理渾然，無過不及。苟一毫之私意有所未盡，則雖欲擇而守之，而擬議之間忽已墮於過與不及之偏而不自知矣。此其所以雖若甚易，而實不可能也。"

明解縉《永樂大典》卷五百五十四

吕云：此章言行之中。素隱行怪，未當行而行，行之過者也；半塗而廢，當行而不行，行之不及者也。惟君子依乎中庸，自信不悔聖人之事。龜山云：依者，對違之名。依乎中庸，則無違矣，蓋不待擇而從容自中也。君子之道，造端乎夫婦，豈有異於人哉？循天下同然之理而已。

明解縉《永樂大典》卷五百五十六

伊川云："溫故則不廢，知新則日益，斯言可師也。所謂日知其所亡，月無忘其所能也。"范云："溫故而知新者，進德修業而不已也。師者，人之所取以爲益也。未有不自益，而能益人者也。溫故者，月無忘其所能。知新者，日知其所亡也。"楊雄曰："其動也，日造其所先，而好其所新，若此則可以爲師矣。"

明解縉《永樂大典》卷九百二十一

或曰："濂溪先生傳太極於穆修，修傳於种放，放傳於陳搏，此殆其一師也，非其至者也。五峰《通書·序》。師道不立，學莫知其從來，獨先生之學爲有傳也。先生得之於李挺之，挺之得於穆伯長，推其源流，遠有端緒。明道撰《墓志》。程公珦見濂溪氣貌非常人，知其爲學知道，使其子顥、頤往受學焉。程公二子卒唱鳴道學，以繼孔孟不傳之緒。世所謂二程先生者，而其原蓋自先生發之也。濂溪行録。吕希哲始與程頤俱事安定胡先生，希哲察先生學問淵源非他人比，首以師禮事之，而明道程先生皆與希哲遊。行狀。橫渠聲動關中，關中尊信如夫子。胡氏《傳家録》。蘇昞，字季明，從橫渠甚久，以其文藁爲十七篇，自謂

209

最知大旨。及後來坐上書邪黨，却是未知橫渠。朝廷事，自有執政，其次有諫官御史，季明越職上書，得罪甚重，亦必有所不宜言者矣。_{胡氏《傳家録》。}伊川自涪陵歸，學者凋落多從佛事，獨龜山與謝顯道不變。因嘆曰："學者皆荒於夷狄矣。"時吕原明、游定夫皆重佛教。_{《語録》。}孟原來從伊川，又爲王氏學舉業。然伊川之葬，門人畏黨禍莫至。獨厚與尹、張、邵傳送焉。_{邢寬記尹公語。}二程先生得孟子不傳之學於遺經，以唱天下。而升堂睹奧稱高弟，在南方則廣平游定夫、上蔡謝顯道與公_{楊中立}三人。公年七十餘，時天下多故。或説當世貴人，指蔡卞以爲事至於此必敗，宜大引耆德老成置上左右。遂以秘書郎召到闕下，遷著作郎。_{龜山行狀。}張繹，字思叔。伊川歸自涪陵，思叔始見先生。因讀《孟子》"志士不忘在溝壑，勇士不忘喪其元"，始有自得處，後更窮理造微。_{《吕氏雜志》。}馬伸，字時中。崇寧初，元祐有學禁。伸鋭然爲親承之計，伊川以非其時恐貽公累。公執贄凡十反愈恭，且曰："使伸得聞道，雖死何憾，況不至死者乎？"先生嘆曰："此真有志者。"遂引而進之。_{逸士狀。}南軒先生見五峰，五峰辭以疾。他日見孫正孺而告之，正孺道五峰之言曰："渠家好佛，某見他説甚。"先生方悟前此不見之因，於是再謁之。語甚相契，遂授業焉。先生曰："某若非正孺，幾乎迷路。"_{《語録》。}胡叔器問象山師承，晦庵曰："他每天資也高，不知師誰然也。不問師傳，人學多是就氣禀上做便偏了。"_{《語録》。}劉彝諸賢之從安定也，水利等學悉施之政。以淵篤簡諒稱者，終始操履，無一瑕玷，所守爲何如邪？明道兄弟之從濂溪也，躬行踐履，不愧屋漏。雖罹貶竄，大節凛然。正大之學，賴以壽其傳焉，所守爲何如邪？吕與叔，橫渠之門人。其所以復從程氏於橫渠已亡之後，非師死而遂背之也。橫渠、二程，其道一揆。始學於關中，卒業於伊洛矣。《克己》一銘，足以見與叔之所守者焉。劉質夫輩，二程之門人。伊川以質夫爲信篤守固，以朱公掞爲志不渝於金石，亦可見矣。張思叔祭伊川一文，亦足以見不背師之意焉。東坡之於廬陵，門下士也。《六

一文集》一序，豈負廬陵語耶？上皇帝一書，歷詆新法，則守道之所由
見矣。少游之於子瞻，門下客也。爲劉氏左祖之唱，從東坡者實少游
焉。坐黨貶逐，大節不渝，則守道之所自見矣。徂徠，泰山之門人也。
慶曆一詩，所守可知。其門人之所以事徂徠者，猶徂徠之於泰山也。
元城，涑水之門人也。《語錄》一書，所守可知。其門人之所以事元城
者，猶元城之於涑水也。龜山之於二程，了翁之於龜山，師友淵源，粹
然可觀。皆不至於上負天子，而下負其所學。則士之所以儀刑二公
者，抑可知矣。自安定、濂溪以來，其門人弟子學識優劣，雖有輕重，
而士君子一切取之，不欲爲區區優劣之論者，以其皆有所守耳。獨介
夫之於金陵，力詆新法，若背師學。然天下大義之所在，君子不以罪
介夫而罪金陵。金陵當國時，托儒文奸，聲譽藹然。雖司馬、歐陽諸
公亦尊敬之，豈特一介夫耶？新法一行，公論凛然。《易遯》一圖，適
足以見介夫守道之篤，未可以呂步舒事爲比，而訾之也。惟我本朝，
天涵地育，愛惜人才。作成善類，營創黌宇，妙選師儒，真億萬年之閎
規也。師道明於上，師教修於下。蓋自天子之學，至於一郡之學，彬
彬然文風大盛，異材秀出。胡安定主國子監，而師儒得人，不惟見推
美於一時。至朱光庭，上擇名師主太學之請。於元祐間，猶據此以爲
誇美。胡安定之在湖學，以“治道”名齋，條舉兵民水利之目。而當年
品藻，後日悉爲名臣。它如二程、橫渠之在伊洛，朱熹、張栻之在東
南，又皆取人才之在下者收拾之。相望百年，而道學賴以講明，人才
賴以宗主。迹其所以，大抵明道以立師儒之本，用情以洽師友之交。
自今觀之，爲种、穆之學者，曰周子之圖出於种、穆；爲伊川之學者，曰
周子之圖不出於种、穆。爲橫渠之學者，曰橫渠之學不出於二程；爲
伊川之學者，曰橫渠之學實出於二程。夫程子之學得之周子，周子之
學得之孟子，而橫渠則自程子發之，此蓋伊川門人所以尊其師之意
也。然學無常師，謂《太極》一圖出种、穆，而發揮於周子，亦何不可？
而必曰非出於种、穆乎？道一而已。謂橫渠之學出范文正，而合於二

程,亦何不可？而必曰實出於二程乎？紛紛多言,徒相爲訾。其者以康節爲數學,以司馬文正公爲未至。至今讀之,使人以安自尊大議伊川,誰實累之？善乎邵先生之言曰:"張巡、許遠同爲忠義,兩家子弟更相毁,故併爲退之所貶。凡托伊川之説,以議吾家學者,子孫可勿辨。"噫! 其真忠厚者之言哉! 其可爲狷薄者之戒哉？或者乃曰:周恭叔輩從程氏遊,而又學蘇公文詞以文之,蘇公與程匹敵也;孟厚從程氏遊,而爲王氏舉業,王氏與程異道也。著作之命,失身匪人,楊中立非全節也;夷狄之法,屈己從之,游定夫非正道也。又其極也。黨事一起,莫不叛去,如郭忠孝輩,至老死不相往來,何其無特操也。關中學者躬行之多,雖橫渠之力,而越職上書自陷邪黨,蘇季明亦思出其位矣。嗚呼! 棄所學而背其師,若忠孝輩,誠可責也。獨不曰涪陵之歸,慨然有得,甘心溝壑,有如張思叔乎？學業之嚴,鋭然親承,雖死不憾,有如馬時中乎？中立之遷著作,不拒佛盼之召也;定夫之參佛法,不攻異端之意也,而況有謝顯道之不變也。周恭叔之從蘇公,餘力而學文者也;孟厚之從王氏,可以仕則仕也,而況有尹和靖之不應進士也。若夫蘇季明之上書,此正所謂得爲黨人足矣。各於其黨觀過,其仁可知也。而君子則曰關洛之人,叛其師者不必責,而尊其師者大可責。蓋叛其師者未足以累其師,而尊其師者乃所以累其師也。

明解縉《永樂大典》卷九百二十一

《立意發明》:清濁未判,溟滓無朕時,則是禮隱乎渾淪;天尊地卑,乾坤定矣時,則是禮藏乎人心;聖賢迭起,維持世教時,則是禮著乎日用。是禮之功用大矣! 性情品節,禮之本也;升降上下,禮之文也;綱常道德,禮之精也;制度文爲,禮之粗也。用之於一身,則周旋中焉,揖遜有焉;用之於一家,則閨門有章焉,宮庭有度焉。以至朝廷以正,百官以治。則一國之禮也,卑不踰尊,疏不踰戚;出入相友,守望相助,則天下之禮也。人道不可一日之不立,而此禮未嘗一日之不存。是雖失於莊，滅於老，刑名於秦，綿絕於漢，而禮之在人心終不可泯也矣。

明解縉《永樂大典》卷一萬四百五十九

朋友與君臣、父子、兄弟、夫婦，同爲天倫，天所叙也。自天子至於庶人，未有不須友而成者。後世雖一介之士，朋友之道固缺矣，而況於等而上之者哉？蓋不知德之可貴，不知成身之爲重，此友道之所爲缺也。使其知德之爲貴，成身之爲重，則其所以求友者，惟恐其不獲已，況敢有挾乎哉？南軒。

明解縉《永樂大典》卷一萬二千一十六

濂溪在南安，時年少，不爲守所知。洛人程公珦攝通守事，視其氣貌非常人。與語，知其爲學知道也，因與爲友。

明解縉《永樂大典》卷一萬二千一十六

《師友篇》：三代而上，師友出於學校；三代而下，師友出於聖賢。學校不古存，聖賢不古若，而天下學者師非其師，友非其友矣。古者黨有庠，遂有序，國有學。中和孝友爲之教，詩書禮樂爲之造。士之由於學校者，皆知師之可尊，友之可敬，薰陶親炙。至於成人有德，小子有造，豈非學校之功歟？愚故曰：“三代而上，師友出於學校者，此也。”三代衰，學校廢，吾夫子設教於洙泗之上，七十子摳衣於杏壇之下。聖人爲之師，顏曾爲之友。求退，由進，師遇，商不及。一經鑪錘皆爲成德之士，豈非聖賢之力歟？愚故曰：“三代而下，師友出於聖賢者，此也。”自孟喜背師而天下不知師，酈寄賣友而天下不知友。籍湜師韓子也，不能保其不叛；柳子厚友崔李也，意向稍偏。則甘心捨所學以從彼焉，愚於此益嘆夫學校之不古存，聖賢之不古若也。吁！

明解縉《永樂大典》卷一萬二千一十七

　　楊中立撰《游定夫墓誌》云：元豐中，予受業於明道先生兄弟之門。有友二人，謝顯道公，其一也。先生方以倡明道學爲己任，設庠序，聚邑人子弟教之，召公來職學事。公得其微言，於是盡棄其學而學之。其後伊川謂予曰：“游君德器粹然，學問日進，政事亦絕人遠甚，於師門見稱如此，其所造可知矣。”

　　　　　　　　　　明解縉《永樂大典》卷一萬二千一十七

　　《漢唐師友或得或失》：漢唐以來，師友之道無復三代。叛師者有人，賣友者有人。以至後堂絲竹之娛，結綬彈冠之譽，師友之義安在哉。獨一董仲舒，猶有得於師友之淵源；諸葛孔明，猶有得於交遊之規畫。其學術事業僅有可觀，是亦存一二於千百也。王通自附於聖人，而門人董常自比顏子，平日講貫果爲何事？異時禮樂之問，口呿而不能對者，即前日河汾之門人也。而師友更相稱名，自比聖賢，多見其不知量也。

　　《後世師友之道不明》：自師友淵源之學不傳於聖門，官師相規之風不見於治下，故平居暇日，學者無以爲成德之助而出爲世用，無以警其累官曠事之失，誠爲可慨嘆。有如魯兩生面諛之譏，非不足以箴叔孫通之失；轅固曲學之言，非不足以救公孫弘之過，而利祿之念錮於其中。雖其言之切中，有不暇改矣。韓昌黎之門人，若藉湜輩，固未能保其不叛於師之言。乃若柳子厚之責交於友者切矣，何爲而富貴利達之念一動，諂附匪人。雖平時之所講明者，旋失之矣。蓋嘗謂後世師友切磋之義，僅見於王通之門；僚友規益之事，獨諸葛孔明深得古人之意。彼其講道河汾，房、杜諸公親承議論之末，異時輔貞觀之治，皆無愧於王佐之才。下而董、賈、仇、程之流，亦能爲寡過謹飭之士，不可謂非成就之功也。故師友切磋之義尚有存焉。孔明高宏雅量，曲意諮訪。初交則平，屢間得失；後交元直，動見啓誨。前稽考於幼宰，後從事於偉度，故僚友規益之風猶有遺焉。執事有感於師道不立,友誼日衰,講擇不精之故而爲之隱憂。切謂德無常師,主善爲師,則求之有餘師矣。誦詩讀書,是謂尚友,則求之有餘友矣。

《孔門師友淵源之粹》：嗟夫！洙泗之上,從遊三千,速肖七十,升堂者有人,在寢者有人,而顔曾獨以高弟稱。豈非知所以用工於克己之地,而有真見自得之學耶？吾嘗求之夫子所以稱顔子之好學者,不過曰不遷怒,不貳過而已。曾子平日之所得,不過三省吾身,戰戰兢兢而已。夫怒之不遷,過之不貳,不過一謹飭之士。臨深履薄,兢兢從事,亦非有大過人者,而其所成就乃爾耶？噫！二子之師友淵源,吾固知其所自來矣。昔者夫子削迹於衛,伐木於宋,陳蔡之厄,弦歌自如。有過必知自以爲幸,則夫所謂不遷怒不貳過,與夫終日之間三省其身者,豈非得於薰陶漸染之素耶？

《孔門師友相規之益》：吾夫子設教洙泗,遊其門者三千其徒,而切磋琢磨之功,未嘗不見於摳衣趨隅之際。異時有子一爲速貧速朽之語,則是非夫子之言,隨即正救；子夏一有喪明之失,叢其過而數之者,曾不少貸。是何聖門講學無非進德之機耶？噫！窮而在下,則爲洙泗之講學；達而在上,則爲禹、皋、周、召之贊襄,是或一道也。

《宋朝群公師友之益》：我國家崇尚儒術,自石介執杖屨以侍孫明復,而師道始尊。自九老退居洛,邵康節以布衣從容其間,而友情始密。自是而後,有胡安定建湖學以淑門人弟子,而天下益知有師友之道。二程先生接聖賢正傳以開明後學,而天下益知有師友之益。故遊安定之門者,無非誾誾之賢才；而從二程學者,其醇厚之氣,望之可知其爲先生門人也。師友之有益於人大哉！

　　　　　　明解縉《永樂大典》卷一萬二千一十七

范云：無友不如己者,所以進德也。人與賢於己者處,則自以爲不足；與不如己者處,則自以爲有餘。自以爲不足則日益,自以爲有餘則日損。游云：孟子之論尚友也，以一鄉之善士爲未足，而求之一國；以一國之善士爲未足，而求之天下；以天下之善士爲未足，而求之古人。無友不如己者，尚友之道也。求得賢者尚而友之，則聞其所不聞，見其所不見，而德日起矣。此仲尼所以期子夏之日進也。

　　　　　　　　　明解縉《永樂大典》卷一萬二千一十七

附録七：年表

南宋理宗淳祐十二年壬子(1252)1歲

是年生。曾祖槀，迪功郎、欽州司法參軍。祖巖起，嘉定甲戌進士，朝奉郎、知福州閩縣事。父居仁，淳祐丁未(1247)進士，朝散郎、知台州軍州事。母趙氏，爲寓居青田的端明殿大學士兼昭信軍節度使趙希懌孫女。

南宋理宗寶祐二年甲寅(1254)3歲

父胡居仁以朝奉郎知安吉州武康縣。

南宋理宗寶祐四年丙辰(1256)5歲

父胡居仁以特差充沿江制置使司參議官寓建康。

南宋理宗寶祐六年戊午(1258)7歲

二月，隨母拜謁觀文殿學士、江東安撫使兼知建康府趙與籌於建康府治。

南宋理宗景定五年甲子(1264)13歲

胡居仁未及受賈似道直學士詔命，中年而殂。何逢年、何子舉兄弟爲經紀喪事。

南宋度宗咸淳元年乙丑(1265)14 歲

客於杭之虎林,聞故老誦説故臨安尹趙與籌置平糶倉二十八,平抑臨安城米價事。

南宋度宗咸淳四年戊辰(1268)17 歲

何子舉卒。子舉與胡居仁爲至交,師表鄉里。

南宋度宗咸淳六年庚午(1270)19 歲

外舅徐道隆爲荆湖、四川宣撫參議官,長孺隨道隆入蜀。

南宋度宗咸淳八年壬申(1272)21 歲

十一月二十八日,王夢松(1186—1272)卒。門人余學古爲狀行事。

南宋度宗咸淳九年癸酉(1273)22 歲

四月甲申(二日),汪立信授兵部尚書,荆湖安撫制置使,知江陵府湖廣總領。

南宋度宗咸淳十年甲戌(1274)23 歲

是年,以任子入官,銓試第一,授迪功郎、監重慶府隔槽酒務。

冬十月,元軍侵郢,襄、郢皆陷落。荆湖制置大使朱禩孫辟置幕府,兼總領湖廣軍馬錢糧所,去蜀之江陵。與高彭、李湜、梅應春等號"南中八士"。

南宋恭帝德祐元年乙亥(1275)24 歲

正月,汪立信爲沿江招討大使,與徐道隆領賓客千餘人從汪立信之建康。

十月,徐道隆爲浙西提刑。文天祥潰兵擾安吉州,道隆梟其首亂者。

除夕,道隆援臨安,甫出境,安吉州陷落。

南宋恭帝德祐二年丙子(1276)25 歲

正月十六日,臨安降,脫身走福州,除通判福寧州。

十二月,元兵陷泉州(溫陵),奔潮州,舟中與陸秀夫惜別(時陸謫居潮州講學)。

南宋帝昺祥興元年戊寅(1278)27 歲

與南宋行朝流徙廣東沿海。

十一月,元將襲井澳,張世傑兵敗,陳宜中避占城。奉使占瓊、纖臘。

南宋帝昺祥興二年己卯(1279)28 歲

二月,留占瓊、纖臘未返。南宋行朝於崖山覆亡。

元世祖至元十七年庚辰(1280)29 歲

由海外遁歸,隱迹於永康山中,與里中學子群聚論學。應何顯之請撰清渭何祖皋《墓誌銘》。

元世祖至元二十一年甲申(1284)33 歲

有感於文軌之遷革,衣冠之塗炭,不忍自附於元廷,有《題東萊先生送張孟遠序》。

元世祖至元二十三年丙戌(1286)35 歲

與從兄弟胡之綱、胡之純並以學行相高,時稱永康“三胡”。與安陽韓性間以微辭奧義相叩擊,咸有聲名。

元世祖至元中

與金履祥倡道學於婺郡。又與遺民方鳳、王鍊師登臨故國山水，撫今追昔不勝感慨。

元世祖至元二十五年戊子(1288)37歲

元廷詔下求賢，有司強起之。貧無以爲家，飢驅出山，不得不仰升斗禄而挾其耿耿者。

二月十八日，行轅寓紹興，張伯淳撰《送胡石塘北上序》相贈。

三月，抵京，度寒食節。待詔集賢院。與王雲起同舍數十日去。

元世祖至元二十六年己丑(1289)38歲

三月寒食日，有《集句五首》懷親作。

既而名見於内殿，以答問不稱旨，授揚州教授。與苟宗道、程鉅夫、徐琬倡和無虛日，稱一時之文會。

陳孚有《寄揚州教胡石塘》詩。

元世祖至元二十八年辛卯(1291)40歲

約於是年與俞德鄰、湯炳龍、郭景星、張謙、白珽、祝宜孫等觀王獻之《保母帖》。時寓京口(鎮江)。

元世祖至元二十九年壬辰(1292)41歲

爲釋英《白雲集》撰序。

元世祖至元三十年癸巳(1293)42歲

三月，洛陽秦仲卒於官，殯建康城南，爲誌其墓。

元世祖至元三十一年甲午(1294)43歲

五月，任建昌路學教授。與劉壎定交。

元成宗元貞元年乙未(1295)44 歲

以建昌路學教授攝録事,修學舍。懲治貴宦程鉅夫家,由是人憚之。

元成宗大德元年丁酉(1297)46 歲

十二月,爲浮梁州撰《尊經閣記》。

撰《送方蓼洲旴江訪人不遇歸上饒》。

元成宗大德二年戊戌(1298)47 歲

諸暨王艮止挾其文受知登門。

與黄溍相識。

與柳貫折節相交,諮叩無虛日。

元成宗大德三年己亥(1299)48 歲

十月癸亥(十六日),撰《蕭山縣新文廟碑陰記》。

元成宗大德四年庚子(1300)49 歲

七月十五日,跋錢選(舜舉)《列女圖》。

元成宗大德五年辛丑(1301)50 歲

立冬日,與淮陰湯炳龍等同觀蘇東坡《書杜工部橙木詩卷》、《乞居帖》於武林顔樂齋。

十一月四日,窮居陋巷,營生事業"秋憂冬喜"。撰《題宋梅埜術》。

折節行輩與吳福孫交往。

元成宗大德中

王虎英提舉儒學,建南安路學大成殿,長孺爲撰《南安路學大成殿記》。

元成宗大德九年乙巳(1305)54 歲

與富春嚴侶、古杭仇遠遊孤山，酹林逋、岳飛墓。

元成宗大德十年丙午(1306)55 歲

二月廿五日，持束絹索趙孟頫書，得楷書《師説》四屏。時爲西湖書院山長。

遂昌鄭元祐來遊，得聞緒論。

平陽陳剛約於是年來學。

與南谷真人杜道堅相識交遊於是年之前，有《谷仙賦》。

元成宗大德十一年丁未(1307)56 歲

夢堂噩公來從學文，聲名頓出諸老生上。

杭州大饑，何長者敬德作粥施民。撰《何長者傳》。

元武宗至大元年戊申(1308)57 歲

三月，除台州路寧海縣主簿，階將仕佐郎。

九月三十日，寓杭。與郭畀遇，煎魚沽酒於酒舍。

十月初七日，再次路遇郭畀於錢唐。跋郭景星(字元德，號義山)藏陸秀夫《義山帖》。

將赴寧海，撰《與揭曼碩書》。揭傒斯有《答胡汲仲書》，贊其"好古之敏，通道之篤，知足以知之，勇足以行之，可謂魁傑特達出群之士"，但又批評其"爲衆所推謬，當斯文之托"、"自許直繼孟子"的狂乖。

浙東宣慰同知托歡徹爾，議行勸貸，以二十五萬餘錢屬藏之，悉散於民。佐治寧海，有善政。俱在《主簿石塘先生德政碑》中。

首議於寧海縣學宫明善堂右立陳長官祠，又於大成殿置銅鐘四，懸重檐四隅。

元武宗至大二年己酉(1309)58 歲

秋,劉壎薦書,稱"胡汲仲博洽不群,史學尤僅今所罕見"。

十二月,以寧海主簿知府計事舍上蔡書院。

撰《廣福廟傳》。

元武宗至大三年庚戌(1310)59 歲

九月,應周仁榮之請,爲吳焱撰《吳用晦墓誌銘》(一名《吳霽山墓碑》)。

回書劉壎,論寧海以東大海之尾閭。

撰《題馬秦山圖》。

元武宗至大四年辛亥(1311)60 歲

三月,爲寧海舒岳祥序《閬風集》。

九月,寧海縣民立先生生祠事成,請莆田劉濩撰《主簿石塘先生德政碑》。

丙寅(二十八日),於虎林山真珠井北寓舍撰《霞外譜琴》序。

杭居貧甚,趙孟頫爲宦者羅氏求墓碣,雖百金不作。性矯亢,與時不合,巴西鄧文原故毀辱之,由是益下遷。

撰《吾子行文塚銘》。

元仁宗皇慶元年壬子(1312)61 歲

四月丙子(十一日),題《黃山谷三言詩卷》。

杭州靈隱寺改而新作之,撰《靈隱寺碑》。

御史周馳薦江浙士子博學通經能古文宜居館閣者七人,列於薦首。

以室人喪,居喪如禮,以所居湫隘,遷青蓮寺。

與海岱劉克誠論先秦古書。

鄞縣程端禮主教廣德路建平縣,記其所建藏書樓。

撰《送蔡堯佐歸婺取寒衣》。

撰《陳孝子傳》。

元仁宗皇慶二年癸丑(1313)62 歲

撰《吳森墓表》。

撰《送胡古愚歸東陽》。

序王雲起《定林漫稿》。

元仁宗延祐元年甲寅(1314)63 歲

轉兩浙都轉運鹽使司長山場鹽司丞,階將仕郎。以病辭,隱杭之虎林山。

九月辛未(二十六日),撰《送錫都朱盧饒諸生會試京師詩序》。

元仁宗延祐二年乙卯(1315)64 歲

四月,撰《朝列大夫婺州路總管府治中遯山先生墓誌銘》。

元仁宗延祐三年丙辰(1316)65 歲

六月丁酉(二十七日),撰《崇寧萬壽禪寺楊氏施田記》。

九月,撰《佑聖觀捐施題名記》。

元仁宗延祐四年丁巳(1317)66 歲

行江西省試。爲考試官。與吳澄相聚南昌豫章貢院。

爲方君玉程文《龍虎榜賦》撰批語。

撰《題李待詔虎溪三笑圖》

元仁宗延祐五年戊午(1318)67 歲

二月戊午(二十六日),吳澄與書,追憶豫章貢院校試事。

十一月己未(三日)，胡炳文具書行狀求銘，撰《元龍泉主簿胡公淀墓誌銘》。

從嫡子胡駒就養建昌。

元仁宗延祐七年庚申(1320)69 歲

浙省以是年秋試，屈爲試官，復來青蓮寺。

五月乙酉(七日)，撰《顏樂齋原鈔》引。

元英宗至治元年辛酉(1321)70 歲

四月癸丑(十日)，爲永嘉陳則翁撰《清潁一源集》後序。

十二月，與趙孟頫、湯炳龍、鄧文原、趙孟籲、張楧、龔璛、馮子振、貫雲石、張淵、章懋卿等，禮請瑛公主持昌國州隆教禪寺。

初見浦江吳萊，教其閉氣瞑目，以養精神。

元英宗至治二年壬戌(1322)71 歲

正月一日，撰《何節婦呂氏傳》。

撰《題何能之圖》。

元泰定帝泰定元年甲子(1324)73 歲

正月十六日，撰《語助序》。

兩致書慶元郡吏王子智，貸子智之俸周故人子趙誠之急。

元泰定帝泰定三年丙寅(1326)75 歲

獎掖平陽陳高，推許其文。

冬，卒於杭州青蓮寺。歿時當嚴冬，年七十五。

黃溍撰《祭永康胡先生文》，揭祐民、胡助、王沂、吳萊有挽章。項可立經紀其喪，哀輯遺文將刻梓以行，未果。

徵引文獻

〔南朝梁〕陶弘景著,王京州校注《陶弘景集校注》(修訂本),上海古籍
　　出版社二〇二一年版。

〔宋〕吕祖謙撰《東萊博議》,《文淵閣四庫全書》史部史評類。

〔宋〕吕祖謙撰《少儀外傳》,《守山閣叢書》本。

〔宋〕舒岳祥撰《閬風集》,《文淵閣四庫全書》集部別集類。

〔宋〕馬光祖修,周應合纂,《(景定)建康志》,《文淵閣四庫全書》史部
　　地理類。

〔宋〕方鳳撰《存雅堂遺稿》,《文淵閣四庫全書》集部別集類。

〔宋〕范浚撰《香溪集》,《叢書集成初編》,中華書局一九八五年版。

〔宋〕陳亮著,鄧廣銘點校《陳亮集》,河北教育出版社二〇〇三年版。

〔宋〕宗澤撰,束景南校注《宗澤集校注》,中華書局二〇二一年版。

〔元〕劉壎撰《水雲村稿》,《文淵閣四庫全書》集部別集類。

〔元〕劉壎撰《隱居通議》,清潘仕成《海山仙館叢書》本。

〔元〕陳孚撰《陳剛中詩集》,明鈔本。

〔元〕陳繹曾著,慈波輯校《陳繹曾集輯校》,人民文學出版社二〇一七
　　年版。

〔元〕張伯淳撰《養蒙文集》,《文淵閣四庫全書》集部別集類。

〔元〕吴萊撰《淵穎集》,《文淵閣四庫全書》集部別集類。

〔元〕吴澄撰《吴文正集》,《文淵閣四庫全書》集部別集類。

〔元〕任士林撰《松鄉集》,元刻本。

〔元〕趙孟頫撰《趙子昂詩集》,元至正刻本。

〔元〕趙孟頫撰《松雪齋文集》,《文淵閣四庫全書》集部別集類。

〔元〕趙孟頫著,錢偉强點校《趙孟頫集》,浙江古籍出版社二〇一六年版。

〔元〕白珽撰《金淵集》,《文淵閣四庫全書》集部別集類。

〔元〕鄧文原撰《巴西集》,《文淵閣四庫全書》集部別集類。

〔元〕鄧文原等撰《郭公敏行録》,元至順刻本。

〔元〕釋英撰《白雲集》,《武林往哲遺著》本。

〔元〕張鉉修《(至大)金陵新志》,《文淵閣四庫全書》史部地理類。

〔元〕唐元撰《筠軒集》,《文淵閣四庫全書》集部別集類。

〔元〕楊載撰《楊仲弘集》,《文淵閣四庫全書》集部別集類。

〔元〕盛如梓撰《庶齋老學叢談》,清鮑廷博《知不足齋叢書》本。

〔元〕揭傒斯撰《文安集》,《四部叢刊》景舊鈔本。

〔元〕黃溍撰《金華黃先生文集》,元鈔本。

〔元〕黃溍撰《文獻集》,《文淵閣四庫全書》集部別集類。

〔元〕盧以緯撰《語助》,明童氏樂志堂刻《奚囊廣要》本。

〔元〕劉仁初編《新刊類編歷舉三場文選》,静嘉堂文庫藏元中統一至正元年務本書堂刻本。

〔元〕胡助撰《純白齋類稿》,《文淵閣四庫全書》補配《文津閣四庫全書》集部別集類。

〔元〕郭畀撰《雲山日記》,清宣統三年橫山草堂刻本。

〔元〕李存撰《俟庵集》,《文淵閣四庫全書》集部別集類。

〔元〕張雨撰《句曲外史貞居先生詩集》,《四部叢刊》景鈔元刻本。

〔元〕陸友仁撰《研北雜志》,民國景明《寶顏堂秘笈》本。

〔元〕鄭元祐撰《僑吳集》,明弘治九年張習刻本。

〔元〕鄭元祐撰,徐永明校點《鄭元祐集》,《浙江文獻集成》,浙江大學出版社二〇一〇年版。

〔元〕蘇天爵編《元文類》,《四部叢刊》景元至正本。

〔元〕胡元慶撰《養吾齋集》,《文淵閣四庫全書》集部別集類。

〔元〕楊維楨撰《東維子文集》,《四部叢刊》景舊鈔本。

〔元〕蔣易輯《皇元風雅》,元建陽張氏梅溪書院刻本。又阮元《宛委別藏》本。

〔元〕戴良撰《九靈山房集》,《四部叢刊》景明正統本。

〔元〕王沂撰《伊濱集》,《文淵閣四庫全書》集部別集類。

〔元〕王逢撰《梧溪集》,靜嘉堂文庫藏元刻明遞修本。

〔元〕吾衍撰《竹素山房詩集》,《文淵閣四庫全書》集部別集類。

〔元〕陶宗儀撰《南村輟耕録》,《四部叢刊》三編景元本。

〔元〕鄭太和編《麟溪集》,明成化十一年刻本。

〔明〕吕文燦撰《雙泉稿》,《太平吕氏文集》本。

〔明〕胡翰撰《胡仲子集》,《文淵閣四庫全書》集部別集類。

〔明〕宋濂撰《宋文憲公全集》,《文淵閣四庫全書》集部別集類。

〔明〕宋濂纂《元史》,乾隆武英殿刻本。

〔明〕劉基撰《誠意伯文集》,《四部叢刊》景明刻本。

〔明〕蘇伯衡撰《蘇平仲集》,《四部叢刊》景明正統本。

〔明〕錢穀撰《吳都文粹續集》,清鈔本。

〔明〕鄭真撰《滎陽外史集》,《文淵閣四庫全書》補配《文津閣四庫全書》集部別集類。

〔明〕胡粹中撰《元史續編》,《文淵閣四庫全書》史部編年類。

〔明〕南石文琇撰《增集續傳燈録》,《嘉興藏》本。

〔明〕練子寧撰《中丞集》,《文淵閣四庫全書》集部別集類。

〔明〕方孝孺撰《遜志齋集》,《文淵閣四庫全書》集部別集類。

〔明〕解縉纂《永樂大典》,中華書局一九八六年版。

〔明〕解縉纂《永樂大典》,中華書局二〇一二年版。

〔明〕佚名編《詩淵》,明鈔本。

〔明〕釋景隆撰《尚直編》,寬永十八年和刻本。

〔明〕釋心泰撰,《佛法金湯編》,明萬曆二十八年釋如惺刻本。

〔明〕楊士奇撰《東里集》,《文淵閣四庫全書》補配《文津閣四庫全書》集部別集類。

〔明〕李賢撰《明一統志》,《文淵閣四庫全書》史部地理類。

〔明〕葉盛撰《水東日記》,《文淵閣四庫全書》子部雜家類。

〔明〕應廷育撰《金華先民傳》,明鈔本。

〔明〕章懋撰《楓山集》,《文淵閣四庫全書》集部別集類。

〔明〕朱存理編《珊瑚木難》,《適園叢書》刻本。又清鈔本。

〔明〕朱存理著,王允亮注解《珊瑚木難》,《中國藝術文獻叢刊》,浙江人民美術出版社二〇一二年版。

〔明〕陳讓修,夏時正纂《(成化)杭州府志》,明成化十一年刻本。

〔明〕程敏政纂修,歐陽旦增修《(弘治)休寧志》,明弘治四年刻本。

〔明〕程敏政編《新安文獻志》,明弘治十年刻本。

《(弘治)八閩通志》,明弘治刻本。

〔明〕陳相修,謝鐸纂《(弘治)赤城新志》,明弘治刻,嘉靖遞修本。

〔明〕吳宣濟修,陳泗纂《(正德)永康縣志》,明正德刻本。

〔明〕胡楷修,陳泗纂《(嘉靖)永康縣志》,明嘉靖三年刊本。

〔明〕胡宗憲修,薛應旂纂《(嘉靖)浙江通志》,明嘉靖四十年刊本。

〔明〕劉節撰《(嘉靖)南安府志》,明嘉靖刻本。

〔明〕沈朝宣撰《(嘉靖)仁和縣志》,清光緒刻本。

〔明〕董天錫纂《(嘉靖)贛州府志》,明嘉靖十五年刻本。

〔明〕劉伯縉等修,陳善纂《(萬曆)杭州府志》,明萬曆刻本。

〔明〕王懋德修,陸鳳儀纂《(萬曆)金華府志》,明萬曆刻本。

〔明〕聶心湯纂修《(萬曆)錢塘縣志》,明萬曆三十七年修,清光緒十九年刊本。

〔明〕楊洵修,徐鑾纂《(萬曆)揚州府志》,明萬曆刻本。

〔明〕宋奎光纂修《(崇禎)寧海縣志》,明崇禎五年刻本。

〔明〕王朝佐編《東嘉録》,清景明鈔本。

〔明〕李東陽撰《懷麓堂集》,《文淵閣四庫全書》集部別集類。

〔明〕祝允明撰《祝子罪知録》,明刻本。

〔明〕陸深撰《儼山外集》,明嘉靖二十四年刻本。

〔明〕姜南撰《蓉塘詩話》,明嘉靖二十二年張國鎮刻本。

〔明〕豐坊撰《書訣》,民國《四明叢書》本。

〔明〕田汝成撰《西湖遊覽志》,明嘉靖本。

〔明〕田汝成撰《西湖遊覽志餘》,《文淵閣四庫全書》史部地理類。

〔明〕王世貞撰《弇州山人四部續稿》,《文淵閣四庫全書》集部別集類。

〔明〕李贄撰《初潭集》,明萬曆刻本。

〔明〕王圻撰《續文獻通考》,明萬曆三十年松江府刻本。

〔明〕焦竑輯《焦氏類林》,明萬曆十五年王元貞刻本。

〔明〕胡應麟撰《詩藪》,明刻本。

〔明〕馮從吾撰《元儒考略》,《文淵閣四庫全書》史部傳記類。

〔明〕蔣克謙輯《琴書大全》,明萬曆庚寅刻本。

〔明〕徐象梅撰《兩浙名賢録》,明天啓刻本。

〔明〕張萱撰《西園聞見録》,民國哈佛燕京學社印本。

〔明〕阮元聲編《金華詩粹》,明崇禎刻本。

〔明〕祁承㸁撰《牧津》,明天啓四年刻本。

〔明〕蔣一葵撰《堯山堂外紀》,明刻本。

〔明〕趙琦美編《趙氏鐵網珊瑚》,《文淵閣四庫全書》子部藝術類。

〔明〕李日華撰《味水軒日記》,民國《嘉業堂叢書》本。

〔明〕謝肇淛撰《文海披沙》,明萬曆三十七年沈儆炌刻本。

〔明〕馮夢龍輯《古今譚概》,明刻本。

〔明〕阮元聲輯《金華文徵》,明崇禎刻本。

〔明〕汪砢玉輯《珊瑚網》,《文淵閣四庫全書》子部藝術類。 又《適園叢書》本。

〔明〕黃道周撰《黃石齋先生文集》,清康熙五十三年刻本。

〔明〕釋明河撰《補續高僧傳》,卍字《續藏》本。

《休寧范氏族譜》,明萬曆刻本。

〔清〕錢謙益輯《列朝詩集》,清順治九年毛氏汲古閣刻本。

〔清〕孫奇逢輯《理學宗傳》,清康熙六年刻本。

〔清〕孫承澤撰《庚子銷夏記》,《文淵閣四庫全書》子部藝術類。

〔清〕陳弘緒撰《寒夜録》,清鈔本。

〔清〕陳確撰《乾初先生遺集》,餐霞軒鈔本。

〔清〕黃宗羲撰《南雷文定》,清康熙刊本。

〔清〕顧復撰《平生壯觀》,清鈔本。

〔清〕方以智撰《浮山集》,清康熙此藏軒刻本。

〔清〕陳焯編《宋元詩會》,清康熙二十二年程仕刻本。

〔清〕倪燦撰《補遼金元藝文志》,清光緒刻《廣雅書局叢書》本。

〔清〕黃虞稷撰《千頃堂書目》,《文淵閣四庫全書》子部目録類。

〔清〕姜宸英撰《姜先生全集》,清光緒十五年毋自欺齋馮氏刻本。

〔清〕邵遠平撰《元史類編》,清康熙三十八年原刻本。

〔清〕陳芳生撰《疑獄箋》,清康熙刻本。

〔清〕卞永譽撰《式古堂書畫彙考》,《文淵閣四庫全書》子部藝術類。
又康熙本。

〔清〕查慎行撰《得樹樓雜鈔》,民國《適園叢書》本。

〔清〕王崇炳撰《金華徵獻略》,清雍正十年刻本。

〔清〕顧嗣立編《元詩選》,明嘉慶三年秀野草堂刊本。

〔清〕倪濤撰《六藝之一録》,《文淵閣四庫全書》子部藝術類。

〔清〕陳梓撰《删後文集》,清嘉慶二十年胡氏敬義堂刻本。

〔清〕安歧撰《墨緣彙觀録》,清《粵雅堂叢書》本。

〔清〕倪國璉撰《康濟録》,清同治十三年刻本。

〔清〕張照等編《石渠寶笈》,清乾隆十年刻本。

〔清〕傅恒撰《通鑑輯覽》,《文淵閣四庫全書》史部編年類。

〔清〕趙翼撰《廿二史札記》,清嘉慶五年湛貽堂刻本。

〔清〕湯大奎撰《炙硯瑣談》,清乾隆五十七年趙懷玉亦有生齋刻本。

〔清〕吳省欽撰《白華前稿》,清乾隆刻本。

〔清〕朱興悌編《宋文憲公年譜》,民國五年《宋文憲公全集》本。

〔清〕戴殿泗撰《風希堂詩集》,清道光八年九靈山房刻本。

〔清〕戴殿江輯《金華理學粹編》,清光緒刻本。

〔清〕吳升輯《大觀録》,民國九年武進李氏聖譯廎本。

〔清〕洪頤煊撰《台州札記》,清鈔本。

〔清〕孫原湘撰《天真閣集》,清嘉慶五年刻增修本。

〔清〕凌揚藻撰《蠡勺編》,清《嶺南遺書》本。

〔清〕阮元撰《揅經室集》,《四部叢刊》景清道光本。

〔清〕阮元編《兩浙金石志》,清道光四年李桮刻本。

〔清〕賀長齡編《清經世文編》,清光緒十二年思補樓重校本。又清《知
    不足齋叢書》本。

〔清〕盧標撰《猴城漫鈔》,清道光刻本。

〔清〕蔣光煦撰《東湖叢記》,清光緒九年繆氏刻《雲自在龕叢書》本。

〔清〕陳鳳巢編《永康詩録》,清咸豐元年刻本。

〔清〕胡鳳丹撰《退補齋詩文存二編》,清光緒七年退補齋刻本。

〔清〕陸心源撰《皕宋樓藏書志》,清光緒八年陸氏十萬卷樓刻本。

〔清〕陸心源撰《吳興金石記》,清光緒刻《潛園總集》本。

〔清〕孫詒讓撰《溫州經籍志》,民國十年刻本。

〔清〕陳衍撰《元詩紀事》,清光緒本。

〔清〕曾廉撰《元書》,清宣統三年刻本。

〔清〕胡宗懋撰《金華經籍志》,民國十四年刻本。

〔清〕胡宗懋撰《永康人物記》,民國壬申夢選樓刻本。

〔清〕徐同倫修,俞有斐纂《(康熙)永康縣志》,清康熙十一年刻本。

〔清〕馬如龍、楊鼐等纂修,李鐸等增修《(康熙)杭州府志》,清康熙二十五年刻,三十三年李鐸增刻本。

〔清〕王臨元纂修,陳淯增修《(康熙)浮梁縣志》,清康熙十二年刻增修本。

〔清〕張德盛修,王曾禄纂《(雍正)高郵州志》,清鈔本。

〔清〕袁枚纂修《(乾隆)江寧新志》,清乾隆十三年刻本。

〔清〕范安治修,梅廷對纂《(乾隆)南城縣志》,清乾隆十七年刻本。

〔清〕孟炤修,黃祐纂《(乾隆)建昌府志》,清乾隆二十四年刻本。

〔清〕沈椿齡修,樓卜瀍纂《(乾隆)諸暨縣志》,清乾隆三十八年刻本。

〔清〕張吉安修,朱文藻纂《(嘉慶)餘杭縣志》,民國八年重刊本。

〔清〕張祥雲修,孫星衍等纂《(嘉慶)廬州府志》,清嘉慶八年刻本。

〔清〕喬溎修,賀熙齡纂《(道光)浮梁縣志》,清道光三年刻,十二年補刻本。

〔清〕陳寶善修,王詠霓纂《(光緒)黃巖縣志》,清光緒三年刊本。

〔清〕雷銑修,王棻纂《(光緒)青田縣志》,清光緒六年修,民國二十四年重印本。

〔清〕曾國藩修,劉繹纂《(光緒)江西通志》,清光緒七年刻本。

〔清〕唐煦春修,朱士黻纂《(光緒)上虞縣志》,清光緒十七年刊本。

〔清〕王瑞成修,張濬纂《(光緒)寧海縣志》,清光緒二十八年刊本。

〔清〕李汝爲修《(光緒)永康縣志》,潘樹棠纂,民國二十一年石印本。

《蒲墟朱氏大宗譜》,清嘉慶己卯重修本。

《赤岸朱氏宗譜》,清道光癸巳重修本。

《清渭何氏宗譜》,清咸豐己未本。

《永康官川胡氏宗譜》,清光緒乙酉重修本。

符璋纂修《(民國)平陽縣志》,民國十四年鉛印本。

喻長霖修,柯華威纂《(民國)台州府志》,民國二十五年鉛印本。

陳衍等纂《(民國)閩侯縣志》,民國二十二年刊本。

《大後胡氏宗譜》,民國己卯重修本。

《適遊胡氏宗譜》,民國辛未重修本。

《永嘉閣巷陳氏宗譜》,民國十四年重修本。

《可投胡氏宗譜》,鈔本。

《後杜志》,1998年重修本。

陳高華著《元史研究論稿》,中國社會科學出版社二○二○年版。

淳安縣地名委員會編《浙江省淳安縣地名志》,一九八四年。

故宮博物院編《趙孟頫書畫全集》,安徽美術出版社、故宮出版社二○一七年版。

黃靈庚主編《金華宗譜文獻集成》,上海古籍出版社二○一三年版。

黃靈庚等主編《重修金華叢書》,上海古籍出版社二○一三年版。

李修生主編《全元文》,鳳凰出版社二○○四年版。

劉玉敏著《六經皆心學:宋濂哲學與浙東學術》,浙江大學出版社二○二一年版。

容庚編《叢帖目》,中華書局二○一一年版。

徐永明著《元代至明初婺州作家群研究》,中國社會科學出版社二○○五年版。

楊鐮主編《全元詩》,中華書局二○一三年版。

曾棗莊、劉琳主編《全宋文》,上海辭書出版社、安徽教育出版社二○○六年版。

詹福壽編《契蘭堂法帖》,江西美術出版社二○○六年版。

趙一生主編《東陽叢書》,浙江古籍出版社二○一四年版。

中國書畫全書編纂委員會編《中國書畫全書》,上海書畫出版社一九九四年版。

後　記

　　年少讀書，多留心於鄉邦文獻之存佚。後有幸得識李世揚兄，春陽秋月，時時有談論之樂。世揚兄致力於永康鄉賢著作的收集整理有年，不時惠贈佳槧新刻。賞讀之餘，對其繼承胡月樵、季樵父子風雅，爲吾永康文獻積聚百年事業，發自心底的仰慕與感佩！今又主持刊印《永康文獻叢書》，以整理鄉賢胡石塘文集相邀。石塘先生乃永康元代文宗，博雅精識，名聲不減於陳龍川。惟著述散亡，後人難知其人其學耳！惶恐之餘，兩年之間矢志盡心於此，終得積篋成編，以報答知遇之誼。

　　《永康文獻叢書》其餘師友，暇日頗得切磋之益，又提供諸多收集文獻的便利，尤其感念於心。溫州圖書館研究員盧禮陽先生，百忙之餘，爲編者尋覓石塘佚文，做事惟真務實，不發空言，龍川先生遺風如在，上海古籍出版社編輯老師，學富五車且循循善誘，指出關鍵幾處舛誤，匡正訂補，惠我這位古籍整理的素人良多，謹表敬仰與感謝！

　　昔時宗人程爕初仰慕石塘爲人，有"故余欲得公集，與《龍川集》合刻並行，仍鄉先生之稱曰'陳胡'"的心願，今日有幸續成遺志，實在是一件有意義的事！惟學無根砥，見識讁陋，挂一漏萬之闕，魯魚亥豕之誤，尚祈海內外方家指正。

程嶠志　於永康寓舍

二〇二二年五月四日

235